思想 REFLEXION 9

中國哲學：危機與出路

編輯委員會

總編輯：錢永祥

編輯委員：江宜樺、沈松僑、汪宏倫

　　　　　林載爵、陳宜中、單德興

聯絡信箱：reflexion.linking@gmail.com

網址：www.linkingbooks.com.tw/reflexion/

目次

中國哲學：危機與出路

知識分子的公共身分

全球化、民粹主義與公共知識社群

台灣這樣的學術社群，無法擺脫傳統讀書人的傲慢與孤立，又急著要培養與西方理論對話的能力，正好強化了在威權時代就刻意發展的「專家」傾向。

「論政」與「治學」的兩難：
反思公共知識分子的內在困境

若處身學院的公共知識分子人心已經不振拔，人格已然萎靡，對於己身所處之學院空間的墮落都感覺幻滅的虛無，那麼真正的知識如何可能？

評論與回應

也談中國自由主義的困境

將公共理性完全消融於相對主義的多元文化包容共存，只會徹底解除弱勢階級和群體的自我保護力和抵抗可能，為資本和政治霸權提供保護色。

狼／螂性？人性？：從《狼圖騰》到《殺手正傳》

從《狼圖騰》和《殺手正傳》，我們看到了人類如何建構出想像中的動物與自然，也看到了在愛、恨之外的曖昧複雜的互動，既崇拜又恐懼、既迷戀又憎惡。

中國史是台灣史的一部分？：
論楊照的台灣史意識型態構想

自我中心必須有足夠縱深腹地，才不至流於淺薄，認同則必須尊重與自我相對之他者，庶幾免於另一種壓迫。

新書序跋

思想采風

當代文化與實踐
——以台灣雲門舞集為例

宋灝（Mathias Obert）

前言

　　身處21世紀初的我們，是不是應該開始分辨「現代」（Moderne）與「當代」（Gegenwart）？曾經被命名「後後現代」的這個「當代」，是否仍然屬於歷史已長達兩百年的「現代」？我們所處之「當代」，其實還可以作為自歐洲興起、但現今已全球多元化之「現代」的成分嗎？在重新界定我們的「當代」所面臨的世界究竟何貌的同時，我們也應該考慮「現代」傳下來的遺產有什麼意義，我們又希望「當代」將向哪裡發展。按照阿多諾五十多年前所下的論斷，「現代」最為緊迫的命題是「實踐」（Praxis）。以目前實際生活情形看來，人生雖然愈來愈深陷於阿多諾所稱的「被宰制世界」，但最值得我們思慮的問題，依舊是「實踐」如何可能落實於人的存在中。針對這個命題，若以當代舞蹈為例，文化哲學與美學可以提供一個相當具體的觀點。

　　理論認知、科技塑造、文化變遷以及人生實踐，此四個領域之間的關係乃是當代哲學所應該致力探討的課題。對於此課題，抵抗工業化的藝術體驗和具備批判資格的美學思考，或許還是最為貼切

的入徑。全球人類看似越來越陷入極端機械化、體制化及監督化的
生存環境,阿多諾諷刺現代世界狀況只以「運作」(Funktionieren)
爲是。海德格則認爲,現代生活世界早已成爲西方科技所組成之「座
架」(Gestell),在根本上危害著整個人性。當今人類被專業知識、
自然科學、人工製造、資本主義等要素所管制,典範化的經濟籠罩
生命現象,利害觀點貫穿整個當代生態,使個人與自己本身疏遠化。
看似政治自由最發達的時代,人是否早已經失去了透過「生活實踐」
來實行其個人存在的自由?

　　人文精神自古以來標榜修身力行,然而,在本世紀承襲「現代
計畫」(Projekt der Moderne)的同時,卻也繼續「疏離異化」現況,
所以我們應當緊迫思慮的是,當代如何恢復「非運作而是實踐」這
種行爲格式?在當代情況之下,如何避免將行動僅視爲承受現成結
構的「實現」、「操作」?如何回歸到與此現代實情互爲分歧的「實
踐」?當代人類是否仍然可能追求完成「人格」?易言之,在今日,
若用「個人通過時間進程,一步一步展開向善修養、鍛鍊工夫」這
種理念來看待人生,是否仍然合理?

　　我們身處的現成生態,似乎極端個人、自由化,其實卻全盤被
動,既罔顧世界與他者,又繼續剝奪下一代的生存機會。針對此事
實,本文欲舉當代舞蹈爲例,從文化哲學的角度提問:我們能夠離
棄現代歷史條件,過渡到個人自由面對世界和他者,體現一個「實
踐」式的生活情形嗎?易言之,我們若回歸到某種傳統文化體系,
透過實練工夫及人際互動來敞開新的實際生活架構,如何能夠具體
奠定一個當代的修養人格的「實踐」?並且同時得以尋求自由與責
任、幸福和正義、社群集合和歷史團結等行爲脈絡的生活意義?也
就是說,本文雖從藝術、美學出發,但是所企圖討論的議題範圍牽
涉倫理學,牽涉「善」、「德行」以及「作人」等問題。

當代藝術活動誠然處於上述歷史背景底下，但是卻又與當代生活世界保持距離，反映社會現況，而且當代哲學美學具備著觀察敏銳、省思批判乃至於「治療機能」這樣的本事。因此，當代哲學美學自然而然會將「實踐」問題帶入當代藝術與美學視域，令哲學思維避免停留在抽象理論平面上，避免思維者無法使其所構思之理想在人生落實的困境。為了採取更接近「實踐」這個主題的論述角度，這篇文章想要借用表演藝術的舞台來談論哲學，透過具體的方式，闡述於當代條件之下擔當得起「實踐」之名的人生活動，如何得以可能。

一、超乎尋常之現代舞

林懷民在1973年創辦舞團時，取名的根據是相傳由黃帝所作的樂曲「雲門」。後來雲門的表演名符其實，特別標榜天地人合一、人和世界的相遇，而且這些逐漸成為雲門舞集的藝術特徵。尤其是從2001年起陸續所作《行草》、《行草貳》及《狂草》這一系列中，任何膚淺地玩弄文化標誌、刻板的東方主義幾已無跡可尋。從第一部曲至第三部曲，從當代古典音樂到各種人工合成或自然聲響的伴奏，整體變得單純簡素，舞台設計一部比一部清朗大氣。編舞者雖然驅使舞者儘量佔用寬闊的舞台，但其佈局導演仍傾向任隨各個舞者從自身所引發出的表演，使觀眾專注於舞者所表現的特殊舞蹈技巧。從「感受美學」（Rezeptionsästhetik）的角度看來，在舞台上穿著單一淺色或單一黑色服裝的舞者，令表演藝術不可或缺之音響、燈光、裝飾設備等設計退至次要，舞者成功地將這一系列舞作的表現力量集中於人體上。也因為如此，與世界各地的當代舞團相較，雲門舞蹈罕見的特色讓全球觀眾印象深刻。

　　這一系列舞作是由中國傳承長久的書法所引發，它的主軸圍繞
著既屬大自然亦屬文化這雙面向之「身體」[1]，在舞台上對於自然、
文化、人生意蘊及人和世界之關係展開奇特的體會。不過，文化與
自然這兩個觀念在這裡所指涉的，不是雙方相互對峙的存有範圍、
現成體系抑或發展階段，而是一種能源、動態關聯。即使這一系列
舞作想表達人間文化與宇宙自然同行一致，但這仍然不是盧梭所言
之「回歸自然」，不表示文化會完全沉入某種原始狀態。這套舞蹈
作品要讓同時從屬於文化與自然的人生，歸返到「文化」由「自然」
而產生的這個生活場域，要讓人參與持續在發生狀態中之文化產育
過程本身。表面看來，引發這一系列舞作的主題是書法，但是舞台

1　本文中「身體」（Leib）所指非僅僅只是處於固定的位置而只能被
　　看被觸之立體，也不是存有論上的物體、形體、軀幹。身體具有骨
　　肉血氣，是「活體」、「肉體」或「肉身」，所以近來尤其是德、
　　法文現象學與其說Körper、corps,（σῶμα [sôma], corpus, body）不如
　　稱此現象為Leib、corps propre、chair。根據哲學人類學和現象學，
　　身體（Leib）意味著一個「絕對在此」（absolutes Hier），是以一個
　　生活「自我」之存在為前提。再來，在空間裡作為一件事物的同時，
　　根據此種理解，身體是「活躍著」、「動著」，是「作用」（Edmund
　　Husserl: tätig, sich bewegend, fungierend），是同時涵蓋著主客體、
　　能所兩面為一體，是將生存者、知覺者、能看能觸者本身以及所看
　　所觸之對象存有融成一體之統一現象。身體是動態的，它表示人生
　　上展開著「獻身於世界而存有」（Sein-zur-Welt, être au monde）這
　　種生態的主體，身體等於對自我發生自我知覺（Selbstwahrnehmung）
　　的所在。根據許密茨（Hermann Schmitz）所下的基本定義，「身體」
　　意味著一個「絕對場所性」（absolute Örtlichkeit），等於處於時間、
　　空間之下而超越可確定之「位置」的自我本身所在。梅洛—龐蒂與
　　華登菲（Bernhard Waldenfels）強調「身體」現象，著眼點則是「身
　　體格式」（Körperschema, schéma corporel, body image），其主軸是
　　在個人自我體驗當中扮演「在世存有」（In-der-Welt-Sein）之主體
　　自我、時間與空間下的動作、以及感官知覺功能等三種作用。

上以表演藝術的方式所探討的議題，其實是身處大自然與文明合爲一體之生態下的人，如何透過審美感應作用，實現一種於世界當中取得安穩與意義的文化典範。

其次，這一系列舞作對於可稱之爲「自然的社會制度」，表現出一種烏托邦構想。舞蹈表演所展示的是，某社群若居處在一個成熟的文化水準上，所有的人原則上如何能憑藉一種自然互應的方式，具體應付權力分配問題，克服暴力衝突危機。再者，這三部舞作意味著舞者代表整個社群，在舞台上表演時，他們其實是在具體的社群場域中對於人際、社交互動施行某種訓練工夫。在表演當中，舞者聚攏所體現之練習，是爲了達成一種團結典範，而且此團結方式並不圍繞著抽象的「平等」理念；它奠基於個別不同場所，具備角度性，是階級地位協同一致的一個「具體」團結模式。類似水中游泳之群魚，又如同空中飛行之群鳥，舞者展現集體形成之和諧群像。有時群舞由眾多個體僅有些微落差之運動組成，雖看似「個體化鳥群」，但還是一起運動的團體影像。有時舞蹈呈現極端個體化的運動形態，而這些個別形態之間互相感應，獨舞仍然還是歸屬一個群體勢態。

舞中「個體」剛好不是由物質身體與外在世界之間的分界造成，反而是藉著每每當下移變之處境重新反應周遭環境（Umwelt）的方式，藉運動過程實現「個體」存在。在舞中若仍然有個體化發生，乃源自身體執行之操作本身，並不是原來就有一些堅固不變之存在的主體來充當此「個體身體」。這種動態性的個體化現象，跟歐洲哲學古典觀點甚爲不同。這裡個體化歸結於一定的場所，且擁有角度性，與周遭環境一直展開具體關係，所以雲門這一系列舞作對於在「去主體化」、「個人主義」籠罩下之當代哲學思考有所啓發，針對具體社會教育甚至於「社會治療」，亦有相當意義與價值。

　　為了避免觀看雲門這一系列舞作會產生的誤會，以下將對上文
已勾勒之輪廓作更詳細的解說，闡明雲門舞集的舞蹈與歐美非三洲
一般所稱之當代舞主流的區別何在。為了對雲門舞蹈更深入地理解
與評論，關鍵要素是「表演藝術」和「人生實踐」之間暗藏的界線。
這裡要特別陳明的是：雲門這一新式舞蹈雖然運用了中國功夫的一
些方法，甚至在一定程度上，將舞蹈表演與修養實踐兩種傳承融合
起來，但是這個創新性的舞蹈仍未跨越試驗場域，它仍然停留在舞
台上的表演藝術脈絡裡。雲門只不過是從東方、中國及台灣當下獨
特形成的「現代」來挑戰當代舞蹈界，而且在全球當代中，這種特
殊的「現代」角度仍舊表示一個「內在的外在」。產生於現代台灣
的這個當代藝術主張如果能不被誤解或輕視的話，其實會刺激整個
國際藝術界、美學界重新商榷當代文化之基本部署。易言之，雲門
的創新會啟發我們重新考量「表演」（darstellen）與「執行」
（vollziehen）、「藝術」（Kunst）與「實踐」（Praxis）、「美學」（Ästhetik）
與「修養」（Bildung）等既相互聯繫又對立的範疇，推動我們重新
探討、界定這些觀念的生活意義。這裡依據現象學的觀點和方法，
就哲學、美學平面來確認舞蹈界論壇上雲門早已享有之地位。同時
希望能夠將雲門以及整個現代舞界裡發展出來的各種體驗與推動，
帶入哲學美學的視域裡。

二、舞蹈技巧

　　若就舞者特異的操作方式作現象學的觀察，以上的粗略主張便
可以初步被證明。雖然此舞無疑是憑藉歐洲現代舞所發展出來之當
代舞類型，但是就個別動作所倚仗之動機結構而言，它卻特色非凡。
尤其是在舞者單一的身體上綜合多數動作的方式，此舞具備了一種

不可輕視的本質上的隔閡，即在每個舞者如何面對其周遭空間來說，有別於我們熟悉之歐美非三洲當代舞主流。原因是，除了展示表演藝術式的舞蹈傳統以外，與此表演藝術典範相較，更具體地披露出來的還有自中國武功、太極拳及戲曲習俗輾轉引發出來的姿勢與動作過程。可是，這類身體技巧一旦登上表演藝術的舞台之後，它當然不再處於打鬥的場合，隨著上下翻腕間由反抗敵手的操作，轉換成回應任隨整個世界流變的運動。

雲門舞者操作方式的特徵，在於它與主體自律行動作對，是從「回應」（Antwort）典型醞釀出來的。為了運用這項獨特技藝，雲門舞者天天要練習「太極導引」。「太極導引」的創辦人熊衛尋求流動的、有對手的「導引」，企圖以逐步領導、呼應的方式取代太極拳著重個體動作之處，去除武術打鬥傳統之「拳」字。通過持續不斷的「太極導引」訓練，雲門舞者使自己的身體隨時僅止於作為滑溜的媒介。舞者的軀體儘管給我們張力一直存在的印象，舞者身體的每一寸彷彿都被舞者自己嚴格控制，但是運動著的身體卻絲毫不緊繃，身體操作理所當然地發生，看似身體隨時自然表現這種張力。舞者清晰地懷著如水般流暢的運動典範。因為連續不斷流動的身體，運動的張力變成第二重皮膚，所以達到某程度後，這些身體已不屬於舞者個人。雲門的舞蹈表現給我們看的身體並不是像物件一般，它不以機械的運動方式順從外來之推動，可是雲門的身體也不依賴舞者體內興起的衝動，不受意志引發的力量影響。與傳統歐洲哲學甚至芭蕾舞所標榜之身體論相反，雲門舞者的身體變動，的確不隨從主體所作的決定。

雲門的舞者根本不算是行動的主體。與主體相較，更為重要的因素乃是個體與其周遭環境之間的關聯。如同答覆請求一般，各個身體始終以回應態度來接受且反應分秒不停變動的環境所帶來的推

動與刺激。個體所有動作的來源，顯然就是環境裡所遇到的其他流動，各個身體每一動作所專注的目標，對觀者而言，便並不明顯。動作全然滲透、貫穿乃至於組成個人身體，而不是身體造就動作。時空下所發生之運動過程本身，先行於個人身體，而且運動本身所代表的，已經不是個體的動作或主體，而是流通於整個宇宙的運行變化。在整個世界的流變當中，每一瞬間、每一場所一直不斷有新路徑或力量線凸顯。從不同場域、角度來執行舞蹈的個體每做一轉彎或伸展，都從這些力量線取得其具體流動的肌理。換句話說，因為舞者個體全然跟從著超越了其個人存在之宇宙，亦即無名無相生化大流，所以可以斷定，這種奇特的舞蹈操作方式，擁有整個周遭時空框架，它等於是藉由「任運同轉」方式所發揮的一個「回應活動」（Antwortgeschehen）。

這種舞蹈彷彿是《老子》所提出以水為榜樣的理想，展現「柔勝剛、弱勝強、流動勝過穩固」。進一步說，暗示水之權勢的同時，舞者的動作風範好像真的成就了避免有權和無權之間的權力鬥爭。也許剛好是因為每個舞者都憑藉自然回應式的任運，擔負整個流變發生，而且還全然浸淫其中，所以此流動「整體」的中央核心也就消失了。運行之宇宙「整體」所指涉的，已不再像存有論視域中的物體一般；此「整體」分散而不集中，彷彿是無名無相及場域、動態、能源式的一種「源體」（Quellkörper）。根據這個關鍵要素，整個舞蹈操作根本不可能依託任何導演來控制。就其運動原則而言，所有舞台上顯發的活動，都是由平等場所上舞者隨機回應流通於周遭環境的脈動所致。再者，場所對所有流通都是平等的，也是綜合個人自由生存與群體集聚來對世界負責的因素，是群體成立「動態共同體」制度之關鍵所在。

若這樣的集體運動方式凝結成為個人無法違背的一個綜合態

勢，若個體的獨立存在被無聲無息地融入包圍著它的周遭環境，這很可能讓我們感覺不安，甚至可怕。這裡，似乎不但沒有個人先於「運動姿態」（Bewegungsgestalt）組合而存在之餘地；更甚的是，個別姿態看似也沒有漸漸展開之可能，每個姿態彷彿不是逐步興起、成長，終於顯現；相反，這些姿態之變遷，呈露了一種已經完成且個人已被吞噬之整體態勢。推論到底，這部舞作所展示的活動樣式，很可能被視為屬於非主體亦非個體式，被視為無自律行動，而只有在一整體流變中凸顯他動、被動現象。此豈非反人文精神、極端虐待人性之集權模樣？

這樣的質疑，忽視了「自然回應」模式裡含藏之自由成分，亦即「自然」這個關鍵要素。與規律性的「反應」不同，「回應」活動意味著，自甲場所來推動一個回應之「呼喚」的發生，與「回應」本身於乙場所的發生，時空上隔著微細的距離。就是這個隔離，使「回應」接納及轉化先前的「呼喚」，也就是藉著這種時空的縫隙，每個回答都預設的「自由」可能發生。但是因為這裡所談的並不屬於關注著分界存有和權利的論述範圍，而是描述一種歸屬動態、機能及時間範圍的現象，所以與其說「自由」，不如說「自然」。面對周遭環境之呼喚，「回應」意義下的身體運動，應該當做一種「自然發生」理解。僅就此「自然發生」之身體操作方式而言，擁有聯繫、場所角度、時間差距等特質的「自然回應」典範，當然跟任何非人文集權典範是有距離的。

其次，假設舞蹈表演一邊展現被各種「文化」所形成的身體存在形狀，而另一邊舞者的操作方式就是「自然回應」、從隨自然的話，那麼，光就舞蹈這個運動模式而言，本來尚未凸顯的必然形狀、從無相湧出來之「自然」，在這個舞台表演中便歸屬於文化形象的範圍以內。這樣看來，「文化」所指的，並不是人所造成的形象體

系。如同生命一般,這樣的「文化」是有機的;它是通過連續不斷
的生長歷程,由文化本身的核心所生產的勢態。易言之,不管群舞
也好,獨舞也好,都不等於是一台發功的表演機械。此舞所表現的,
是如同植物自然成長一般的文化活躍生理本身,將「文化」無窮無
盡改換形態的成長動態呈現出來。

　　雲門舞者身處於自然與文化的交際範圍,終生鍛鍊,以某種傅
柯所謂「自我治理」、「自我技術」爲方法,用功認真地形成獨特
的身體模式,而且這個身體模式,可說是中國身體傳承積澱所在的
一個場域。雲門重新引發的身體模式,與相當機械性的西式體操、
體育、健身乃至於古典芭蕾舞和觀眾認識的現代舞均甚爲相歧,因
爲以「自然回應」爲主軸的這個身體模式,並不追求支配身體的技
術。基本上處於歐洲傳統身體模式底下的人體,被視爲個人存在者
的原本所在和感官知覺的物質對象。就這個哲學觀點和文化典型而
言,西式人體先是一個個體,然後是於時空中展開物理學之下的各
種物體走向,再來是由健身、追求身體強健之技術而構造的生命體。
在表演藝術領域上,這樣的身體會尋求無重量的魅力,會嘗試開關
表演機能與象徵意蘊,依據作爲時間藝術之現代舞理念,它會展示
出類似雕塑的形態。而雲門的身體模式,與這些完全相反;它首要
的企圖,是使人與世界之間的具體生活關係,真正落實於各個舞者
的身體上。

　　雲門舞者在舞台上實行的舞蹈表演,完全是「具體」的一個實
驗場域。經歷時間、充斥空間的舞蹈,試圖把世界的動態引領歸納
到個人自身而「身體化」(einleiben),藉著奇特的回應操作方式,
將整個宇宙變易納入人的身體存在。所以觀眾這裡所參與的舞蹈,
實際上介於「表演」與人面對世界所實行之「工夫」之間,是介於
藝術與跨越藝術、一種更爲「具體」的人生實踐之間。在舞者身體

上，觀眾看到人如何「身獻於世界」，如何憑藉身體存在展開其「向世界存有」（Sein-zur-Welt），而這裡所凸顯的「向世界存有」是以流動無滯礙爲特質，是集聚群體同處的一種人生榜樣。既是表演藝術又是人生實踐、兼顧「自然」和「文化」的這個特殊模式，也就應當被視爲一種人文典範，完成中國歷代相傳對「文」的體會和崇拜。這部舞作獨特的作風，令觀者從最先引起其注意的身體操作方式，再次回歸到引發此舞的書法，來看「文」及「文化」的意蘊。

三、書與舞之間

表演藝術無可置疑地屬於人類的文化活動之一；每次表演的執行，便展示著某場地、某時節之下某人群可能認同之文化體系。再則，舞者在時空中以身體動作構畫成圖之動態體姿，其實也猶如時空中呈露的紋理一般，是爲活著的線條所連續轉化之「文華」，亦即「文化」。這一系列舞作原是由文字藝術所引發，而書寫作文實在是歷來最能代表「人發揮文化」之精義的作爲。雲門以舞作表達對中華文字和書法之意義、價值的一種體會，但遠不止於此的是，根據意涵上的關聯可知，雲門之舞更是針對「文化」這一整個命題，企圖作一番詮釋工作，要在觀眾面前具體開展「文」與「人文」的當代潛力。這樣一來，如同書法一般，此舞蹈便成爲自古以來所謂「文」之當代活體的實現體驗。

爲了理解這種舞蹈，除了必須考量「太極導引」、武功的動作格式以外，最爲重要的前提背景，就是中國的文字與書法。在使用這個架構來探索現代舞與書法之間性質上的關聯之前，筆者特地從書法的各種特徵中，挑出一些極度被忽略的面向談一談。歷來相傳的書法傳統，雖然主要可視之爲溝通作用與個人修養工夫，但是在

社交作用、訓練經驗與美學修養之外，書法的另一重要功能，更是藉歷史文化體系來奠定群體認同的基礎。這意味著，當一個人寫書法的時候，其實是在回應前人及當世朋友所創作的書法格範；當他借由寫書法的活動重新執行對於歷史文化的認同時，這種認同正是在文字的內容和文字的風氣上發生的。它同時擁有政治、倫理學及美學等不同的面向。我們一旦提筆寫書法，便是以書寫的方式來接受一套歷史傳承對當下所發出的呼喚，我們承襲著一個社群所認同的文化遺產，更具體地「延續寫下」可以直接與前人聯繫的同文書帖。我們追隨古人的榘矱與造詣，以臨摹的方式學習寫字，然後在我們輾轉形成自己的書寫嗜好與特色的同時，我們也針對歷史社會、文人群體以及審美品評傳統，提出我們個人的主張與貢獻。緣此，我們實在應該將書法這種實踐，視為圍繞著美學主軸的一個由群體所共同進行的活動。恢復、重現一個經歷世世代代傳承下來的文化群體，便是書法的原本歷史意義。

此外，在書法的書寫實踐中，每個時代也重新設立了一個歷史文化群體。當然，這同時也牽涉到個人透過培養、練習書寫的時空中所進行的工夫。我們可以將寫書法當成人生實踐乃至完成人格的修養活動，而且是跟人的身體存在密切聯繫的一種修養。可是，西方學者多半拘泥於美學的觀點，將書法看成是「藝術」抑或「美術」創作，將之歸入審美學、形式美學的脈絡裡，僅只從作品美學或感受美學的角度來談書法文章之美，全然無視於書法跟文化本質的關係，亦即書寫活動本身所包含的不同層次。這種看法不只過度簡化，而且無法體會到書法與美學的真實關係。因此，我們若依附此種西方美學範疇來觀察雲門舞作的話，自亦無法理解到書法特殊性質的「美」所蘊涵的關鍵要素，實已跨過傳統美學的範圍，直接牽涉到人生論、道德論、倫理學甚至於社會學、政治學等向度。

　　書法理所當然包含創作、觀看兩方面，並牽涉到一直被美學所過度關注的想像作用。但除此之外，書法美學的特色一則是根植於身體存在的「美感」，依憑著人的動作機能、身體上對運動累集之體驗以及身體所獨具之敏捷回應功能；二則，書法上的「美感」跟道德、價值觀和倫理學是緊密連結的。與書法審美學相較，更值得關注的，乃是中國文人傳統中，文字書寫這種工夫在人生實踐裡所佔有的崇高地位。寫書法與歐洲繪畫藝術非常基本的一個區別，是書法跨越了藝術與倫理學的界線，將道德價值與美學價值一起落實在總合一體的人生實踐上。西方繪畫理論只不過偶爾談及某幅畫像的主題對道德教育的影響；反之，書法則提供、醞釀了符合倫理學標準之態度的實際機會，使人在書寫、鑑賞兩方面的審美活動中，就已經實現一定的道德、人格培養。

　　其次，與其說運筆書寫類似以呈現形象為主軸的畫圖，不如說它是一個具體執行過程，是靠著人的身體運動的一套技藝，包含輕重、順逆、緩急等面向。行筆寫書法就表示，憑藉手及整個身體，書寫者於時空中根據方向與節奏規範，實行一定的運動歷程。賦予身體運動基本順序、格範的，首先便是書寫者身體上連續發生的呼吸脈搏。除此之外，重心沉穩的整個身體通過執筆之腕與手所運用的重量力度，在牽引、推拖的動作過程中，執行一種制服、退回作用，由身體存在所實現的這些要素支配著書寫運動。透過非常「具體」的操作方式，書寫者將自己的身體狀況滙入敏銳靈捷地畫點行字、連綴成文的毛筆，正如東晉衛夫人論書所言：

　　下筆點畫波撇屈曲，皆須盡一身之力而送之。[2]

2　參見相傳是衛鑠著的〈筆陣圖〉，載於華正人編，《歷代書法論文

然後，慮及文本所指涉之義涵，鑑賞書帖的人所著重的，便是根據
筆劃規範和運筆習氣，書寫者透過其身體操作在墨黑筆跡上凸顯出
來的具體運動歷程與個人性格。鑑賞者直觀書法作品時，首先會注
意的是凝結在筆跡線條結構上的運筆順序，及運筆時發生的各種反
覆操作轉變。

　　書寫者運用整個身體存在，靠個人骨筋肉血所擁有之「身體感
識」（Körpergefühl）來書寫，尤其是身上通流之「氣」讓運筆書寫
的感應過程組合成為一個整體活動。因此，中國書帖上也才會強調
「骨肉」、「氣韻」等與人的身體存在緊密聯繫在一起的審美判準。
也正是因為這樣的創作來源，古人才可能將與創作構思、主體意志
乃至任何意識活動恰相對立的「自然」、「無為」及「氣」，當成
是決定筆跡靈活生動與否的重要美學範疇，認為筆跡這個審美對象
所以彷若活體一般具有脈動，就是「氣」自然而然所造就的結果。

　　後漢書家蔡邕云：

　　　夫書肇於自然，自然既立，陰陽生焉；陰陽既生，形勢出矣。[3]

東晉王羲之云：

　　　書之氣，必達乎道，同混元之理。[4]

　　又說：

（續）────────────
　　　選》（台北市：華正書局，1997），上冊，頁20。
　3　參見〈九勢〉，載《歷代書法論文選》，上冊，頁6。
　4　參見〈記白雲先生書訣〉，載《歷代書法論文選》，上冊，頁34。

或有飄颺騁巧，其若自然。[5]

唐代虞世南接續此傳統，有云：

> 然則字雖有質，迹本無為，稟陰陽而動靜，體萬物以成形，達
> 性通變，其常不主。…學者心悟於至道，則書契於無為…。[6]

唐太宗李世民也說：

> 〔書…〕思與神會，同乎自然，不知所以然而然矣。[7]

從這些例證可以充分明白，在書法上，比美的理念更為關鍵的，乃
是宇宙移變大流與人的關係：書法創作要與造化之德並行，要依循
世界道理開展氣運。「無為」、「自然」這一標準並直接指涉運筆
的操作方式。基本上，寫書法就是含攝精神態度與身體操作的一種
「回應」過程[8]。書法家要全身全心隨任書寫的動作順序所帶來的感
應活動，才可能達到作為最高創作、品評標準的「自然」。在時間
裡實行的書寫歷程當中，書寫者感受筆墨紙絹各種特質來給出具體
回應的同時，筆劃與筆劃、字與字之間也都在每一瞬間發生類似的
回應現象。這個源起於書寫者的身體運動順序上的回應現象，也就

5　參見〈用筆賦〉，載《歷代書法論文選》，上冊，頁34。
6　參見〈筆髓論、契妙〉，載《歷代書法論文選》，上冊，頁103。
7　參見〈旨意〉，載《歷代書法論文選》，上冊，頁108。
8　虞世南的〈筆髓論、契妙〉（載《歷代書法論文選》，上冊，頁103）
　　一文裡也有幾句特別強調「應」這個作用，如：「必在澄心運思至
　　微妙之間，神應思徹」及「握管使鋒，逸態逐毫而應」。

構成所寫出之各個文字在每一行裡與前後的其他文字，及至與全篇文章整體形態所顯現之回應關聯。人是憑藉身體存在處於世界中，而宇宙的陰陽流動直接且「具體」地貫穿人的身體，所以書法家才可能懷著「自然」、「無爲」的心態，讓身體以回應於宇宙的功能，「自然而然」引發書寫活動。

　　本文強調書法具有確立社群文化之作用、隱藏著時間性及倚仗身體操作這三項特質，爲的是要更清楚地凸顯出書法與舞蹈的交會點，闡明半爲表演、半爲人生實踐及工夫的書法與舞蹈所共同具備之特點。西方一直誤解書法，將之稱爲「美書」（Kalligraphie），甚至往往視之爲類同第二次大戰後流行的抽象表現派畫法的純粹線條美術。然而，中國書法基本上並不適合安放於西方當代藝術的框架中。同樣的，雲門的新舞蹈不僅只能站在表演藝術的舞台上；它更是以書法爲主軸，透過其表演方式的特質，呼喚出特定的文化、歷史、社群乃至政治觀點，也讓觀眾聯想到倫理學，展開自身的修養境界。如同書法一樣，雲門的舞蹈跨過傳統美學的界線，進而向舞台以外的人生與社會敞開，實際進行某種人生實踐。雲門也就是在當代藝壇上憑藉象徵、類比式的表演來詮釋、甦醒文化傳承，亦即文人書法的氣息。這些舞作是中國文人文化的「化身」，它復興文人文化於當代。

　　我們必須徹底體會華夏歷史傳承予當代的文化以後，才可能明白，貫穿第一部《行草》的書法如何在身體的關鍵作用上跟當代舞蹈緊密相繫。根據這部仍然指涉著某種可詮釋之義涵的舞作，我們也可以理解，書法也好，舞蹈也好，這兩種境界裡肉體與精神、自然與文化如何相互交錯滲浸，雙方如何可能爲當代社會的和諧一致提供新的生存榜樣。在這部舞作裡，群舞不時促使潛伏的歷史文化體系經由由集體的認同而復甦。處於社群主軸的文體字書的文化意

蘊本身登上舞台，爲自己塑造出一種集體類比。

　　這一部《行草》中，被投影於舞台背景上的文本，成爲觀衆所聯想的整個文化傳承之代表。當單舞藉由個體運動來展現書寫文字的運筆順序時，此現象等於是一種「身體模擬重構」。在這個「舞寫」工夫中，觀衆面前便攤開了一個由勢態、流動、意義、氣息及文化氛圍所結成的整體景面。在此時候，舞者又透過團體活動將舞台上的投影文本「化身」於其運動中的軀體上。這個情景也就以非常「具體」的表達方式，呈現出一種基本現象：如同於觀衆面前流變造形之舞蹈一般，在閱讀過程當中，文字也會開始跳起舞來，一字一字的書帖原來是在時間之流中展開的另一種「舞蹈」意境。

　　舞中的另一景是書帖文本被投影到舞者身上，彷彿舞者代表了認同此一文化的整個社群。這時，隨著舞者的動作，在人體皮膚上蜿蜒反復的文字好像滲入肉體之中。自古以來書法文字被視爲「筋骨精神」[9]之融合，是「神氣冲合」[10]，而在此當下，原本高度「抽象」的文字意境，在舞蹈中又復取得肉體存在。這是「精神文化」在具備生命力之肉體上同時「物質化」與「自然化」。反過來，負載文字舞蹈之人體也藉此轉換成爲「文化」，人的自然肉體當下變成一個「文化體」。藉由這樣一種辯證法的誕生過程，文化落實顯現，銘刻於現象界的事實上。易言之，這就是文字的精神在人體上的「身體化」（sich einleiben）。眼前這些令人印象深刻的舞景，不但是極致豐繁精采的審美組織，而且翩然起舞的這些文字線條確實張開一幅屬於華語文字世界的獨特「具體」生命勢態。

9　語出歐陽詢的〈八訣〉，參考《歷代書法論文選》，上冊，頁90。
10　參見唐太宗李世民的〈旨意〉，載《歷代書法論文選》，上冊，頁108。

　　在這種場合之下，表演藝術構成了精神與肉體、文化與自然以及當代社群與歷史傳承的盤繞，並展示出充滿文化風氣的象徵。類似的表達方式有格林納威（Peter Greenaway）1996年創作的《枕邊書》（*The Pillow Book*），但雲門的舞蹈與之相較，的確更為先進。雲門的優點首先在於，由於人身具有動態生命，同時，經由書寫活動，文字性質也含有氣息，因而，在表演當中，肉體與字體之會合完全是流動的現象。其次，另一個很容易被忽視的特點是，雲門的舞者迄今為止都是台灣人，他們在表演藝術的舞台上無可置疑地認同於華人社群與華人文化史，而且，他們是從台灣出發，面對全世界來「體認」中國文化的核心。在當代藝壇上，他們甚至代表著中國文化自我了解的一種「化身」。當文字藉著舞動的肉體開始呼吸時，觀眾在這個瞬間面對著這些動態影像所參與、體驗到的，不只是由媒體科技所造就的表演藝術景觀。儘管對某些認為西方藝術才是認真的藝術，東方的藝術只是誆騙西方人的矯揉造作的觀眾而言，這場表演或許類似《枕邊書》，只是西方人「東方主義」心態的展現。然而，他們若對上述觀察有所省思，便不能不承認，這場表演確實意味著被人體存在所實行的精神、文化產生或復活，正發生在觀眾面前。

　　有人認為雲門這個系列所採取的類比方式過度做作，也有人說這是給外國人看的，是假的中國文化。這些看法未免忽略了，當觀眾觀看現場表演時，對於「文」與「肉」之流通為「一體」，所得到的直接而深刻的印象。他們真正「體驗」了文與人之結纏與文化之踏實產生。此外，林懷民所創辦的雲門，一開始就抱持著強烈的中國與台灣意識，投入一個原本只屬於西方文化、西方觀眾的現代舞蹈表演藝術領域。所以，雲門的舞蹈必須針對此現成的意識形勢，提出自己執著的觀點與主張，並在表演藝術這個場域中，給出嶄新

強壯、有說服力的展現。也唯有如此，雲門才足以發揮跨出西方傳統表演藝術脈絡的能力。雲門發展至今，證明了他們確實有能力撼動藝術展示與人生實踐之間固有的界線，爲現代舞帶來重大的突破與改革。筆者認爲，無論是舞蹈操作方式，還是義蘊萬千的書法主題，抑或是舞蹈團隊所處的歷史場所，亦即東方與西方之對立相遇，《行草》都將上述特徵充分地突顯出來。

　　舞台上這些「文字體」所執行之舞蹈，在書法完成的同時，也完成了華人獨有的歷史文化。然而，我們或許會懷疑：在時空中進行之舞蹈動態表現，承當得起中國文字本身所具極緻豐富、強壯活潑、既感性又理性的深厚意蘊嗎？現代舞這個西方傳承下的表演藝術模式，與中國長久醞釀出來的古老文字體系隔離甚遠，因爲文字傳承同時呈現了感官美與道德善。若將表面上的象徵和身體姿勢之表達跟書法並列，若將本質上原來就逾越藝術和美學的樊籬，且深入人生實踐與道德脈絡的「法書」傳統與當代舞蹈創作對照，兩者豈能同日而語？

　　這些疑問自然會浮現，也很值得加以考慮，但是，我們應該承認：「太極導引」的鍛鍊本來就跨越了體操或表演藝術的範圍，它屬於全生、養生、養神的工夫。雲門的舞者持續地練習「太極導引」，其所培養的操作方式已經滲透了他們整個身體的存在。「太極導引」漸漸轉化舞者對於自身的體會，令舞者如同此運動格範的化身一般「體任」[11]之，藉身體來任隨此動作模樣，身體訓練至此已無法回歸到先前芭蕾舞、現代舞的運動模式。雲門《行草》所實行之舞蹈，已不能完全歸屬於當代舞之表演藝術範圍。

11　為了要強調這個現象依賴身體對動態的「任隨」作用，所以與其說「體認」，不如命名為「體任」。

換句話說，雲門所醞釀出的新「當代舞」已不是現代舞了。雲門的這種舞蹈，借用舞台表演的平面，來具體推進文化於人間「肉體化」這個過程，意圖使文化在具體歷史社群中重複誕生。因此，除了書法的再現式舞姿，除了以類比的影像指涉文化、自然等主題以外，雲門的表演還凸顯了在當代情境下，舞蹈如何能夠擺脫表現藝術的羈絆；也指出它為何必須掙扎、捨棄永遠只是「假相」、假借現象之隱喻性的再現作用。雲門之舞經由讓我們了解人如何實現「文」的生活體，也就成為「文化」所提供給人際關係、人與世界之關係的具體實驗場域。為了將當代人生從無意義的虛無主義籠罩下解放出來，為了突破已經過度工業化、機械化與商業化的文化現況，也為了讓個人與社會重新展開充實的「實踐」機會，雲門運用異常「具體」的方式，就人的身體存在這一基本平面，試圖逾越表演，努力在歷史社群中踏實復興修養實踐及人文精神。

四、自然文化

為了闡明人生就其本質如何能使大自然與文化相互貫通，雲門名為《行草貳》的舞作，更進一步追求展現身體與精神之融合。《行草貳》以更加精簡的舞台設計與更加抽象的表達方式，來展開比第一部舞作更為龐宏的表演。整齣舞蹈中，所有動作勢態幾乎都是成熟完美的，類比指向書法的表現幾乎完全被捨棄，書法現在僅僅局限於為各式各樣的舞姿提供成形的出發點而已。除了少數場景依舊透露出運筆之敏感觸動與文字線條以外，大部分的時候，舞者的身體姿態和手勢完全脫離了任何所指涉的意旨，變成異常強烈而具體的「自我表達」。舞台上由可見可觸之物體與擁氣含靈之身體，共同組成一個任運同轉的大體。舞者的身體進行的一切移動都似流水

一般流暢，其暫時停息寂靜的瞬間，所標舉的也只是轉化，預告著下一瞬間將再度崩潰、洩動之前的張力。舞台上所有活動都富含美麗輕鬆的氣氛，漂流運轉始終不竭，好像舞者個人主體業已消失，落實於舞台上的，僅僅只是宇宙的生化大流在替代人體表演。

賦予這齣舞蹈獨特的美學魅力，以及其對社群文化所具之意義的，到底是什麼？雖然整部舞蹈帶給觀眾的印象是如此流暢，不過，這部舞作仍然有不少片段，顯得有些頓拙窒悶。身體雖似飛行在看不見的軌道上，但偶遇阻障，也要迴避、逆退，再行進。然則，身體與看不見的世界對象之間所發生的動態交流中，也就是個體與周遭環境之間發生的互動中，本來無形無相之宇宙運行本身就自會顯現出來。當舞者彷彿與一個看不見的權力相觸之際，每一運轉被束縛打結時，此時身體操作是就其臨時所擁有的角度場所、以極為靈活彈性的方式來釋桔解障，延續連綿不斷的順序。

單就以上所描述之特殊的回應動作模式而言，原則上不管是泯為一體，還是個體在群體中相互感應；不管是集聚合舞的場合，還是獨舞的情況，各個舞者所代表的仍是宇宙氣化之呼吸，舞者彷彿是在這個大氣息裡佔有個別角度、場所的一個個體。藉著此景，觀眾面對的是個別場所情勢所具之重力，觀看、參與依循個別走向而展開的運動。它是流通於世界整體之大氣的動態脈搏本身。既非對話式，亦非獨白式的舞蹈表演所唯一表現的，便是無終點之動態關聯。個人與周遭環境之間，在每一時節當下就個別場所展開的，正是宇宙中這個動態關聯，亦即宇宙本身具體落實、出現於舞蹈之機體上。舞者的身體既為視覺所觀看的物體，也是進行回應、伸發操作之活體；同時，舞者的身體在合舞聚會當中，也代表著團聚作用。當舞蹈實際施行大氣之呼吸時，各個舞者的靈活身體清晰地凸顯出一種人與世界的關聯樣態，個人與周遭環境之間開啟的和諧感應正

在發生。

　　這篇論文要表明的重點在於，這一系列舞作所嘗試的，毋寧是
逾越再現性的、象徵性的藝術展示。它避免指涉某種位於抽象理論
平面而本身無法自我表現出來的義涵，例如：屬於形而上的範疇，
且只能透過標誌與符號推測到的那種「宇宙變遷」理念。與之相反，
雲門的「表演」已突破再現論的美學範圍，並朝向人生實踐、工夫
論及倫理學的平面跨出。就舞台上被執行的表演活動本身而言，它
為宇宙無窮盡的運行提供了一個在時空中具體落實的場域，演舞之
活動是以回應的運動方式來「體任」、認同宇宙之流變。舞者以身
體運動來與宇宙之運化「任運同轉」，是舞者本身賦予世界「化身」
產生的機會。換句話說，除了「展示」運動現象這一面向外，更為
重要的另一面向乃是，雲門舞者的身體存在本身，從一開始，甚至
於尚未開始表演之前，便已經體會並代表了一種獨特的「身體模
式」。

　　透過與「太極導引」有關的逐步訓練，雲門的舞者形成了既屬
自然亦屬文化的一種身體模式。因此，我們應該將雲門的舞蹈視為
是跨越了意向著他在意義的「再現」、「展示」、「表演」等作用。
換言之，藉由身體訓練與身體模式這些關鍵因素，這齣舞蹈跨越了
「表現」和「指涉」的象徵範圍，達成施行活動本身所實行的「體
任」（Verkörperung）與「執行」（performativer Vollzug）。這就表
示，雲門舞者步上舞台，匯合自然境界和文化境界，是執行接近宗
教儀式的「自然文化」活動。這種「舞蹈執行」有點類似當代藝術
家波依斯（Joseph Beuys）所標榜、追求的「藝術概念衍伸」（erweiterter
Kunstbegriff），但因為歷史資源不同，兩者的作法與結果，還是有
很大的區別。

　　雲門的舞者超越舞台表演與世界事實之間原來可能存在的界

線，他們將那個古老的身體模式和運動勢態納入自己整個身體存在之內，依據比再現表象更為「具體」的方式，在舞台上實行宇宙之「自然」發生的運轉模樣。單就其身體存在、身體模式而言，雲門舞者在《行草貳》裡，進一步試圖進行植物成長、動物本能式的操作方式；他們彷彿抱持著庖丁「忘我應物」的態度，執行全盤溶入世界大氣脈搏的自然之舞。

還有一些觀察，可以證明這一點。正是因為這種表演企圖自陰陽二氣對立相反、繁雜多元之宇宙運轉本身汲取舞蹈的範式，以致這支舞蹈時常呈現矛盾的地方。一如日本的舞踏，它不時流露出緊張笨拙，導致不美。所以如此，原因與山水畫裡的枯松蛄屈成長一樣：宇宙運變雖然是有機的，畢竟不屬於人間世，它並不聽從人間流行之芭蕾舞、現代舞的身體模式以及世俗美的典範。其次，這種表演雖然處身於舞台藝術，卻還是嘗試脫離展現技巧的作用，所以，原先來自搏擊交鋒之武功、相當暴力的拍打自身與踩踏地板等動作，在《行草貳》裡偶爾仍會出現。舞者的身體尊嚴恰恰來自他們並不是在表演，而是在舞台上鍛鍊身體，正在認真地練習如何藉著具體的回應式運動來與周遭環境交際。

這樣看來，雖然觀眾所觀看的舞蹈表演，仍類屬於藝術展示，雖然觀眾在場這一事實不允許舞者脫離表演範圍而直接成為宇宙流變之具體「化身」，但是觀眾透過觀察其奇特獨有的身體模式，卻不得不意識到這些舞者正在實行依靠身體存在來「體任」世界這種具體行為。雲門舞蹈的身體操作模式被置於文化跟自然之交際上，「自然回應、任運同轉」。就此身體模式而言，舞台幻象與正常事實、表演和修養、藝術及實踐等等不同境界都已經無從分辨釐清。我們在某程度上可以斷定，與其說觀眾把這場舞蹈當成是執行表演、表達作用，不如說，各個場面的身體運動原先就等於是一種具

體訓練,是身處文化社群中之個體和諸舞集聚正在練習如何「體任」
世界,也正在培養一個特定的身體模式。不過,因爲這種鍛鍊工夫
是由人所實行的,所以訓練歷程本身又變成人間生發的一種表現。
舞台上的活動,在作爲回應式之「體任」訓練的同時,又無法避開
隱喻顯現的作用,不得不被視爲人對世界,以身體操作方式所凸現
出來的一套詮釋。因此,舞台上發生的事情,無非是「易爲文,文
爲易」的循環開展,亦即大自然與文化合成一體。

五、社會烏托邦與轉化美學

　　如果從社會學與政治學的角度來觀察雲門這一系列舞作,其所
呈現之「自然回應」、「任運同轉」的身體模式便另有意義。假若
將之視爲標榜某種行政統治模型,它有兩項獨特的優點:與中央主
義、聽從他力的管轄方式相較,這種模式一方面潛藏著民主主義非
中央式之平等、自律的可能性;另一方面,它也在時間過程中回應
周遭環境之流變,是以輾轉形成、步步更新之機變彈性的裁制權力,
來代換固定不變、也無法適應條件遷變的支配權力。身處集體之個
體施行其動作時,舞者仍然有極度個體化的姿態;他們分就個別的
場所、局勢來相互感應,分秒不斷地隨時形成新的流動勢態。這樣
一個流動集體並無核心自我,集體「秩序」來自所有舞者一起在回
應歷程當中連綿組成的動態順序,而非由現成的中央管轄權勢來統
制。這裡雖然沒有「自我」、「你」與「他者」等關係,只有「彼
此」、人與世界的關聯可講,但是,此一集中運動體態卻呈露著極
其個體性的個人主義:流動之整體中,個別身體在時空中都佔有其
個別的場所或地位,每一個個體也都是從自身的角度,個別來實現
整體之權勢。

　　這裡所謂的「個人自我」，不等於存有論上之本質、個性。這種自我是動態的，是集體活動當中個體所任有、又瞬息變幻的角度場所。在此局勢所張開的重力秩序裡，有著各個不同方位，個人若想更易自己的權勢，便要投入流變整體，以順沿大氣之力量線的方式，來轉換位置與態度。從而，個體仍然居處在群體動態內裡，個人仍然是由無中央管轄的集體社群所懷抱。也就是說，這裡呈現的，是一種回應動態式的「受拘束的自由」模型。由此而實現的自由回應活動，則是沿著臨時為實際進發條理所展開的順序而產生。這裡所謂的「順序」，乃是原則上對未來開放的「動態秩序」，亦即「自主治理」（selbstregulierend）、在時間上為自由隔出縫隙的一種秩序。這個過程並非由靜態體制、預定規則所支配。當然，按照流變的局勢而言，不可能有「絕對自由」。可是，由於這種條件並不等於某種「機械」的運作秩序，這裡什麼都依賴於人之「回應」這項關鍵作用，所以，極權獨裁統治一樣也無法成功。在相互感應關聯之下互動的個體所組成之集體的總合抵抗力是非常大的，不論是自內裡引發，還是外來所施之推動攻擊，此種動態集體都能異常有效地從非中央的力量主軸，來將所有的危機推動轉換成為集體本身之運作衝動，而去除其威脅權勢。

　　如果只從《行草貳》裡呈現的身體模式和互動方式來看，此部舞作凸顯出的，無疑是對無宰制者之社群的一種政治烏托邦想像。按照這種烏托邦觀念，綜合集體秩序的最高理想，是在避免傷害的同時，場所性的個人存在也獲得自由。其次，如果我們離開作品與感受美學的觀點，更進一步從轉化美學來觀察此舞蹈，我們會發現，其中一項關鍵要素，乃是藝術表演對於社會的轉化作用。簡略說來，「感受美學」將作品形態看成是由觀者、聽者、讀者的建構性感受活動本身所完成；同時，這種論點也把作品在知覺過程當中對觀眾

主體所引發之影響，當作是一種心理效應。超越心理學平面的「轉化美學」則與感受美學不同。它所依據的是現象學美學的洞識，特別關注直觀過程中，身體在充當主角的同時，也關懷在人的一整個身體存在上，亦即生存於具體處境裡之個人的場所性、時節性的「向世界存有」上，藝術行爲會導致何種轉化發生。

雲門舞集企圖離棄純粹藝術活動，進行一種異常具體的實踐。依據這項論述，我們除了可以將舞者在舞台上團聚所執行的動態社群烏托邦，視爲對這麼一個社會模型的類比展示外，還可以更爲貼切的指出，這個「具體」烏托邦，也是觀眾本身要合作進行、建立社群之「轉化」機會。因爲，觀看身體動態的舞蹈較之觀看靜態畫面，一開始便是更爲「具體」的一種審美活動。在這種場合之下，面對舞台表演的觀眾必須更加依賴自己的身體存在來觀看、參與舞蹈的表演，也不能不憑藉自己的具體體驗來體會舞者以身體所執行的一切操作。換句話說，觀眾自始便必須藉著自身的肉體存在來感受舞者肉體所啓發的呼喚；他必須一直透過自己的身體運動經驗來感覺、體認舞者所表現之轉折操作。因此，觀眾始終是身處於舞台上的集聚活動當中，依憑自己的身體存在，具體參與舞者的各類感應互動。觀眾一旦開始深入觀看，他在自身身體存在及其與整個周遭環境一直維持的關係上，也就開始經歷朝向「回應」身體模式的一種轉化。

我們可以引申佛教華嚴宗高祖杜順的說法，來闡明轉化的場所性及具體性。杜順對由無數圓澄的珍珠織成的「因陀羅網」，有過這樣的比喻：「〔要〕坐於一珠中驗之」[12]。同樣的，觀眾必須投

12　參見〈華嚴五教止觀〉，載《大藏經》，卷45，第1867篇，頁513，a25-c3。

入舞蹈,而「坐於一身體中驗之」。如同佛教徒必須進入因陀羅帶珠寶的那張帷幛,方能體會「場所」和「角度」的意義;觀眾也得要靠著自身的身體感受,逾越局限於視覺之觀看功能,而藉由一種具體的模擬活動來投入舞蹈當中,然後才可能體會到基於「呼喚」和「回應」之互動的身體模式何為。唯有如此,觀眾才能真正理解極權獨裁的統治類型與開放的、動態的社群模樣的區分何在。

觀眾若透過包含著身體存在及相關社群團體的一種具體「同行」活動來參與舞蹈活動的話,那麼,作為宇宙流變之再現表象的舞蹈表演,自然而然會轉換其性質。它會就觀眾自身所處的那個處境,來呼喚其世界關係與社群關係。因而,在倫理學層面上,舞蹈就變成一種轉化的機會。惟有觀眾個人在其與所屬社群之互動態度上產生具體轉化,反極權獨裁的表演藝術才可能展開其潛藏之獨特教化、修政功用。

以此推論:正因雲門這一系列舞作既已超越藝術表演的層次而歸屬於工夫和實踐這一平面,也在執行著具體轉化,所以,雲門舞作雖然以西方現代舞為源頭,但是雲門後來逐步發展出的另類中華式、台式的舞蹈藝術,比起西方當代舞,或許還是與波依斯在造型藝術中所追索之「社會雕塑」(soziale Plastik),有著更親密的聯繫。

六、舞蹈表演與修養實踐

在雲門名為《狂草》的第三部舞作裡,舞蹈的意境又晉升一層,其中,新的身體模式脫離了所有預定的秩序。這部舞作中,不論是獨舞,還是身體聚合、如鳥群飛翔般的群舞,在觀眾於自身所處時空下進行之視覺、觸覺以及整體「感官運動綜括敏覺」所感受體驗到之各個層次上,舞者的回應式身體操作已達自由成熟。舞作中的

舞蹈毫無規矩可尋，而是瘋狂地批判及抵抗任何正宗規範。舞者極
致個體化的身體操作方式闡明了「自然回應」的意味，卻又儘量推
卻類比作用，而完全處於時空下個人身體存在這一平面上。舞蹈的
展現，最終是依循只能由在發生之流動本身所敞開之道理，以自律
活動的勢態來鋪展其殊異的身體模式。舞蹈中，運動秩序完全倚仗
於身體模式，它已無法脫離身體存在的具體動態脈絡。身體運動與
秩序模樣已經融成一體，除了身體上發生的感應運作以外，已無任
何其他秩序可言。易言之，觀眾已無法將此表演視為指涉另一層面
上固存秩序的象徵再現，傳統表演藝術舞台業已成功轉化為讓秩序
具體落實的試驗性場域。

　　正因《狂草》裡舞台上的表演已經逾越了表演藝術的固有範圍，
向人生修養的具體工夫大大跨進一步，以致舞者在舞台上實行的活
動，非常接近於實際練功的實踐，每跳完一幕即是練習告一段落，
舞者甚至偶爾會放棄表演而以一般步行方式下台。之前，雲門退場
的特徵，則是舞者以旋轉流動的方式，一個接一個，漸漸從舞台左
右兩側消失。這種將表演藝術與正常世界聯繫起來的編舞手法，在
《狂草》裡已不復見。因為在《狂草》裡，正常世界已被收入舞蹈
表演本身，上台跟下台也都只是生活性身態的不同片段。在這個瞬
間，一個已無裂縫的越界就此完成。

　　其次，《狂草》也有意重新展現武術搏擊衝動、踩踏及喊叫等
較激烈的手段，目的則在表現藉由「太極導引」所訓練出來的身體
模式，個人或集體如何可能抵擋任何攻擊措施，如何可能經由手腕
一轉，順利地轉換成柔軟且始終無窮無盡的漂流運動。雲門舞蹈達
成的這個現象，的確是一種具體運動能力的示範。它顯示了這種身
體模式如何引開暴力行動，如何使攻擊力量本身扭撐、轉向、反撲，
如何令所有威脅發生偏離與分散。

　　在分散暴力的操作模式上，也顯現出雲門舞作裡罕見的反諷批判。舞作中傳統武術的匪徒／英雄操作方式被清除殆盡，勢盡後之餘力自然而然轉成爲和諧呼應的運動方式。運行到某個程度後，此一身體操作模式也就使人爲文化式的動作典範，返璞歸真，轉變成爲更加強勝之「自然」運作模樣。然而，這種身體模式培養出來的靈活能力，對於整個社群的互動問題，以及既要維繫仁義又要有效地控制邪惡之徒的政治需求，的確別具意義。從上文所述的轉化美學觀點而言，此表演可以被看成是對這種身體模式以及這種以自然回應方式應付暴力的展示，同時，舞台上的活動也成爲社群具體訓練「弱勝於強」這個手段的試驗場域。觀眾可以透過其整個自身「感官運動綜括敏覺」的機能，藉著舞蹈表演，體驗、練習此種制裁侵略行動的方法。透過具體自由參與自然回應的運動模式，不管是個人也好、集聚也好，觀眾都可以體會、學習如何針對外來襲擊行動或社會群體內部的衝突、虐待、委屈等事件，施行轉向釋放的措施。

　　就舞者的操作方式而論，《狂草》所標榜的烏托邦，明顯繼承《老子》與道家的養生生態，規劃出一個中華式的社會類型。按照這個烏托邦理念，以流動勢態維持秩序、以感應機能反邪爲正的政策之所以具有說服力，乃是因爲此中毫無越界革新、轉換媒介平面的弱點存在。有趣而且反諷的是，就表演中舞者所展示的精緻操作方式而言，武術正是藉著其本來具備的自然衝動、感應的手段，將自己打敗。甲攻擊乙時，渴望打仗的衝動本身隱藏被攻擊的對手下一瞬間爲了制服甲將會產生的抵抗力，這個抵抗力是從互動發生場域的本身而來，並非從乙的中央支配核心裡激發出來。我們如果憑藉特殊身體操作，以身體引發力量的方式來接納、抵擋他人身體行爲所發出的攻擊暴力的話，這種又「具體」又「直接」的回應活動，仍然處於原來衝突所發生的平面上，既不必逾越任何界線，也不必

從具體現實的推動轉至抽象理論性的策略後，才能給出有效的反
應。這種使甲動作轉向乙動作的歷程，不必要依託一番思索工夫。
易言之，為了實現這種動態秩序，身處這樣的一個烏托邦的社會，
彷彿也不需要理論協助。它唯一所必須追求的，是一種具體訓練，
一種在時空下培養、圍繞著回應機能之生態。這個社會唯一所需的，
乃是包含個人與群體的整個身體存在的一種修養實踐、修養工夫。

七、結論

回顧本文整個論述，雲門舞集這一系列舞作，確有一些與歐、
美、非三洲當代舞主流相分歧的特點。它無可質疑的，已是當代舞
的前衛。大致而論，雲門新發展出的舞蹈，至少有四點值得關注探
索：

第一、就舞者的身體勢態和操作技能而言，雲門的舞蹈方式與
現代舞最先進之身體控制技巧和即興舞蹈相較，顯然已另闢渠壑。
與一般現代舞強調向外表達有所不同，雲門身體模式追求的是向內
納入從外而來的推動，然後再向外引發回應。這就是雲門舞集所標
榜的，彼此自然呼應式的嶄新操作方式。此中也就顯現出此一身體
模式的實在性：舞者的身體，從舞台上展示性的媒介作用，轉換成
為表演活動所發生的場域本身。為了表現靈活舞蹈影像所需之技
術，已轉換成為人體間際與身體和周遭環境之間發生之敏銳迅捷的
回應實踐。這個技巧並非舞蹈技術和藝術表演的考量，而另有其實
際價值。

第二、藉由「太極導引」操作方式訓練出來的身體運動模式，
已脫離了現代舞既定的表演技術與運動典範。雲門的身體模式，已
經跨過了外向表演技藝與內向養身工夫的界線。做為舞蹈訓練內涵

的太極拳與武功等因素，其作用並不局限於僅僅只是準備表演所需之運動技術工具，此訓練本身即是表演的關鍵要素。在展示舞蹈表演的同時，雲門舞作也展開了一個不純粹屬於藝術範圍的身體模式，將人生的工夫活動納入表演藝術的場域。換言之，雲門突破了技術與修養、表演藝術與人生實踐及美學與倫理學之間向來固有之分界。

第三、正是因為雲門的舞蹈將舞者的身體從單純的表演工具或局限的媒介角色中解放出來，使身體本身成為修養的實際活動發生的場所，所以，觀眾一旦以認真體驗的態度參與、投入舞台上所發生的舞蹈修養活動，此舞便立即會使觀眾在身體存在、社會集體存在及至於整個具體生態上，實際發生轉化。這項轉化具有倫理學的意義，因為它從觀眾自身上培養出與舞者類似、以自然回應為主軸的身體模式與互動行為。

第四、透過這樣的轉化效應，舞蹈表演對於社群教育和政治實踐具有特殊的價值。雲門在舞台上所展示的集體互動模型，基本上是歸屬於藝術範圍的一個社會烏托邦。不過，基於上文列出的幾項要素，此舞蹈表演卻也包容著觀眾這個社群，亦即包容著個別觀眾、其社會背景、其生活世界以及全體觀眾所構成的整個文化群體。雲門之舞在觀眾個體與集體一整個存在上所導致的實際轉化結果，也就表示，舞蹈表演本身進行朝向和諧回應、弱勝於強之社會體制的修養實踐的初步衝動。

雲門舞集所以能一步接一步地逐漸發展出以上所述特質，也是因為身處西化時代的林懷民大膽地將作為中華文明之精髓的書法傳承，從歷史博物館中釋放出來，讓書法與舞蹈透過特定的身體模式來互動相感，並以此舞蹈系列來形成似乎自然而然、理所當然，卻的確是獨一無二的結果。此外，助長這套藝術創作生長成熟、凝結

成果的另一個要素，則是當代台灣的文化環境，是中華世界中唯有在台灣本島才可能體驗到的自由，以及與自由必定緊密聯繫的對社會整體、對歷史文化傳統的一種責任感。另一方面，雲門這三部舞作在提供當代台灣社會偉大貢獻的同時，也會慢慢對全世界整個現代舞界甚至於當代美學思維，發生影響，使其重點轉向對中華文明的瞻望。

宋灝，東吳大學哲學系副教授，主要德文著作有《意義詮釋與時間性：華嚴宗詮釋學研究》、《世界為一圖像：論述第五至第十二世紀中國山水畫之理論奠基》。另有期刊論文多篇，見《中外文學》，*Revue Internationale de Philosophie*，《台大文史哲學報》等。目前研究重點在跨文化美學、「身體模擬」。

生活在台灣：
選舉民主及其不足[*]

吳介民、李丁讚

　　二十幾年來，台灣社會劇烈變遷的程度，可能遠非身在其中的我們所能想像。時光奔流，這座島嶼，已經從一個幽閉而獨裁的港灣，航向自由、開放、卻充滿不確定的大洋。

　　　　　　　　　　*　　　*　　　*

　　台灣的國家－社會關係，從1980年代中期開始，歷經了政治開放的浪潮，從一個類殖民的外來政權（quasi-colonial émigré regime），蛻變為一個自由民主的社會。1986年，蔣經國統治下的黨國機器，面對國內外龐大壓力，同意開放黨禁、報禁。第二年，正式解嚴，台灣終於擺脫了將近四十年的戒嚴體制，進入政治自由化的年代。1992年底「第二屆立法委員選舉」，在政體轉型理論上是一次關鍵的奠基性選舉，是奠定民主轉型的重要指標。這一屆國會，取代了佔據最高立法機關長達43年的「第一屆立委」。1994年底，直轄市選舉，民進黨候選人獲選首都市長。這次選舉也是台灣當代省籍族群政治惡鬥的濫觴。1996年，第一次總統直選，引發中國解

---

　*　　本文係應台灣研究基金會之邀而寫作，將收錄於該基金會編輯之《跨戒：流動與堅持的台灣社會》（暫定書名）。作者感謝台灣研究基金會容許我們將此文先在《思想》發表。

放軍的武力威脅，情勢之緊張，美中兩強的槍炮外交一觸即發；這
是將近40年來最嚴重的台海戰爭威脅。海峽危機落幕，總統選舉也
順利完成，這次選舉實現了現代政治學上主權在民的精神，這正是
北京政府緊張到必須訴諸武力恫嚇的根本原因。2000年，第二次總
統直選，民進黨在國民黨陣營的分裂局勢中贏得選舉。歷史上首見
的政黨輪替，代表著國民黨威權統治的正式終結，也是和平的政權
轉移。2004年總統大選，投票前夕發生槍擊案，使原已緊張的選舉
氣氛更加懸疑，選舉結果民進黨以些微票數勝出。這個結果，使過
去四年原已互不信任的黨派政治與割裂中的族群政治，爆發為長達
月餘的街頭抗爭。這波抗爭，在台灣政治史上意義深遠，這是國民
黨以在野身分，首度組織的大規模街頭運動，其訴求雖是選舉的程
序正義，但其所動員的政治社會力量及其訴諸的意識型態，從歷史
的角度觀察，性質上是反動的／反應式的（reactionary／reactive）。
暗殺事件的真假爭議，在藍綠黨派競爭與媒體民粹化的環境中，醞
釀為持續四年的慢性政治危機。這四年危機，也是台灣公民社會發
展的一大挫折。

　　以上簡述的政治事件史，鋪陳了台灣公民社會發展的基本脈
絡。這些事件，影響了公民社會內部的組成、結構、與互動；反過
來，公民社會本身的力量與特質，也在一定程度上，影響了這些事
件的前因後果。

　　從世界史的眼光，台灣在短短二十幾年內所獲得的自由與民主
成就，是極為可觀的。但是，在這快速變遷的步調中，沒有解決的
舊傷痕，陸續浮出歷史地表而成為新創傷，問題接踵而至，社會大
眾籠罩在乏味的政治煙霧中，許多人感受極大的困惑、懷疑，甚至
對台灣的前景失去信心。本文從政治社會史的角度，觀察台灣二十
幾年來主要的變化軌跡，界定其正面積極的成就，給予一個概括性

的詮釋圖像；也提出民主化過程中的若干缺陷與警訊，以期宏觀地掌握社會變遷的來龍去脈。

一、社會力：從自由奔放到治理馴化

1986是台灣社會鉅變的一年，這一年黨外民主運動組織新的政黨，黨國威權政體在國內外壓力之下，走上政治自由化的道路，國民黨承諾開放黨禁、報禁（報禁隨後於1988年元月開放），並且在次年解除戒嚴令。自由化挪開了壓在社會頭頂的巨石，使民眾獲得言論、集會、結社等基本的市民自由權（civil rights）。促使國民黨讓步的一個重要原因，是市民社會的逐漸成熟，人民展現了集體抗爭的力量，向壟斷政治權力的統治者要求自由與民主。

從1960年代到1970年代，台灣歷經了經濟起飛，國民生產力與消費力提升，出現了現代意義的中產階級與勞工階級。但是這個階段的市民組織，仍然在黨國體制的嚴密監控之下，其性質並非真正的公民自由結社，各種社區組織、職業公會、產業工會等等，絕大部分是黨國體制的外圍組織。即使少數自主性較高的組織，例如長老教會等，其集體發言的自由也備受限制。這個階段是國家統合主義（state corporatism）的年代，由上而下的政治控制，箝制了市民社會的自由發展。1980年代初期嶄露頭角的消費者保護團體，走溫和、非對抗性的運動路線，可說是中產階級自由結社的第一個重要典範。

從1970年代開始，社會力開始轉向政治力發展，並且逐漸湧入街頭，逼使黨國體制暴露出控制的弱環。1970年代初期，台灣被迫退出聯合國、釣魚台事件等一連串外交危機，使國民黨的統治正當性開始動搖。學生保釣運動、文學界的現代詩論戰，預示了未來20年社會力量的胎動。1977年底的地方首長選舉，中壢一個偶發的投

票所爭議，導致嚴重的眾聚抗議，火燒警察分局。此一暴動消息在
沒有新聞自由的年代，被封鎖了一個星期。1978年底，美國與台灣
斷交，國民黨取消中央民代增額選舉，促使黨外團體以美麗島雜誌
的名義朝向組黨行動，國民黨訴諸鎮壓，導致1979年國際人權日的
高雄衝突事件。之後的大逮捕，震撼了國內外，美國的干預使美麗
島的政治犯得以在戒嚴下的軍事法庭接受公開審判。台灣社會儼然
又退回1950、60年代的白色恐怖低氣壓。然而事後省察，美麗島鎮
壓只是黨國機器的強弩之末。美麗島受難者的政治形象，在事件後
的選舉中被社會大眾的熱情支持所平反。令國民黨更加不安的是，
往後幾年，社會自發的集體抗爭事件不斷湧現，使黨國控制機器疲
於應付。

　　從美麗島事件到1986年，政治領域中的黨外反對運動，受到黨
國機器的強力箝制，幾件政治謀殺事件——林宅血案、旅美學者陳
文成回台被特務機構凌虐致死、江南在美國被情治單位派遣的黑道
謀殺——頓時讓台灣又勾起白色恐怖的記憶，但也激發了公民意識
的覺醒。社會力向政治力的轉化，從歷次選舉期間民眾對黨外人士
激情言論的熱切反應，可以明顯感受。值得特別注意的是，社會力
的轉化，逐漸釋放出非政治領域中的民眾自發抗爭。這些力量指向
批判黨國特權(十信事件)、警察不當治理(攤販、違建等生計議題)、
環境污染破壞(層出不窮的環保抗爭)、生態危機(反不當開發、反核
電)、迫害宗教自由(最重要的是新約教會運動)等等。由於這些集體
抗爭在戒嚴體制下乃屬「違法」或「脫法」行為，於是在論述上被
巧妙地稱呼為中性的「自力救濟」。自力救濟原意是民眾受到不當
侵害，得不到司法機關的合法保護，而產生的自助行為。這是政治
語彙的轉譯，有如當代中國民眾的抗爭行動被稱為「集體上訪」。
早期的自力救濟，普遍有幾個特徵：民間自發性、規模小、組織弱、

抗爭時間短、手段溫和、缺乏政治人物的持續奧援，也少有橫向的組織串連。然而，對於公民社會的形成，以及政治領域的影響，卻不可小覰。

首先，自力救濟行動的歷史背景是：黨外運動在美麗島事件後，領導群遭到監禁，運動進入沈潛期，處於黨外新生代重新起步的階段。這個時期的黨外公開政治活動集中於選舉期間，主流路線也以參選為主，儘管當時的全國性選舉只是名額非常有限的立法院與國民大會「增額選舉」，其結果動搖不了黨國體制。美麗島辯護律師群，也在此黨外運動領導斷層的時間點上，走上參選之路，包括陳水扁、謝長廷、蘇貞昌等人。

當時的黨外幹部，即使是批判公職掛帥的年輕黨工、黨外雜誌編輯，對走上街頭仍心存保留（詳下文），呈現相當謹慎小心的心態。因此，自力救濟運動，對當時的黨外民主運動而言，形成了一定意義的保護或掩護作用，同時也顯露了國家機器的統治正當性危機。自力救濟的頻繁與草根性質，帶來新的治理難題，國家鎮壓機器的控制能力受到考驗，迫使國民黨不得不正視這些問題。

這個階段，也是民眾公共意識轉化的關鍵時期。感受到生存與生計痛苦的民眾，在主體意識上逐步覺醒，從無力抗爭的受苦的身體，過渡到受害的身體而見主體性的萌動，進而出現主張權利的身體。公民權利意識的浮現，是走向現代公民社會的一大門檻。

逐漸地，自力救濟出現了幾個性質上的變化，包括橫向的組織串連，各地的環保協會開始密集溝通聯繫，籌組全國性的生態環保團體（例如台灣環保聯盟）。地方政治人物與黨外運動者介入協助民間抗爭活動（例如十信事件、反二重疏洪道抗爭、大型國營廠污染事件）。抗爭運動的相對基進化，封鎖工廠大門迫使污染廠商關廠（最著名的包括長達數年的新竹李長榮化工廠抗爭中顯示的社區團

結）。最激進的行動則見諸新約教會的長期抗爭，新約教會在當時乃
新興宗教團體，屬於錫安教派信仰，進入高雄甲仙深山靈修墾殖，
數度被情治機關暴力驅逐而流離失所。教友在城市街道上舉牌廣播
抗議，包括「蔣經國是暴君」這種令人震撼的用語。「民不畏死，
奈何以死懼之？」借用Charles Tilly的術語，這種不顧「經濟理性計
算」的 "zealot"（「狂熱抗爭者」），使黨國機器窮於應付，也預示了
政治自由化的大氣候。

　　1986-87年的鹿港反杜邦運動，正值政體轉型的關鍵年代，其意
義值得特別說明。當時中央政府核准跨國企業杜邦化工在彰濱工業
區設置二氧化鈦廠，未曾徵詢當地民眾的意見，這在威權時期並非
特例。然而，消息傳開，鹿港地區的地方文史、政治領袖帶領民眾
展開抗爭，過程中有部分黨外幹部赴當地協助，各地環保運動者加
入聲援，許多大學社團群集鹿港參與學習「新民粹精神」（民粹這個
詞，當時借用自俄國的革命黨人，乃是正面積極的進步運動語彙，
而非在1990年代轉譯自拉丁美洲的威權民粹主義）。杜邦集團在社會
壓力下，宣佈放棄興建計畫。反杜邦運動的成功，具有幾個標竿意
義：第一、開預防性環保運動之先河。第二、運動受到全國進步力
量的關注，外來力量的良性介入，包括黨外幹部的低調參與。第三、
運動的成功顯示前所未見的社會團結，在鹿港當地動員了各階層民
眾的參與，並激發高度的生態環保意識。第四、這個運動呈現了自
發性社運組織之自由結社的原型。第五、反杜邦運動團體與各地環
保組織的交互觀摩聲援，產生正面的外部效果（spill-over effect），
協助撐開了民間社會的自由公共空間。

　　1985年菲律賓的「人民力量」（People Power），推翻馬可仕軍事
獨裁，第三波民主化浪潮在東亞地區如火如荼展開，鼓舞了台灣的
民主運動者。1986年中，黨外抗議司法迫害林正杰，爆發街頭抗爭，

台北等城市街頭成為控訴專制的嘉年華。這是自從美麗島運動以來，對國民黨最嚴重的政治挑戰。9月，民進黨宣佈成立，蔣經國讓步，政治自由化的基調成形。1987年中，立法院制定《國安法》後，政府宣佈解除長達39年的戒嚴令。1988年元月，蔣經國去世。強人政治告終，積抑多年的社會不滿頓時爆發。當年春節前夕，出現勞工罷工風潮，要求追討加班費、年終獎金等。早在1984年立法院即通過相對進步的《勞動基準法》，關於工時、加班費等有詳細的規定，但並未依法實施。在戒嚴時期，勞工的罷工權、集體協商權遭剝奪，在情治單位的監控下也無力與雇主進行集體議價。這一波勞工運動的力度，是白色恐怖以來首見，也使得工人組織，從黨國統合主義控制下的「閹雞工會」，發展成真正的自主工會。

　　從1986年到1990年代中期，是社運的黃金時期。勞工運動、環保生態運動、學生運動、教師運動、社區住民運動、都市運動，各種社會力在政治自由化的樂觀氛圍之下盡情綻放。「統獨爭議」尚未宰制如今藍綠二元分化的政治市場。民間社會的集體抗爭力量呈現社會團結的光景，在反威權黨國體制的大旗幟下團結一致。當時台灣的經濟力正值高峰，中國經濟尚未崛起，高科技產品在世界市場的競爭力方興未艾，台幣大幅升值，國人開始大量出國旅遊（不能忘記，戒嚴時代國人沒有自由進出國境的自由，少數人得以出國觀光乃是假借商務考察名義）。新的眼界，自由奔放的熱情，推動了社會改革的純真衝勁。1990年3月，被民間戲稱為「萬年國會」的國民大會選舉總統期間，集結於台北中正紀念堂（2007年改名為民主紀念館）的學生運動，以野百合象徵青春與純潔理想，電視與新聞媒體史無前例地大力放送，運動在李登輝順利當選總統之後和平收場。野百合學運，盈溢著這個階段的社會集體情感的純真質地。此後的抗爭，雖然有時仍多少帶有白色恐怖悲情，但是運動的基調則逐漸轉

化爲結合民主改革呼聲與街頭嘉年華的節慶氣氛，其中最具代表性的，是1994年的「410教改運動」。

1992年底的國會全面改選，是台灣民主轉型的重要指標。尤其是民進黨在這次選舉中，取得約三分之一的席次，構成國會的重要力量。從此，各種社會改革開始走向議會路線，兩黨政治的雛形也逐漸形成。盛極一時的街頭社會運動，從1993年後逐漸減少，形式更趨溫和，改走體制內改革路線。

1990年代中期，中國兩次對台飛彈威脅，微妙地改變了台灣公民社會的發展進程。1996年3月，台灣歷史上首次總統直接選舉，首開華人社會先例。選舉期間，北京發動對台軍事演習，在台灣海域試射飛彈，緊張的情勢使美國出動航空母艦戰鬥群，在台海附近與解放軍對峙。戰爭危機一觸即發。海峽危機最終平安落幕，總統選舉也順利完成，這次選舉體現了主權在民的原理，等於確認了台灣作爲一個事實上獨立自主的民主國家，這是北京訴諸武力恫嚇，試圖干擾選舉過程與結果的動機。

這次海峽危機帶來兩面的影響。正面的作用是，台灣人民在外部武力威脅下，仍然有信心與能力完成歷史上意義最重大的選舉。對於全球華人社會，也是一次創新的示範。負面的效應則是，「中國因素」原先在台灣社會處在模糊而遙遠的認知狀態，但是經過此次危機，中國對於台灣的主權要求與武力威脅，變得具體而清晰，也讓台灣內部的族群緊張、統獨爭議，增添了干擾因素。從此，族群統獨爭議，就不只是國內問題，而是與兩岸關係、甚至國際霸權結構都糾結在一起。族群統獨爭議也差不多在這個時間點，開始嚴重地分化社會團結，改變了公民社會的進程。

社運黃金10年，也是國家體制朝向正常化、現代化轉型的關鍵階段。新的治理技術，取代了舊的威權壓制。新的立法、政策、與

執行，在開放、自由化與人權關懷的面貌下，其實也再度收編馴化
了桀驁奔放的社會力。例如，1988年制定的《集會遊行法》（歷經1992
年與2002年兩度修訂），承認了憲法所保障的人民集體抗爭的自由
權，但是也將抗爭行爲予以巧妙的約束。再者，政府許多行政機構
的委員會納入社運團體的代表，在增添決策正當性的同時，也帶來
就近管束的作用。又例如，政府機關開放許多社會改革工程提供民
間競標，也消耗了運動團體的許多精力。總體而言，新的民主治理
機制，對於社運部門的長期影響包括：社運團體的組織化程度加深，
例行化的日常經營活動逐漸取代高張力的抗爭運動，「社運企業家」
的新形象取代了被官方汙名化的「社運流氓」，「基金會」與「工
作室」取代了「街頭」。社運的溫馴化與柔性化，是先進民主社會
的一般性「常態」特徵，而新興的台灣民主，似乎也逐漸掉入這個
歷史規律。

　　總而言之，過去20年間，台灣社會獲致了令人矚目的政治成就，
包括：自由開放的社會、政府決策朝向民主化、人權的普遍改善，
性別、弱勢者議題進入改革議程。而同時，社會力則從自由奔放，
轉化到柔性治理的狀態：治理化、制度化、柔性化、劇場化。社會
取得了文明化的初步成果，市民社會的自由組織結社不再受到箝
制，但是公民社會的建構則仍處在不確定的狀態，而新的社會力量
的出現，則持續挑戰著我們的社會。以下各節分別處理相關的重要
議題。

二、克勞塞維茲的魔咒：社運工具化的長期效應

　　1992年底「第二屆立法委員選舉」，在政體轉型理論上是一次
關鍵的奠基性選舉，是確定民主轉型的重要指標。這是台灣當代政

治史上,第一次有意義的選舉。在此之前,國民黨曾經實施「地方自治選舉」與「中央民意代表增額選舉」,但由於選舉的層次與席次等限制,加上結構性的政治不平等,資源壟斷等因素,這些選舉不管結果如何,都不可能根本動搖國民黨外來政權的統治性質。但是,這次立法院的全面改選,則是由全體公民直接選舉一個新的國會。在這民主化的大環境下,長期從事體制外抗爭的黨外——民進黨,也進行急遽的組織與目標調整,標舉出「選舉總路線」。在2000年的總統大選前,民進黨基本上已經轉變成一部有效率的選舉機器,也逐步納入權力分享的體制。民進黨的轉變,令一些社會運動者與黨外支持者,發出警語批判「布爾喬亞化」(例如艾琳達在1994年的分析)。

2000年的總統大選,民進黨的陳水扁在國民黨分裂的態勢中脫穎而出。「政治變天」,政權和平轉移,民主化進入了新的階段。在此背景下,社會改革面臨一個新的難題,亦即,隨著民進黨的執政,公民社會的運動幹部有很大一部分,被快速吸納整合到政府體制,從而影響了社會運動領域的經營,也連帶使民進黨出現快速的右傾化。我們將此現象稱之為克勞塞維茲的魔咒:民進黨許多核心運動幹部,自黨外時代以來,即把群眾抗爭、街頭動員、社會運動,視為挑戰國民黨權力的替代性戰場,也就是說,在其整體性的政治世界觀中,社會運動不是具有主體性的場域,而是政治運動的工具與外圍活動。因此,一旦政治領域開放,選舉政治成為常態,黨外運動者即回歸政治領域,不再耕耘社運領域。這種克勞塞維茲式的工具性社運邏輯(Clausewitzian logic),為台灣的民主運動帶來長期的危機。以下從幾則黨外時期運動者的論述與批判中,觀察到此行動邏輯。

> 群眾運動是一種手段，一個政治運動的路線或手段，它必須受
> 到一些客觀條件的制約，包括社會、文化等條件的限制…就像
> 武器選擇的問題，關刀、長劍、短棍，何者為優？必須受相對
> 條件限制……美麗島事件以後，黨外並沒有採取群眾運動的路
> 線，這完全是基於現實的考慮……現階段黨外在政治上雖然沒
> 有採取群眾運動的路線，但我們仍應鼓勵黨外人士參與其他的
> 社會力量，走向群眾……（謝長廷，1983，〈群眾運動路線的
> 再肯定〉，《生根》第24期）

謝長廷這段話出自美麗島事件後第四年，政治自由化前三年。這段
引言清楚表達了當時黨外領導群，對於群眾運動作為政治運動工具
的看法；也看到當時的黨外與日益蓬勃的民間自力救濟運動沒有深
入的關係。從1980年代初開始，生態環保意識逐漸抬頭，民眾對於
核能發電也開始出現保留、甚至反對的態度。當時黨外雜誌的一篇
文章值得特別注意：

> 核四風潮以來，許多黨外朋友興奮莫名……期待它成為發展台
> 灣群眾運動的契機。對於這樣的看法，我們不敢苟同……核四
> 所引起的反對，與其說是「反核」，不如說是「反台電」……
> 長期主導台灣經濟決策的一批工程師，以所謂「專家政治」為
> 藉口漠視民主態度……台灣社會正是這類「科技官僚獨裁」的
> 最佳溫床：一方面民主制度未能落實，社會制衡力量普遍缺乏，
> 另一方面卻因人民過度專注於經濟成長，更是助長科技貴族的
> 氣燄……我們可以將這次核四事件看做台灣人民對執政當局的
> 一次信任投票……歷次的災變加上江南命案、十信事件等等，
> 已將一個封建集團統治現代社會可能的缺陷完完全全地暴露出

來。」(周廣潤,1985,〈向核四廠進軍!黨外實踐議會鬥爭的
良機〉,《新潮流評論》第2期)

這篇反核言論,是「反核即是反獨裁」的濫觴,今日讀來尤其發人
深省。首先,作者反對核四爭議可以作為發動群眾抗爭的契機,因
為許多人反核其實是反台電,反台電的科技官僚獨裁。而這種專家
獨裁的政治結構背景,則來自於兩方面:人民普遍的發展主義心態,
以及國民黨政治獨裁的支柱,亦即所謂的「威權發展主義政權」。
由於國民黨嚴格管制核電資訊,一般人很難獲得正確訊息來評估核
電的風險,但卻可以藉「核四案」反抗威權發展主義政權。然而,
作者表示,反對利用核四案動員群眾抗爭,因為群眾力量仍不成熟。
這裡明確看到,後美麗島時代黨外團體的某種心理徵候:對於街頭
抗爭持謹慎保守的態度;但另一方面,卻鼓勵黨外立委採取激進的
議會抗爭,「將黨外運動推進到另一個新的境界」。這篇刊登於新
潮流派刊物上的文章,明白主張:將反核當作一次反國民黨鬥爭的
機會,一個替代的戰場。而且,替代戰場不僅限於環境生態領域,
還包括十信事件(特權引發的金融弊案)和海山煤礦災變等等議題。
這篇文章的思路,一言以蔽之,就是反對運動者從事社會運動,是
為了反抗政治上的專制獨裁:政治是核心的戰場,是整體的,是最
終的目標;社運則是政治手段的延伸,是政治運動的外延戰場,是
沒有「自主性」的。
　　克勞塞維茲在有名的《戰爭論》中說:

　　政治是目標,戰爭只是達成該目標的手段,而且手段絕對不能
　　孤立於目標的思考之外……戰爭絕對不能視為具有自主性的事
　　物,而應視為政策的工具。戰爭必須隨著政治動機……的變動

而變動。（Carl von Clausewitz, 1833, *On War*）

我們借用克勞塞維茲在《戰爭論》中的話語，以「社運」取代「戰爭」的措詞，就能夠洞察這種思維方式，如同魔咒般，囚禁著人們的心靈：

> 社運絕對不能視為具有自主性的事物，而應視為政治運動的工具。假若沒有明確的政治目標，我們即使打贏了一場社會運動，也是毫無意義可言。社運的性質，必須隨著政治動機以及產生這些政治動機的性質的變動而變動。社運的戰爭持續與否，端賴政治目標是否已經達成。社運不過是政治交易的延續，不過是政治交易的易地談判。社運本身並沒有擱置政治的交易，或者改變政治交易的性質。不管運用什麼手段，政治交易仍然持續在進行。社運難道不是人們政治思想的另外一種表現方式、另外一種政治演說與政治書寫？的確，社運或許有它自己的文法，但是它的邏輯仍然和政治運動是一樣的。

　　不難想像，這種行動邏輯，作為民主運動的策略思維，在選舉總路線之下，已經失去了推動改革的驅力。政黨輪替之後，克勞塞維茲邏輯的困境畢露無遺，因為民進黨的反對運動觀，乃是以「反獨裁」為驅動力，缺乏追求形式與程序民主以外的價值核心。「反的邏輯」在執政之後，即無可反。反的邏輯，在國民黨尚未能轉化為具有進步批判力的反對黨的情況下，使得民進黨的主流力量變成只是在「保衛本土政權」，與泛藍之「保衛中華民國」相互激盪唱和。於是，兩個右傾的政黨主宰了台灣的政治舞台。
　　克勞塞維茲行動邏輯，在民進黨執政8年的今天，後遺症仍然相

當明顯。一個嚴重的後果是,在黨外與民進黨成立的初期,曾經吸
引了一整個世代的優秀青年、學運幹部投身民主運動;但這個「野
百合世代」如今正值成熟階段,卻被深深捲入權力運作體制之中,
使社會運動人才顯得相對缺乏。近年來,許多人不滿藍綠惡鬥,催
生第三勢力,某些新聞媒體也寄予厚望。然而,超越藍綠的新政治
運動,勢必由下而上集結草根力量,串連工夫需要大量的人力投入。
當前,年輕世代尚未大量投身公共參與,中生代政治工作者又被體
制吸納,克勞塞維茲的魔咒依然困擾著我們脆弱的公民社會。

三、台灣民族主義情感的普及化

　　兩蔣統治時代,在類殖民政治體制下的本土認同情感,受制於
官方民族主義(大中華民族情感),並沒有機會發展成為具有運動意
義的大眾政治論述,或者形成一種有條理的民族認同教義。雖然,
許多本省籍的文化經濟菁英以及部分民眾,有較強烈的不滿國民黨
壟斷政治、文化權力的意識,甚至已經形成了系統性的民族主義理
念,但是一般民眾對於國民黨的反感,只停留於素樸而模糊的族群
語言文化情感,例如對北京話作為國語的反感、對母語受到壓抑的
不滿等等。

　　認同本土的草根族群情感,成長為公開論述的台灣民族主義,
乃解嚴之後的發展,至於進一步變成大眾運動,則是更晚近之事。
蕭阿勤比較台灣與東歐國家的民族主義經驗,得到一個有趣的對
比。在東歐的政治史中,先有文化民族主義,後有政治民族主義。
然而,台灣作為一個民族主義的後發國,順序剛好相反:先政治、
後文化:「具有政治異議傾向的本省籍文化菁英投入台灣民族主義

運動的時間，要比政治反對人士晚。主要是因為台灣政治反對人士在1980年代上半葉對國民黨政府所進行的民族主義式挑戰，才激發本省籍作家與批評家的台灣文化民族主義，亦即政治反對人士先於人文知識分子而成為民族主義的主要推動者。」（蕭阿勤，1999: 8-9）根據這個觀察，蕭阿勤反駁了以下這種說法：「80年代末以來，許多本省籍的文學作家和批評家宣稱他們在60年代之後的文學活動與結果，是基於具有政治意味的台灣意識的覺醒，並且激發後來的台灣政治反對運動。」（蕭阿勤，1999: 11）

我們同意台灣之文化民族主義論述的普及化，是政治開放之後的現象。的確，1950年代初期國民黨的「清鄉」結束之後，反抗運動歸於沈寂，黨國體制已經牢牢掌控社會，白色恐怖陰影深植人心，國家的意識型態機器，也逐漸展露其文化霸權的教化效果。在這個年代，幾乎沒有任何反抗，對國民黨造成威脅。一個頗為知名的插曲，是彭明敏、謝聰敏、魏廷朝等人於1964年9月，試圖散發〈台灣人民自救宣言〉傳單卻失敗的事件。這份宣言即帶有強烈的台灣自主獨立意識。

值得觀察的對照是，相較於島內反對運動的沈寂，海外的台灣獨立運動在這個年代聲勢高漲，其性質接近班納迪克‧安德森（Benedict Anderson）所說的「遠距民族主義」。這股海外運動的主導力量逐漸右傾化，於1970年代開始影響國內的反對運動論述與方向，並且在1980年代末期的自由化階段達到高峰。

在文化場域，1977-78年的鄉土文學論戰，是國民黨文化霸權鬆動的前兆。論戰中的若干言論，證實了某些文化民族主義理念，當時即存在於具有本土認同的文學界。1977年5月，葉石濤發表在《夏潮》的〈台灣鄉土文學史導論〉，是引發論戰的一份關鍵文本。葉石濤說：

儘管我們的鄉土文學不受膚色和語言的束縛，但是台灣的鄉土
文學應該有一個前提；那便是台灣的鄉土文學應該是以「台灣
為中心」寫出來的作品；換言之，他應該是站在台灣的立場上
透視整個世界的作品。儘管台灣作家作品的題材是自由的、毫
無限制的，作家可以自由地寫出任何他們感興趣及喜愛的事
物，可是他們應具有根深蒂固的「台灣意識」，否則台灣鄉土
文學豈不成為某種「流亡文學」？……這種「台灣意識」必須
是跟廣大台灣人民的生活息息相關的事物反映出來的意識才
行…在台灣鄉土文學上所反映出來的，一定是「反帝、反封建」
的共通經驗以及篳路藍縷以啟山林的，跟大自然搏鬥的共通經
驗，而絕不是站在統治者意識上所寫出來的，背叛廣大人民意
願的任何作品。(〈台灣鄉土文學史導論〉，《夏潮》，第14
期〔1977, 05, 01〕)

葉石濤提出以台灣意識為核心的詮釋觀點，反省漢人移民台灣以
來、歷經荷蘭、明鄭、清朝、一直到日據時代的反抗殖民統治的文
學運動。他試圖建構台灣文學的自主性和主體性，從本土文化和語
言的關懷，挖掘一條歷史發展的線索。這是自從1950年代以來，在
文學藝術領域裡，非常重要的政治論文；可說是一部苦心經營的告
台灣同胞書。

　　可以想見，這樣的觀點，在當時的政治氛圍中可能引起的反應。
葉石濤的鄉土文學主張，面臨來自國民黨的右派中華民族主義的撻
伐。但更值得注意的，是來自左派中國民族主義的批判。陳映真說：

　　所謂「台灣鄉土文學史」，其實是「在台灣的中國文學史」。((「鄉

土文學」的盲點〉，以筆名許南村發表，《台灣文藝》革新第2
期〔1977,6月〕）

（葉石濤）發展了分離於中國的、台灣自己的「文化的民族主
義」。這是用心良苦的，分離主義的議論。（同前文）

分離主義在當時是台獨的隱語。陳映真對葉石濤之「用心良苦的分
離主義」的指摘，衡諸時代氛圍，是相當辛烈的用語。事後看來，
這個批判印證了台灣文化民族主義的想法，在當時縱使仍處於低度
理論化的階段，已經被公開提出。

　　鄉土文學論戰，是台灣衝突性公共領域的雛形，也顯露國民黨
的思想控制出現了裂縫。這次論戰由於政治的敏感性，很快被代表
或接近黨國立場的作家，拉到對左派的圍剿。彭歌說：

中共對台灣的統戰工夫，除了通常使用的醜化、分化、造謠、
誣蔑之外，主要的集中於兩點，一是利用地方意識，挑撥所謂
外省、本省之間的感情，一是攻擊我們的經濟建設……中共作
為統戰題目的省籍問題，已經落空；近二三年來變為專從「階
級」上作文章，或至少是以煽動「階級對立」為主，而以挑撥
地方意識為從。（〈三三草（九則）〉，《聯合報》〔1977,07,15-10,
07〕）

這段話中，值得注意的是：地方意識、省籍情感等問題是中共挑起
的統戰工夫，而且已經落空。30年後看來，省籍問題既不是中共挑
起的，何況當時才剛剛攤開於公開論壇，何來落空？不過，該文的
目的，是將矛頭指向左派。同時間，詩人余光中也對「工農兵文藝」

展開批判。論戰進行至此，指控、與交相指控，已經取代了溝通。鄉土文學的部分護衛者，以陳映真為代表的左統文人，已經被定性為「中共同路人」，成為官方打擊的主要敵人，而主張台灣意識的葉石濤等人則被迫噤聲。論戰不久即喊停。

　　事後回顧，鄉土文學論戰發生在中壢事件(1977年底)前夕與台美斷交(1978年底)、美麗島鎮壓(1979年底)之間，短暫的歷史機會之窗。而葉石濤1977年的〈台灣鄉土文學史導論〉，如流星般一閃而過，文學界台灣意識的言論，只能退回到不受黨國監控的民間社會的隱蔽空間之中。對於台灣意識的討論，一直要等到美麗島鎮壓陰影稍微退去的1980年代初期，才重見天日。而且，一開始甚至是以更加委婉而小心的措詞展開的：「台灣結」與「中國結」的對照。該論戰在經常遭到查禁而流傳於民間的黨外雜誌上進行。即使當時黨外雜誌的發行量相當可觀，有些被查禁的刊物發行超過一萬本，並且有極高的傳閱率，但仍不脫小眾傳播的性質，僅流通於黨外運動的積極支持者與反對菁英之間。所以，當時對於台灣結、台灣意識的討論，更像是反對運動內部的精神武裝與幹部再教育。

　　國族主義與族群分歧類似，一個重要前提是：存在著競爭者(不論是實存的或是想像的)而藉之強化自身的存在與認同。1980年代末期，鄭南榕(1989年因主張台獨言論自由而遭檢方拘提，最後自焚殉難)等人的台灣獨立主張，遭到國民黨的強力彈壓，反而獲得更多數民進黨支持者的認同。1994年底的直轄市長選舉，台北市長選情激烈，三組人馬競爭：新黨的趙少康(原先是新國民黨連線的領導人)、國民黨的黃大洲、民進黨的陳水扁。當時尚無今日藍綠區分對立的語言，但是選舉過程省籍族群的對立氣氛升高，最後在同樣是本省籍的兩個候選人之間產生「棄保效應」(策略投票)。這是台灣當代政治史上，第一次族群分歧的表象化與公開化。

1996年總統選舉期間的中國武力威脅，使台灣民族主義的情緒快速成長，並且清楚地與來自海峽彼岸的中國民族主義對立界定。2000年民進黨執政以來，泛藍政黨的「反扁、批扁」風潮以及2006年的紅衫軍運動，則持續為台灣民族主義加溫，使得台獨忠誠支持者的「本土政權保衛戰」顯得更加合理化。

如果1980年代是台灣政治民族主義的濫觴，1990年代是文化民族主義的發揚期，則2000年代則可以說是民族主義的大眾化階段。當前台灣民族主義普及化的運動中，電視談話節目扮演了領頭雁的角色。如果我們給予代表藍綠雙方的節目（例如三立頻道的「大話新聞」以及TVBS的「全民開講」）同等的「同情理解」，則會發現，藍綠各別支持者，生活在這種相生相剋的媒體政治對抗中，其實都有著深刻的社會心理需求。他們從這些節目獲得政治「資訊」，能夠簡單解釋世界變化的概念架構，強化自己既有的信念，抒發壓抑的憤怒，而得到一種暫時的安定感。正因為這種安定感需要不斷地確認而使信仰者必須經常觀看這些節目，因此節目主持人與名嘴，也就能夠千篇一律地，用不同的事件，講同樣的故事（關於自身命運的回憶與敘事認同）。換言之，對於壁壘分明的觀眾而言，談話節目乃是緩和內在焦慮的靈丹。

支持本土價值的綠色選民當中，一部分人是在民主化之後才成為民進黨的支持者或台獨的信仰者。這個群體受到雙重焦慮的困擾。第一層焦慮是：在台灣民族情感發展的大環境中，台灣處在後發的、不確定的民族國家締造的過程，同時大眾化的民族主義公開論述，也是極為晚近的經驗。處在兩岸激烈的經濟競爭與政治對立中，以及解放軍的威脅下，經常會產生一種「時間不在我們這邊」、「再不趕快宣佈台獨，就會來不及」的焦慮感。這種焦慮既有物質的實存基礎，也有因意識型態而產生的對於解釋世界的幻象。就意

識型態面而言，就是不經批判思索即相信：只要台灣勇敢地踏出宣佈法理獨立的腳步，其他問題即可迎刃而解。

這種綠色焦慮，剛好與藍色焦慮，形成對偶性的共生關係。泛藍支持者經常說：「再不三通，台灣就要完蛋」、「對大陸開放，台灣經濟才有救」。這種主張，天真地以為，只要三通、開放陸資，所有的問題即可解決，而沒有考慮到，即使三通使台灣獲得經濟利益，但是誰獲得最多經濟利益？是財團，還是一般人民？此外，社會成本與政治風險當然也不在其損益平衡的公式之中。

與前述後發民族主義焦慮併生的是，第二個層次的個體存在感焦慮。談話節目觀看者若屬於「後發覺醒者」（late-awakener），則這種焦慮更加明顯，經常以憤怒的形式抒發出來：「原來我被國民黨騙了這麼久」，對於自己受騙上當卻不自覺的認知，使其進入重新體驗受害經驗（re-victimization）的心理過程，並且審視自己的政治身世，尋求一些簡化概念來解釋周遭政治世界的變化，使自己釋懷，使自己不再為自己在政治上的後知後覺而煩惱。因此，即使威權時代的迫害者已經不再有迫害的能力，仍然有人容易對「反威權」這個政治符碼產生高亢的情緒；或者，政治空間中殘存的威權遺緒，也會被放大感受、放大解釋。2007年十二月，立法委員選舉前夕，「大中至正」換牌爭端導致一輪藍綠惡鬥，一些泛綠支持者對於威權物件的痛惡感（「非儘速拆除不可」的執念），很可能就是如此被動員起來。

對於後發覺醒者焦慮的同情理解，是精準掌握媒體版的大眾民族主義發展的重要線索。舉例而言，一個早在1980年代中期即曾參與民主運動的人，當她乍看「大話新聞」對威權專制時代暴行的指控，可能覺得納悶，「這不是常識嗎？」但是，經過細思之後，她會發現，對於當下的觀眾，這種反威權的體驗卻是嶄新的，而且是

通過此時泛藍菁英「反扁、反本土」的話語與行為來理解。又例如，對她而言，雷震早在老蔣時代就倡議過「中華台灣民主國」，是舊的訊息，但是對於後發覺醒者，卻是一項珍貴的資訊，是如獲至寶的發現。這樣就能解釋，為何經常看到名嘴們，以考古學家權威般的語言，在宣告一些廣為民主運動者所通曉的威權遺事。

上文中那些具有雙重焦慮的本土支持者，不能與另外一種綠色支持者混為一談，亦即，二二八事件與白色恐怖時代的受害者及其家屬。她們的苦痛是刻骨銘心的家破人亡，埋藏心底數十載的傷痕，但是民主化之後，轉型正義又遲遲未能實現，而無法平復心理創傷。

根據以上的詮釋，關於威權時代的記憶與體驗，從菁英向大眾擴散的過程；從民間社會隱蔽空間中的隱諱語言，到公開化的論述，其實是社會集體治療的必經過程。這個過程及其後果，卻要格外小心。在這裡，存在著一條細緻的界線，亦即，**民主教育與意識型態灌輸**之間的微妙區別。為了避免重蹈歷史的錯誤、平復受害者的心靈，對於威權時代的教育是必需的。但是，這種民主教育卻不能期待從目前這種談話節目中得到。

四、第二民間社會的誕生

「第二民間社會」，如同「第一民間社會」，是相對於意義漸漸模糊不清的「民間社會」而界定的。在威權統治下，民主運動動員社會力量反抗專制，當時的民間社會，是不證自明地被視為進步而幾乎同質的組成。隨著選舉民主化的腳步，民間社會內部的歧異逐漸顯露，包括在台灣社會內部最為顯著的省籍族群分歧，其他還有階級、性別、種族等面向的歧異。要言之，民間社會內部既涵育著進步的理念與行動，也滋生著保守或反動的元素。以下先分析民

間社會與公民社會的區別。

*　　*　　*

民間社會的概念，在今天已經可以跟公民社會明確區分。但是在1980年代的台灣，卻在概念內涵上經常被混淆。這並非偶然。民主化之前，國民黨的黨國機器在政體的分類上，近似於列寧主義國家（quasi-Leninist state）。國家全面掌控公共資源，以高壓統治以及恩庇籠絡的方式從事資源分配。國家高度滲透到各個社會領域，以致於社會長期處於無力與被動的地位。反對運動者急於尋找破解之道。當時蘇聯控制下的東歐集團開始出現自由化的縫隙，尤其是1970年代末期波蘭團結工聯對於共產黨國（典型的列寧主義國家）的挑戰，直接威脅到波共的統治正當性。Civil society這個概念在此機緣中，被引介到台灣，平行地轉置到反對運動的論述場域，稱之為「民間社會論」，成為一個核心行動方針，在反對團體論述圈中蔚為流行。Civil society這個英文辭彙，當時常被翻譯為「民間社會」，有時則以「公民社會」或「市民社會」的面貌出現，與「國家」（the state）形成一組二元對立的概念。將civil society理解成中文脈絡裡的「民間」或「民間社會」，一方面在當時確實有相當強的批判力，但另一方面卻窄化了此概念的內涵。它的批判力道在於簡單的兩分法，批判國民黨的威權壟斷，觀念直接簡單，容易激起反國民黨的情感訴求。「民間」用來和「官府」、「官方」衍生對立的想像。這種轉譯方式，符合傳統政治秩序中善良無辜的「老百姓」，對抗腐敗「貪官汙吏」的圖像，因此易於召喚民眾反國民黨的素樸情感，暗示著老百姓的「善」的能量，對立於官府的「惡」的傾向。在此認知圖式中，民間社會的進步性不容置疑。但是民間社會論在概念上的窄化，輕忽了現代西方民主實踐和論述中的豐富意涵，例如文明化（civility）與公民德行（civic virtue）等質地。這些都是民間的概念

所無法充分承載的。

　　最後，民間社會論的批判力量，隨著黨國體制1990年代以來的瓦解而削弱。政治自由化、選舉民主化之後，多元政黨競爭局面出現，產生了一個介於民間社會和國家之間的政治社會（political society）。政治社會是政黨與政治團體的場域，通過選舉競爭，以匯聚選票的形態，中介民間社會的利益。於是，民間社會的政治意義也產生變化，而顯示出「民間力量」這種說法的局限性。錢永祥指出：

> 「民間」一詞在台灣的意義轉折，正是這段歷史變化的產物。在一方面，激進知識分子提供了多少屬於社會意義之下的民間概念，但另一方面，政治力量以及本土派人士所動員的，卻是族群意義之下的民間力量。這兩種「民間」概念的起源雖然迥異，卻在客觀現實所提供的河道裡迅速合流，族群意義的民間概念得勢，奪取了社會意義的民間概念所主張的反對正當性。（錢永祥，2004）

台灣經過2000年與2004年兩次總統大選，以及隨之發生的大規模族群政治動員，可以發現族群意義的「民間」所具有的情感訴求威力，以及它在進步意義上的局限性。同時，族群意義之下的民間力量，並非「本土派」所專享，「非本土派」、或「反本土派」同樣可以訴諸族群語言文化的情感，來從事政治動員。藍綠政黨都同時在搬弄「族群民粹動員」。

　　因此，族群政治促使我們檢討民間社會此一概念在轉譯上的難題。民間社會與公民社會在分析與實踐的層次上，應分別屬於「社會」的兩個層次。首先，civil society不應該翻譯為民間社會，而應

將之詮釋爲公民社會或市民社會。中文脈絡中「民間」的通俗理解，
更接近於英文的folk / folks，而民間社會則可以理解爲folk society，
就分析上的意涵而言，民間社會是由私人利益、常識、情感認同、
族群語言、文化慣行等日常經驗所構成的常民世界，本質上這是一
個接近「搏感情」的日常生活世界。

　　而公民社會則指向：民間領域的利益與情感，經過理性溝通的
中介，所構成的一個「講道理」的公共生活。因此，公共領域是內
建於公民社會的一個具有規範意義的範疇。民間社會在性質上乃是
「自然狀態的」社群生活，是營造現代公民之公共／政治生活的基
礎。但是，民間社會若未經轉化，並不會自動構成公民社會。缺乏
公共性，就成爲「沒有公共領域的民間社會」的狀態。在民間社會
的生活基礎上創造公民社會，需要諸多制度、社會文化、物質條件
爲基礎，將情感與理性交織在一起，形成可以被普遍接受的公共意
見，指向政治社會和國家的公權力領域，並進而影響國家政策。一
個社會存在著「批判性的公眾」，是公共領域的構成要件。從社會
個別團體的「私」，到社會整體的「公」，其實是要經過社會各種
不同團體之間的溝通、協調、折衝、說服、整合等過程，也就是公
共領域的過程。一個社會如果缺乏這個共同協作的面向，個別團體
的意見總是會停留在「個別」的層次，公共性不高。這時，社會仍
然處在一種「自然狀態」，眾聲喧嘩，但缺乏共識，很難發揮集體
行動的效果，對國家也不能發揮制衡的力量。民主政治也難有效運
作。

＊　　　＊　　　＊

　　回到當前牽涉到族群政治的民間社會。兩個民間的定義，乃是
理念型的定義，雖然在日常語言的用法上，經常與藍／綠的政治黨
派區分交換使用，但不能混爲一談，因爲黨派的核心定義是權力

（power），而兩個民間的關鍵區別是認同（identity）與情感結構。第一民間，指涉支持本土化或台獨價值的社會群體，主要的族群構成是本省籍國民，但也包括部分的外省籍族群。第一民間發源於政治自由化的啓動階段，當時即是反對運動的主要支持動力。第二民間，指涉明示或暗示地反本土化、非本土化、或反台獨價值的社會群體，其中一個重要的族群組成是外省籍國民，但是也包含本省籍族群。第二民間在台灣社會的興起背景是民主轉型，以及發生在民主轉型過程一系列的政治事件。

　　早在李登輝繼任中華民國總統，並接任中國國民黨主席之後，對於李登輝之「獨台」或「台獨」傾向的批評，即經常出現於新聞媒體。李登輝面對國民黨的老舊勢力，勢單力孤，因而轉往「社會」發展，嘗試透過與民間社會草根力量的結合，來對抗國民黨內的舊勢力。也是在這樣的歷史節點上，地方派系、黑道、財團等「黑金」勢力，在李登輝時代獲得發展的機運，雖然這些黑金的種苗在蔣經國時期即已存在。

　　王振寰與錢永祥稱李登輝現象爲「民粹威權主義」：國家機器的權力運作繞過民主政治的正常軌道，直接訴諸民眾支持來建立政權的「正當性」。國民黨在這套權力運作下逐漸分裂，李登輝所代表的勢力稱「主流派」，由當時行政院長郝柏村所領導的勢力則稱「非主流」。後來，部分非主流派離開國民黨而成立「新黨」。郝柏村也在1993年離開行政院長職位。主流和非主流的對抗正式台面化，政治社會逐漸分裂爲兩個陣營。1993年國民黨全國代表大會，一群外省籍老兵在會場外抗議，要求李登輝下台。2000年，國民黨輸掉總統選舉，數以百計的抗議者，其中包括許多老兵，群聚中央黨部，要求李登輝負責。以反對「新國家」爲意識型態的泛藍陣營，同樣訴諸於「民粹主義」的機制，動員民間社會的支持。

　　2004年大選前夕發生槍擊案，使原已緊張的氣氛更加懸疑，結果民進黨以些微票數勝出，使已經充滿不信任的藍綠黨派權鬥與族群分歧，爆發為長達月餘的街頭運動。這波抗爭，在台灣政治史上意義深遠，這是國民黨首度以在野身分大規模動員群眾，凱達格蘭大道成為泛藍政治力的展演場。當時，新黨領袖郁慕明對著揮舞國旗的群眾說：「一邊一國，這是一場中華民國對台灣共和國的抗爭」，一語道破了族群與國家認同的複雜衝突，也同時宣告了「第二個民間社會」的誕生。爾後，在藍綠持續權鬥，媒體民粹化的大環境中，紅衫軍與反制紅衫軍的動員，醞釀為慢性政治危機。這四年危機，是台灣公民社會發展的重大挫折。

　　台灣走向民主的道路，主要動能之一，就是本省籍國民，反抗國民黨壟斷權力分配，反抗大中國文化霸權對於在地生活語言文化的桎梏。這就是為什麼「推翻外來政權」的對抗性措辭，能夠在民主化過程中博得人心。《台社季刊》曾以「族群民主化」的概念，來描述台灣民主化的動能。的確，在威權體制中，外省籍菁英對於政治權力的壟斷，促使本省菁英動員群眾爭取合理的權力分配。這是一個必經的歷史過程。如何「超克」此狀態，並將民主運動提升到更深刻的社會改革，確實是當務之急。但是，前提是先要清晰地解讀此歷史情境。

　　在我們的分析中，**區分統治菁英與一般民眾，是非常重要的**。把本土認同的情感，等同於對一般「外省人」的普遍反感，是簡化了族群語言認同分歧的複雜歷史，結果只是便宜了失落了權力的外省籍舊權貴（不能忘記，他們其中有些是專制統治的幫手），而讓他們得以操作族群語言，與本省籍新權貴進行藍綠惡鬥。在這樣的藍綠權鬥格局下，也使得受到威權迫害的人們（包括了本省籍與外省籍人士）的創傷，無法平復，轉型正義也無實現之日。

　　認同台灣社會文化自主權的民眾，尤其是那些曾經飽受威權壓榨剝奪的人們，最難以忍受的就是統治者與優勢族群的階級、文化優越感，而這種洋溢優越感的話語，在民主化過程中經常出現於主流媒體，尤其是聯合報、中國時報的分析評論。在2004年3-4月的泛藍抗爭期間，可以讀到以下的論述：

> 藍營的人多的是上班族、家庭主婦、都會中產階級……綠軍的支持者較多是中南部的農民、工人、都市遊民。它（國民黨所領導的抗爭）的理性、秩序與堅定性如果可以堅持下來，很可能開創另一種中產階級的社會運動模式。
>
> 327藍軍……裡頭是不是包含著中產階級對社會標準扭曲的空前焦慮？擔心一個靠恃相對低學歷、高年齡、非都會的愚民政權決定了台灣公共事務的判斷標準。
>
> 泛藍在台灣都市新興中產階級的支持下，已開始取得了新的「道德制高點」。

這些評論，與廣場上的領導者所強調的「和平理性」、「都會中產階級」、「秩序」等口號不謀而合，並用來對照民進黨支持群眾的「低教育」、「不理性」、「暴力」。（但事實上，在這場運動中，仍有泛藍領導人物帶領支持群眾與警察發生暴力衝突。）在此論述背景下，以本土化為訴求的報紙與談話節目，使用直接而簡化的語言抗衡「泛藍論述」，才會日漸蓬勃。假如我們以文化霸權的概念來理解，代表本土化認同的第一民間，對於第二民間文化認同的持續衝擊，如同在上一節所分析的台灣民族主義普及化潮流，已經使兩者在文化領域上處於勢均力敵的狀態，而這樣的狀態也正反映在當前藍綠兩個政治陣營的選票分配上。

　　第二民間的歷史形構，有幾個特徵。

　　首先，在目前藍綠對立的政局中，第二民間所呈現的認同乃是一種防衛性的反動（defensive reaction），亦即：第二民間內部，認同中國國族文化者，在威權時代隱身於黨國政治秩序中，不必擔憂本土價值的挑戰，不需要嗆聲，就自動受到國家意識型態機器的保護。但是在民主選舉成爲常態，本土價值成爲重要選項之後，文化認同的失落感，使非本土或反本土化的信仰者，發展出一種防衛性質的「反動修辭」（借用赫緒曼的語彙）。這種反抗心態，很難直接訴諸「反台灣」的語言，有些轉而套用「反民粹、反貪腐、拼經濟、反鎖國」等說法。

　　因之，第二民間所內涵的認同質地，烙印著以「反（扁、民粹、台獨……）」爲前置詞的符碼。在這個意義上，其認同強度，便遠遠低於第一民間所逐漸清晰化的台灣民族主義認同，因爲在目前的國際局勢與兩岸關係中，「中華民國」的認同符碼，很難形成一種民族主義式的強而有力的積極主張。

　　其次，第二民間在身分認同上有著相對不確定的內涵。仔細觀察2004年凱達格蘭廣場上的象徵符碼，以中華民國旗海定調，以國歌、中華民國頌展開序幕。電視新聞報導，一位民眾激動訴說她好久沒看過如此盛大的愛國場面。然而，值得玩味的是，抗爭持續下去，人們開始唱起「快樂出帆去」、「愛拚才會贏」等台語歌曲，與「保護中華民國」、「拼和平、討公道、護民主、救台灣」等口號同台展演。對於這些大部分在之前的民主化過程未曾參與抗爭的群眾，國旗與國歌拉近了他們與舊政治秩序的認同，但是台語歌曲也同時將他們導向某種意義上的「本土語言文化認同」。

　　大部分第二民間的認同者，對於台獨（「台灣共和國」）與本土化政策雖有疑慮或保留，但是對於「生活在台灣」這個現實感仍然

很強。因此，在政治實踐上，如何將兩個民間情感與認同的真實差異，導向公民社會中良性的公共領域對話，使「台灣共和國」與「中華民國」兩種「國家定位」上的差異認同取得交集，是一個重要的課題。民間社會不等同於公民社會。唯有各個認同主體都能夠在公共領域中，公開無懼但不失溫雅的自由溝通時，公民社會方才存在。公民社會，可以對於政治問題的解決方案沒有共識，但是不能不努力經營一個可以包容差異情感生活的公共基礎——如果我們不想讓國族認同紛爭上綱為敵我之分。其實，身分差異本身，即是社會溝通與社會建構的過程和結果。從這個角度看，公共領域的一個重要功能，就是在促使各種不同身分認同者能夠真誠溝通，並且進行理性的批判。經過這種公共溝通，社會學家 Craig Calhoun 所說的「民主包容性」才能擴大：「一旦我們承認政治社群的定義並不一定由國族定義所壟斷，或一勞永逸視為自然或遠古的因素所決定，就要當作一個公民社會的問題來處理。」

結語：超越反的邏輯

如果我們誠實地面對第二民間的聲音，以及台灣民族主義的大眾化趨勢，那麼社會內部的族群緊張，便可能出現調解的契機。但是，如果繼續讓藍綠二元對立邏輯簡化民間內部的細緻差異，則台灣的政治將不斷被內捲到「反動」以及「反動的反動」相互拉扯的漩渦。就像這幾年所看到的，當民進黨面對批判時，許多綠營支持者的經常反應是：民主果實乃經過長期犧牲而爭取得來，保護本土政權是最高價值。因此，對民進黨的過失與貪腐，往往輕輕放過，或是以「再怎麼壞，也沒有國民黨壞」為之辯護。

從這個惡性循環中，我們看到反的邏輯的巨大力量，吞噬了人

們的熱情。兩個民間社會經常消耗在「反」的精神狀態。民主文化亟需擺脫反抗威權統治時養成的「反的思維」。反對者，因被排除在決策權力之外，無法參與社會共同決定，也不必爲政策後果負責。「立」的文化，需要積極參與，提出自己相信的主張，爲這些主張負責，並且願意承擔其可能的代價。在此意義下，我們的社會，尚未確立自身對於社會價值的信仰與堅持。也就是通常人們抱怨的，台灣社會欠缺「核心價值」。但是，這個可欲的、想像中的核心價值，是什麼呢？社會想像不是憑空而降，不是被外來力量所交付的作業。

　　進一步思索，兩個民間的對立，窮盡了台灣的社會想像嗎？當然沒有。

　　傳承自二戰後的新台共世代，歷經了白色恐怖，許多倖存的本省籍受難者，至今仍堅持左統的信仰。在黨外運動陣營，左派台獨曾是重要力量。在威權時代以及民主化過程中，不少外省籍人士認同本土，並與本省籍人士共組運動團體。這些身影，在藍綠擠壓下，日益邊緣化。近年來，新移民帶來新的治理課題，引進新的社會想像與文化品味，這些都是蘊含進步性的民間力量。更不用說原住民族的自治要求，及其豐富深邃的藝術創造力與寬厚的世界觀。文化認同的多元性，是移民社會最珍貴的資產。但是在藍綠對立之下，資產竟弔詭地變成負債。

　　十幾年來，數量顯著的婚姻移民，從東南亞和中國定居台灣，誕生爲數可觀的移民新世代。新移民爲台灣注入了活力與想像，也催生了自發組織與支援團體。長期參與新移民運動的夏曉鵑，回憶與南洋姊妹們的互動與學習過程：

　　　為朝向一個平等的組織團隊，台灣的志工和幹部們必須學會將

> 責任和情緒與姊妹們共同分擔，這樣的過程，一如排球練習般，當姊妹將責任和情緒的球拋向台灣志工和幹部時，我們必須將球拋回給姊妹，讓她們有機會學習承擔，並進而成為排球隊伍中，能平等和互相補位的球員。（參見夏曉鵑，2006: 55）

新移民女性的主體性，就在這種分享與承擔中不斷地成長。因此，近一兩年來，她們不斷在公領域發聲，讓社會看到新移民課題之所在，甚至帶出多元文化的價值與討論，大大地豐富了台灣的社會生活。尤其重要的是，所有這些活動或運動，南洋姊妹們已經不是配角，而是主角，包括策劃活動、帶頭領導等。她們已經成為一個「主體」。更難能可貴的是，這批南洋姊妹們不只建立了屬於個人的主體性，目前更主動朝向「歷史主體」邁進，而嘗試與不同身份的人群共同來改變支配性的「歷史質」（historicity）。她們除了參與「移盟」（移民／住人權修法聯盟）的各種運作與活動之外，更在高雄捷運泰勞抗暴事件後，參與移工組織所發動的「反奴工遊行」。按照一般常識，移民與移工的身份不一樣，移工的身份更低，一般移民基本上不喜歡與移工扯在一起，以免因此而影響到自己的形象與權益。但是這批姊妹們卻主動參與。南洋姊妹們，從一個被壓迫的客體，歷經各種主體化的培力過程，慢慢認識到自己的處境，以及其中的壓迫關係。這種批判性的認識與能力，是姊妹會的團隊很有意識地把姊妹們當成平等的對象，也在平等的社會關係中互動，才慢慢培養出批判能力。換言之，南洋姊妹們，在台灣公民社會中，正在形成一個具有批判性的公眾力量。

　　這個故事，再一次提醒台灣，自從出現於世界地圖以來，就一直是個移民社會。移民社會不斷增生繁衍的身分認同，具有高度流動性。因此，嘗試使用本質化的語言，來界定本土性或台灣性

（Taiwaneseness），終究徒勞無功。如何在誠懇面對政治文化解殖的
必要性，以及追尋多元流動身分之間，取得一個令各種認同主體得
以安頓的均衡，是當前的重要課題。或許，對追求本土認同者、或
對本土認同有所保留的一方，寬納混雜多元的文化認同，正可以舒
緩半個世紀以來大中華正統民族觀的桎梏。

＊　　　＊　　　＊

　　台灣從政治自由化到確立民主選舉政體的二十幾年來，波濤洶
湧的航程，經歷了幾次重大政治危機：蔣經國去世後的權力繼承、
第一次民選總統期間的中國武力威脅、民進黨在國民黨分裂情況下
獲得政權而實現政黨輪替、以及總統大選期間的槍擊案。這些事件
既顯現了我們社會的成熟度，也暴露了選舉民主體制的不足。

　　民主政治的一個核心特質，**是以制度的確定性，來緩和權力競
爭的不確定後果**。其中又以選舉制度的影響最爲深遠。1969年及其
後的「中央民代增額補選」，開啓了台灣政治轉型的先聲。民進黨
成立之前的整個黨外運動，幾乎是扣緊選舉制度的韻律而發展起來
的。民進黨成立後，更是藉著選舉制度，一步一步地確立了台灣的
民主體制。其中，1992年底第二屆立法委員選舉，建立有代表性的
立法機關，爲政體轉型奠定基礎，是一次關鍵的選舉。1996年總統
直選，具體實現了主權在民的理想，讓民主體制又獲得進一步的推
進。2000年的第二次總統直選，民進黨獲得執政的機會，政權和平
轉移，建立了政黨輪替的先例，也更具體證明了民主制度的正常運
作。選舉制度的確立，穩固了台灣的民主根基。

　　但是，選舉制度也有其不足之處。台灣社會很多問題，其實都
是選舉活動直接或間接造成的。1994年台北市長選舉，族群對立的
情勢升高，是台灣族群分歧的第一次公開化與表象化。1996年總統
選舉期間，中國武力威脅台灣，讓台灣民族主義的情緒快速成長，

並清楚地與海峽對岸的中國民族主義對抗，從此，統獨不再只是島內問題，大大地複雜化了台灣的國族認同問題，也間接加深了族群對立的情勢。2000年總統選舉，國民黨失利，很多泛藍支持者群聚中央黨部，要求李登輝負責。2004年總統選舉，國民黨以些微票數敗北，再加上兩顆子彈的疑雲，讓泛藍政治人物得以大規模動員群眾，爆發長達月於的街頭運動，宣告「第二個民間社會」的誕生，也讓台灣的國族認同與族群政治更加糾葛難解。

因此，選舉制度一方面雖然穩固了民主的根基，但也讓社會關係更加複雜、分歧、對立，變成政治動盪的根源。歷史告訴我們，民主體制並非固若磐石，既不時受到國際情勢的衝擊，更需要一個健全的公民社會來鞏固它。在今日兩個民間社會的對峙下，生活在台灣，是我們共同的基礎。只有暫時放下認同上的爭執與紛擾，從台灣這塊土地的具體利益出發，透過公共領域的審議協商，慢慢找出共同的利益和觀點，進而建立族群間的信任與合作關係，才能逐步找出屬於這個社會的核心價值。這樣，台灣認同才有真實而豐富的內容。否則，藍綠繼續惡鬥下去，台灣社會恐怕有裂解的危機，甚至造成民主崩潰。

回首一瞥，這座島嶼，已經從一個幽閉而獨裁的港灣，航向自由、開放、卻充滿不確定的大洋。這是一趟沒有回頭路的航行，而我們還在旅途中。

參考讀物

王甫昌,2003,《當代台灣社會的族群想像》,台北:群學。

王甫昌,2004,〈由民主化到族群政治:台灣民主運動的發展〉,《二
　　　十世紀台灣民主發展》,台北:國史館。

王振寰,1996,《誰統治台灣?》,台北:巨流。

王振寰、章英華合編,2005,《凝聚台灣生命力》,台北:巨流。

王振寰、錢永祥,1995,〈邁向新國家?民粹威權主義的形成與民主問
　　　題〉,《台灣社會研究季刊》20:17-55.

台社編委會,2004,〈邁向公共化,超克後威權——民主左派論述的初
　　　構〉,《台灣社會研究季刊》53。

台灣促進和平基金會族群小組(李廣均、簡錫堦、徐銘謙、施逸翔),
　　　2007,《負面族群語言報告書》,台灣促進和平文教基金會,
　　　出版日期:2007年11月4日。

艾琳達 Linda Gail Arrigo, 1994, "From Democratic Movement to Bourgeois
　　　Democracy," in Murray A. Rubinstein, ed., *The Other Taiwan*.
　　　NY: M.E. Sharpe.

何明修,2006,《綠色民主:台灣環境運動的研究》,台北:群學。

吳乃德,2000,〈人的精神理念在歷史變革中的作用:美麗島事件和台
　　　灣的民主化〉,《台灣政治學刊》4:57-103.

吳乃德,2002,〈認同衝突與政治信任:現階段台灣族群政治的核心難
　　　題〉,《台灣社會學》4:75-118.

吳介民,2000,〈何處尋覓激進的足音?〉,《中國時報・人間副刊》,
　　　「野百合運動十年專輯」(2000.05.11)。

吳介民,2004,〈鄉土文學論戰中的社會想像:文化界公共領域的集體
　　　認同形塑〉,收錄於李丁讚編輯,《公共領域在台灣:困境

與契機》，台北：桂冠，頁299-355。

吳介民，2005，〈台海上空的粉紅色幽靈〉，《台灣社會研究季刊》56：
　　　219-234。

吳介民、李丁讚，2005，〈傳遞共通感受：林合社區公共領域修辭模式
　　　的分析〉，《台灣社會學》9：119-163。

李丁讚，2004，〈導論：市民社會與公共領域在台灣的發展〉，收錄於
　　　李丁讚等人著，《公共領域在台灣：困境與契機》，台北：
　　　桂冠，頁1-62。

李丁讚，2007，〈社運與民主〉，《思想》8：85-118。

李丁讚、吳介民，2007，〈公民社會的概念史考察〉，收錄於謝國雄編，
　　　《群學爭鳴：台灣社會學發展史》（即將出版）。

李丁讚、林文源，2003，〈社會力的文化起源：論環境權感受在台灣的
　　　歷史形成：1970-86〉，《台灣社會研究季刊》38：133-206。

李丁讚、林文源，2003，〈社會力的轉化：台灣環保抗爭的組織技術〉，
　　　《台灣社會研究季刊》52：57-119。

邱貴芬，2007，〈在地論述的發展與全球空間：鄉土文學論戰三十年〉，
　　　《思想》6：87-104.

夏曉鵑，2006，〈新移民運動的形成──差異政治、主體化與社會性運
　　　動〉，《台灣社會研究季刊》61：1-70。

張茂桂，1993　，社會變遷與社會力釋放，收錄於江炳倫編輯，《挑戰
　　　與回應：民國七〇年代台灣的鉅變》，台北：自由基金會。

張茂桂編輯，1993，《族群關係與國家主義》，台北：業強。

湯志傑，2006，〈重探台灣政體轉型：如何看待1970年代國民黨政權的
　　　「正當化」〉，《台灣社會學》12：141-90.

湯志傑，2007，〈勢不可免的衝突：從結構／過程的辯證看美麗島事件
　　　之發生〉，《台灣社會學》13：71-128.

趙剛，2006，〈希望之苗：反思反貪倒扁運動〉，《台灣社會研究季刊》
　　　　64：219-63。

蕭阿勤，1999，〈1980年代以來台灣文化民族主義的發展：以「台灣（民
　　　　族）文學」為主的分析〉，《台灣社會學研究》3: 1-51。

錢永祥，2004，〈公共領域在台灣：一頁論述史的解讀與借鑑〉，收錄
　　　　於李丁讚編輯，《公共領域在台灣：困境與契機》，台北：
　　　　桂冠。

顧忠華，2005，《解讀社會力》，台北：左岸。

　　吳介民，現任教於國立清華大學社會學研究所，曾參與創辦當代
中國研究中心與中國研究學程。教學與研究主題包括：台灣民主
化、社會運動、中國市場社會形成、農民工階級與公民身分。

　　李丁讚，清華大學社會所教授。主要的研究領域是：民主政治與
公民社會。編有《公共領域在台灣：困境與契機》。目前除在撰寫
《民主的文化》一書外，也在探討「物質文明與現代社會」的關係。

思想訪談

何經泰攝影

一個台灣人的左統之路：
陳明忠先生訪談錄

呂正惠、陳宜中

　　陳明忠先生，1929年出生於高雄岡山一個大地主家庭。日據末期，考上高雄中學，因在學期間備受日本同學欺凌，才意識到自己是中國人，開始反抗日本人。畢業後服役，被迫構築工事，因脫逃曾遭關押。光復後，就讀台中農學院(中興大學前身)。二二八事變期間，加入起義隊伍，並參加謝雪紅二七部隊的敢死隊，在埔里的烏欄橋戰役中最後一人離開戰場。1950年白色恐怖期間被捕，判刑十年。1960年出獄後，因其優異的化學知識，曾到製藥廠工作，最後升任廠長。1976年再度被捕，被控接受中國共產黨命令，在台陰謀判亂。獄中備受酷刑，堅不屈服。經海外保釣學生及其他特赦組織大力營救，終由死刑改判為十五年徒刑，1987年保外就醫。出獄後，曾為組織「台灣政治受難者互助會」及「中國統一聯盟」大力奔走。陳先生與林書揚先生(被關34年7個月)為目前台灣左統派中最受尊敬的兩位前輩。

　　此一訪談於2008年1月14日下午在呂正惠家進行，由陳宜中、呂正惠提問(大部分的提問只是引起話題，最後談到兩岸關係及大陸現狀都是由陳宜中發問)，鄭明景錄音，陳福裕也在場。錄音由鄭明景、陳福裕兩人整理，再由呂正惠簡單修改文字，調整部分訪談的順序，並加上小標題，以醒眉目。最後，由陳宜中、陳明忠修訂、確認。

一、「台灣人的悲情」來自日本的統治

問：陳先生，您的經歷非常特殊，我們今天的訪談，事先沒有設定一個問題表，您想怎麼談就怎麼談，請從您最想說的談起。

陳：我想先談「台灣人的悲情」。民進黨說二二八是台灣人的悲情。這根本不對。以我的經驗，台灣人民在日本的統治下沒有任何尊嚴可言，這才是真正的「台灣人的悲情」。我因此知道自己是「清國奴」，是中國人，才開始起來反抗，我的一生從此就改變了。

如果要講悲情就要從日據時代講起。日據時代台灣人是二等國民，被欺負到什麼程度？我的思想改變是從高雄中學開始，當時我們一班50個人只有10個台灣人，其他都是日本人。我經常被罵是「清國奴」，動不動就被打，我搞不清楚爲什麼。後來我才知道自己不是日本人。對我衝擊很大的事情是有一次我和一個日本同學打架，事後來了十幾個日本人打我一個，最後跟我講一句話：「你可以和內地人(按：日本人)打架，但不可以打贏。」這對我衝擊非常大。不是說一視同仁嗎？我一直以爲我是日本人，但台灣人和日本人打架卻不可以打贏，這是怎麼一回事？我的腦筋開始產生混淆，兩三年以後才知道原來我不是日本人，是中國人，思想才整個轉變過來。

我感覺到在日據時代作爲台灣人，真是一點尊嚴都沒有。例如，當時村長在鄉下都是有聲望的人，是我們尊敬的人。但是，日本的警察叫村長跪下，村長就要跪下，這在我們看起來，實在是太瞧不起台灣人了。日本人跟台灣人的薪水也不一樣，同樣的學歷，日本人的薪水比台灣人高60%，爲什麼會這樣？再舉個例子，我認識一個人叫做林金助，是石油公司的工友，給大家燒開水泡茶的。可是林金助這個名字日本人也有。有一天上面有人來視察，從名冊上看

1968年，陳明忠與馮守娥夫婦經常帶幼小的女兒到植物園散步。
（馮守娥女士提供，藍博洲翻拍）

到名字，以為他是日本人，馬上升他當雇員，因為日本人是不能當工友的。日本人可以當勞動者，就是不能當工友幫人服務，不能倒茶、掃地。你想，當時身為台灣人是什麼感覺？我們是二等公民，甚至是三等公民（因為還有琉球人），一點尊嚴都沒有。我家是大地主家庭，我每天有牛奶喝，但因為在日本人面前沒有尊嚴，才知道尊嚴最重要。但我家的佃農在我面前也沒有尊嚴，就像我在日本人面前一樣，所以，我既開始反抗日本人的統治，也開始轉向社會主義，為佃農爭取尊嚴。所有的台灣人，在日本人面前都沒有尊嚴，那我們台灣人是什麼東西呢？難道這不是「台灣人的悲情」嗎？

二、二二八不是省籍衝突

問：那您怎麼看待二二八？

陳：二二八是反抗，是反抗國民黨的惡劣統治。「造反有理」，這是人民的哲學。二二八是反抗，不是悲情。

問：您反抗日本人，又反抗國民黨政府，這有什麼不同？

陳：當然不一樣。日本人是外國人，他們瞧不起所有中國人（包括台灣人）；國民黨是中國人的政府，它是一個不好的政府，我們是反抗一個我們自己的不好的政府。二二八時，我們反對的是一個惡劣的政府，而不是外省人。當時從大陸來的人，好壞都有。台中農學院的外省老師，包括院長（就是校長），學問好，思想開明，我就很尊敬。我不但不反對他們，還保護他們。二二八事件期間，我把他們集中起來，請我的學弟林淵源（他後來當高雄縣長）照顧他們。

問：照您這樣講，二二八就不是省籍衝突，至少主要不是省籍衝突？

陳：二二八本質上是一個反抗惡劣政府的行動，不是省籍衝突。當然有些本省人情緒激動，打了外省人，這是有的，但不是主要的。你們還要注意，當時的省黨部和陳儀是作對的，他們要把事情鬧大，好搞垮陳儀。蔣渭川是省黨部的人，他找了一批打手，專打外省人。他故意製造糾紛，就是要把事情鬧大。

我們在台中開大會鬥爭台中縣長劉存忠，因為他貪污。民眾要把他處死，謝雪紅說，他有罪，但罪不至死。民眾又喊要割他耳朵，謝雪紅又說，那太殘忍了。民眾說，那就打他，於是謝雪紅讓一些人上來打。這可以證明，反抗的人相當節制，知道自己要幹什麼。

但蔣渭川這個人你們要注意，他是省黨部李翼中的人。二二八之後，他當了台灣省民政廳長。我第一次坐牢之前，在1950年1月9日的中央日報上（按：此時陳先生拿出複印的剪報資料），看到一則怪異的啓事，內容是「慶祝蔣渭川、彭德、李翼中、林日高等四人

1980年，妻女前往綠島探監。（馮守娥女士提供，藍博洲翻拍）

出任民政廳長、建設廳長、省府委員」。在賀詞的下面有21人署名
同賀，名單中好多人竟然都是在二二八事件中遇害或行蹤不明的台
籍人士，像林茂生、王添灯、林連宗、宋斐如、王育德的哥哥王育
霖、還有陳炘。我後來坐牢時，才聽說這則啓事是地下黨（即共產地
下組織）的吳思漢刊登的。吳思漢爲什麼要用這些人的名義來刊登？
因爲據說這些人之所以被害，都是蔣渭川告的密，所以吳思漢故意
用他們的名字以示抗議。蔣渭川是CC派，他的老闆是台灣省黨部主
委李翼中，也是CC派。那時候被打的外省人，很多都是蔣渭川的人
打的；蔣渭川找了一批流氓，到處搗蛋，要把政學系的陳儀鬥倒。
陳儀很氣，要抓蔣渭川，結果被蔣跑掉了，蔣被李翼中保護起來。
蔣渭川的女兒，爲了保護父親，擋在蔣渭川前面，結果被陳儀派去

的人殺了。

李敖曾說，二二八分成三個階段：第一個階段是台灣人殺外省人，第二個階段是外省人殺台灣人，第三個階段是台灣人殺台灣人。李敖的說法太誇張了，很容易引起誤解。第一個階段，一些外省人被打，少數人被打死，蔣渭川的打手到處亂打人；第二個階段，外省軍隊從基隆登陸，一路開槍掃射，但因為大部分台灣人躲了起來，所以只有在街上的人，才會被流彈打中；第三個階段，國民黨捕殺了一些台灣知名人士和地方領袖，其中不少人可能是蔣渭川開名單密告的，所以李敖說台灣人殺台灣人。李敖講話是很生動，但太誇張，很容易讓人誤以為二二八是省籍衝突。

當時，我們根本不覺得二二八是省籍衝突。我們要反抗的不是外省人，而就是貪官污吏。但是，貪污的人都躲起來了，倒楣的卻是一般的外省人；有些外省人挨揍，還有些被打死了。不過，二二八的性質並不是省籍衝突，而是反抗國民黨暴政，是政權跟人民之間的衝突。

壞的人是那些貪官污吏，但我們學生對外省老師的印象就比較好。因為，那時候來台的外省老師很多都受過很好的教育，左派的也很多，比較進步，比較講民主，跟學生相處很像朋友。台籍老師受日本人影響，權威性較強，講話都是用命令的，所以學生對外省老師比較有好感。這不是我一個人的說法，黃春明也這麼講（他的外省老師因為是共產黨，後來也被槍斃了）。

關於二二八，我還可以說兩點。民進黨一直在製造一種印象，讓人覺得，二二八時國民黨在台灣進行大屠殺。依我的了解，二二八死的人，大約在一千上下。1950年我被捕時，在獄中跟台灣各地的難友聊天，了解各地的狀況，據我當時估計，大概就是這個數目。後來，民進黨成立了二二八賠償委員會，列了一大筆經費，到現在

1987年，陳明忠保外就醫，身穿未繫腰帶的長褲回到家裡；押送人員讓其與等候多時的妻女及弟弟等合影，以資證明人已移交家屬。

（馮守娥女士提供，藍博洲翻拍）

錢都還沒領完。據我探聽，因死亡或行蹤不明而領賠償費的不超過一千人，而且其中有一些還是白色恐怖受難者家屬領的。民進黨完全不公布這個消息，還繼續炒作，實在很不應該。

　　還有，陳映真跟我講過，有一個外省老師，看到接收人員欺壓台灣人，非常不平，寫了幾篇小說加以揭露，發表在上海的文藝刊物上(按：這些作品已收入人間思想叢刊《鵝仔》，人間出版社，2000年9月)，可見二二八主要是「官民矛盾」，不是「省籍矛盾」。

三、白色恐怖是國民黨鎮壓人民，不分省籍

　　問：您的說法跟民進黨的差很多。有些台獨派說，二二八是台獨運動的起源，您不同意吧？

　　陳：好多人（尤其是台獨派）說，二二八是台獨運動的起源。這個說法我不同意。二二八是民國三十六年（1947年）的事，但是一直要到我第一次坐牢出獄的那一年，1960年，才有人因為台獨案件進來坐牢。另外，台獨派在日本成立「台灣青年會」是1960年，台獨聯盟是1970年在美國成立。怎麼看，時間上都差太多了。

　　光復以後，台灣人熱情歡迎祖國軍隊的到來，可見他們對日本的統治有多反感。後來看到祖國的政府這麼糟，才開始想，要怎麼辦？然後大家才了解到，原來我們的祖國有兩個：一個是共產黨的紅色祖國；一個國民黨的白色祖國。既然壓迫我們的是國民黨，是白色祖國，於是年輕人就開始向左轉，向共產黨那邊靠攏。當然，當中有些人像我，在日據時代本來就已有社會主義思想；但是，也有些人是因為反對國民黨的暴政，才轉向共產黨的。所以，當時在共產黨裡面有這兩種成分，一種是日據時代就有社會主義思想的，還有一種是二二八以後對國民黨不滿才向左轉的。在第二種裡面，有些人日後因為反國民黨而變成台獨，李登輝就是一個典型；不過在當時，即使是第二種人，也是向左轉的，而不是主張台獨。根據後來警備總部的資料，二二八事件發生時，共產黨在台灣的地下黨員只有72個人；但到了1950年代白色恐怖全部抓完之後，共產黨員統計有1300多人。從這個對比，你可以看出二二八以後年輕人向左轉的大趨勢。

　　問：您現在談到二二八以後台灣社會的變化，接著就是白色恐怖，您對白色恐怖有什麼看法？

　　陳：國共內戰國民黨失敗，撤退來台灣。當時我們認為，「解放台灣」是遲早的事，但沒想到1950年（民國三十九年）韓戰爆發，

美國第七艦隊竟然侵犯中國主權，開入台灣海峽。有了美國保護，國民黨像吃了一顆定心丸，就開始大量逮捕、屠殺反對他的人，特別是潛伏的共產黨地下黨員。

我要特別強調，白色恐怖是國民黨對於人民的恐怖統治。凡是被認為有可能反對國民黨的人，不分省籍，也不管有沒有證據，就一律逮捕。我被捕以前，大概是1950年的5、6月間，報紙登出地下黨領導人蔡孝乾投降的消息，他呼籲所有地下黨員出來自清。當時蔡孝乾所供出的共產黨員共有900多個，主要是台灣省工作委員會系統（簡稱「省工委」），加上別的系統（包括搞情報工作的）。受難的共產黨員共約1300人左右。可是問題是，按照謝聰敏引用立法院的資料，整個白色恐怖時期因涉及匪諜案件被捕的人數就有14-15萬人，可見其中大多數人是被冤枉的。就共產黨員來說，他們是「求仁得仁」，是無怨無悔的，而且視死如歸；但是就大多數受冤枉的受難人和他們的家屬來說，白色恐怖當然是「悲情」。另外，根據台大社會系范雲教授的估計，在14-15萬受難人當中，約有40%是外省人。當時外省人占台灣總人口數也還不到15%，由此可見，外省人受害比率非常高。所以說，白色恐怖不僅是本省人的悲情，更是外省人的悲情。所謂「台灣人的悲情來自於『外來政權』的統治」這種泛綠陣營的說法，並不符合事實。正確的說，白色恐怖應該是「白色統治階級對所有被統治階級的恐怖行為」，是國民黨對所有台灣人民（包括外省人）的恐怖統治，與族群矛盾沒有關係。

四、為什麼認同「新民主革命」？

問：陳先生，您願不願意談談，二二八以後您政治態度的發展？

陳：二二八前後，我對國民黨這個政權已經徹底失望。但當時

　我聽說，大陸還有一個共產黨，是主張革命的。後來，我就知道了
毛澤東的「新民主主義」。毛澤東說，中國是處在半封建、半殖民
的階段。一方面，我們受制於封建傳統，譬如，中國還有很多大地
主，許許多多的佃農整年勞動，卻一直處在飢餓邊緣。另一方面，
我們又受帝國主義侵略，備受外國人欺凌，毫無民族尊嚴，譬如，
台灣的中國人就一直受到日本人的欺壓。毛澤東認爲，既然中國的
農人、工人、小資產階級知識份子、民族資本家這四種階級的人，
占了中國絕大部分人口，這些人應該聯合起來，一方面打倒封建的
大地主階級，另一方面打倒受到外國收買的買辦階級，這樣中國才
有前途。我突然了解，國民黨政權就是封建大地主和買辦階級的總
代表；他們只占中國人的極小部分，卻仗恃著美國帝國主義的支持，
肆意的欺壓中國的絕大多數人(包括台灣人)。這樣，我就了解國民
黨爲什麼會以這種惡劣的手段接收台灣；同時也了解到二二八的反
抗之所以失敗，就是因爲不認識整個中國的狀況。這樣，我就轉向
了「新民主革命」。

　　二二八之後，很多台灣青年都有這種覺悟。譬如，我高雄中學
的學長鍾和鳴(後來改名鍾皓東，作家鍾理和的同父異母兄弟)，畢
業後考上台大，後來放棄不讀，和一群朋友偷渡到大陸，去參加國
民黨的抗戰。光復後回到台灣，當基隆中學校長。二二八之後，他
也是因爲覺悟到，要救中國只有參加革命，所以他加入地下黨，不
幸被捕。那時候還沒戒嚴，被判感化，但他不服感化，結果被國民
黨槍斃。

　　又譬如，台北的郭琇宗，跟我一樣，也是大地主家庭出身。他
念建國中學時，也跟我一樣，受到日本同學的欺負，起來反抗，被
日本人關了起來。國民黨來接收的時候，還特別派人把他從監獄迎
接出來。二二八之後(那時候，他已經是台大醫院的醫師)，他也加

入地下黨。白色恐怖時被抓了，國民黨要他投降，他寧可被槍斃，也不肯投降。跟郭琇宗同時槍斃的，還有許強和吳思漢。許強是台大內科主任醫師，在日本讀醫科時，日本人很佩服他的才智；他們說，如果亞洲人可以得諾貝爾醫學獎，許強可能是第一個。吳思漢原本在日本學醫，放棄了，偷渡到朝鮮，一路跑到重慶。光復後曾在新生報上發表〈尋找祖國三千里〉的文章，轟動一時；爲了表示對祖國的情懷，他把自己的名字改爲「思漢」。後來，他們思想都改變了，轉爲支持共產黨，被捕後寧死不降。他們這些人都比我們沒被判死刑的人，優秀太多了。當時這樣又有才能、又勇敢的台灣青年很多，最傑出的都被處死了。

台獨派說，二二八把台灣的菁英殺了許多。這一點也不準確，因爲二二八殺掉的知名人士並不多，而且，大半是年紀較大的。白色恐怖所殺害的青年人就不知多了多少倍，他們都是台灣未來的希望。應該說，台灣人才的斷層，關鍵在白色恐怖，不在二二八。當時還有很多島內的外省朋友，也跟我們一樣，一起合作，想要打倒國民黨。這樣，你們就能了解，爲什麼國民黨有了美國保護之後，就開始逮捕、屠殺，而且牽連那麼多無辜的人。你想想看，地下黨聽說只有1300人，而白色恐怖的受害者卻多達14-15萬人（保守估計），你看這個政權有多殘酷！

五、台獨運動是地主階級後代搞出來的

問：照您所說，從二二八到白色恐怖，其實都是政權跟人民的矛盾；這個政權在壓迫人民的時候，是不分省籍的。但是，國民黨政權畢竟還有另外一個面向。當年老蔣幾乎完全用他帶過來的外省菁英統治台灣，所以還是種下了省籍衝突的禍因，以至於台獨派日

後不斷炒作族群，甚至把二二八和白色恐怖都講成是「外省人殺台灣人」的族群殺戮。您能不能進一步對台獨運動做更細部的分析？

陳：剛剛說到，二二八一直被講成是台獨運動形成的原因。我認爲時間不對。二二八是1947年的事情，開始有台獨政治犯卻是在1960年左右；在那以前，只有廖文毅等幾個人是台獨政治犯，其他通通是紅帽子。王育德在日本成立台灣青年會是1960年，美國台獨聯盟的成立是1970年，和二二八相距太遠了。二二八事件之後，台灣的年輕人是向左轉，而不是轉向台獨。台獨的概念是從土地改革才開始。當然，土地改革是應該的，但是站在地主階級的立場，看法就不一樣。我自己家裡是地主，有好多親戚也都是地主；他們的感覺是：國民黨在大陸根本不做「耕者有其田」，來台灣才向台灣人下手，是要把台灣地主的勢力消滅掉。

同時，土地徵收的價錢也差很多。台灣是兩期稻作，中間種雜糧，但是徵收土地的計算方式是以兩年的稻米收成來計價，中間的雜作不算。國民黨一方面用戰爭末期的糧食價格作爲計價標準，讓土地變得很便宜；另一方面又把市面上只值1、2元的四大公司(台泥、台灣農林、台礦、台肥)股票，高估爲10元來作補償。這一來一去，原本20元的東西變成1元，所以很多人不滿意。

地主不滿意，可是沒有辦法。因爲白色恐怖，反對的話就會被抓起來，所以什麼都不敢講。但是因爲他們家世好，早期到日本、美國的留學生都是他們的子弟。在海外台獨人士當中，台南一中和嘉義中學的校友比較多；一半以上的台獨幹部，都是這兩個學校的畢業生。因爲最好的土地都在嘉南平原，嘉南地主的子弟就變成了海外台獨的主力。一個典型的案例是林獻堂。在日據時代，他領導「台灣文化協會」反抗殖民統治；他曾經因爲去大陸訪問時說了一句「我終於回到祖國」，回來後被日本流氓當眾打耳光羞辱。這麼

堅定的愛國主義者，一旦階級利益受到傷害，便放棄了民族意識。
土地改革後，林獻堂跑到日本去，還曾支持邱永漢搞台獨。這也是
為什麼台灣有縣市長選舉以來，第一個黨外的縣長是台南市的葉廷
珪，因為台南是地主窩。還有，地主階級一方面因為「耕者有其田」
拿到四大公司的股票，又經營中小企業發達起來，於是漸漸形成勢
力。台灣內部的中小企業家，和在美國的台獨組織，這兩股力量一
合流，台獨就發展了起來。所以，台獨運動事實上是台灣土地改革
的結果，是地主階級的運動。這是我個人長期研究所得出的結論，
是我第一個講的。可惜我以前收集的資料都散失了，但這個題目可
以好好研究。

六、皇民化意識的復活是國民黨的統治造成的

問：您這樣講台獨運動，跟現在的流行說法相差很大。剛剛講
到日據時代，當日本人來台的時候，反日抗爭死掉了很多人，皇民
化教育是後來的事情；所以鄭鴻生會寫到他爸爸跟他祖父兩個不同
世代，對祖國的感情不太一樣。（請見《思想》第七期〈台灣人的國
語經驗〉一文）也許有人會說：陳明忠先生當初在雄中被欺負，產生
了抗日意識和中國認同，這可以理解；不過，另外也有一些受皇民
化教育的人，願意為日本人打仗；因此，陳先生的經驗或許有一些
代表性，但是也有另一些人對悲情的理解是不一樣的。更進一步來
講，可能也有些台獨派人士會說：陳先生剛剛講到的日本人對台灣
人的欺壓，其實正是「台灣意識」或甚至「台獨意識」的種子，而
不見得會導向中國認同。您怎麼回應這些說法？

陳：其實不用把皇民化看得那麼成功，根本不是那麼一回事。
我舉個親眼看到的例子：光復前我住在鄉下，那時候日本快打輸了，

要訓練台灣的兵員。年輕人上過日語小學的還可以，但要訓練三十
多歲的壯年兵就有問題，因為大多數都聽不懂日語。班長訓練踏步
走，用日語喊「左右、左右」，但台灣兵聽不懂，變成了同手同腳。
為了讓台灣兵聽懂指令，班長只好用台灣話講「碗筷、碗筷」（碗代
表左手，筷子代表右手）。你說，對這些人來說，皇民化能起什麼作
用？連日語都聽不懂。再舉個例子：有一天，我的同學遲到，老師
問他為什麼？他用日語回答說：「我家的豬媽媽發神經，叫豬的哥
哥來打。」老師當然聽不懂。其實翻成台語，就是「我家的豬母起
哮（發春），叫豬哥（種豬）來打（交配）。」像這樣子，怎麼皇民化？
所以說，台獨的皇民化論述事實上是台灣地主階級的論述，跟一般
台灣民眾沒有關係。如果說皇民化的效果那麼大的話，就不能夠理
解，為什麼日本投降的時候很多日本警察被打？譬如說，郭國基就
把以前刑求他的日本人，帶到半屏山殺掉。如果皇民化那麼成功的
話，為什麼光復的時候會有那麼多人去歡迎國軍？更沒辦法理解為
什麼那麼多的青年在二二八事件後向左轉？皇民化成功的話，不會
是這樣。近年來皇民化意識的重生，是因為國民黨統治失敗的關係。
也就是說，「台灣意識」之所以會變質為「台獨意識」，其實也跟
國民黨來台灣統治有關。

如果「台灣意識」所意味的是：「在台灣土生土長的台灣人民，意
識到自己生長之地的存在，以及這個存在的獨特性」，那麼台灣意
識應該萌芽於1895年。清朝把台灣割讓給日本，切斷了台灣和祖國
大陸的臍帶，所以台灣人民產生了一種「台灣意識」。但是這種意
識是以祖國情懷、祖國意識作為主要特徵，因此成為對抗日帝壓制
的武器。這個階段的「台灣意識」，在台灣人民的心中不僅和「祖
國意識」沒有衝突，甚至是重疊在一起的。

　　不過，台灣人民在對抗日本統治的過程中，由於祖國落後、沒

1991年2月28日，陳明忠與馮守娥夫婦參加台灣地區政治受難人互助會
在馬場町刑場第一次公開舉行的「二二八暨五〇年代白色恐怖死難烈士
春祭」。（藍博洲攝影）

辦法幫忙，所以心態上逐漸有些變化。台灣人民逐漸感覺到，要擺
脫殖民地這種沒有尊嚴的二等國民處境，唯有自立自救一途，於是
開始養成了以台灣為中心去看問題的思考方式。這時，「台灣意識」
跟「祖國意識」開始出現一些微妙的差距。一方面，「台灣意識」
之中包括了因割台而湧現出來的民族之愛、亡國之痛；也就是說，
「中國意識」是「台灣意識」的主要部分。另一方面，清朝割讓台
灣給日本，很容易使台灣人民產生充滿悲情的「孤兒意識」；正因
為孤立無援，「當家做主」的願望也逐漸成為「台灣意識」的重要
成分。但我想要強調，這種與「中國意識」稍有距離的「台灣意識」，
絕不是一個以祖國為敵、與祖國徹底決裂的「台獨意識」。台灣所
謂「皇民化意識」的重新起來，其實是國民黨統治台灣的結果。

七、「外來政權」與「省籍情結」

問：您剛剛的談話，讓我印象最深的有幾個重點。您說，在日據時期，「台灣意識」不但沒有異化成「台獨意識」，而且跟「祖國意識」高度重疊。皇民化教育根本不成功，台灣人民熱切歡迎祖國軍隊的到來。可是不多久卻發現到，取代日本殖民統治的，竟然是一個我們自己的惡劣的政府；於是展開了反抗，二二八事件之後更進一步向左轉，最後遭到受美國保護的國民黨的恐怖鎮壓，株連無數。您說，二二八的起因是反抗貪官污吏，白色恐怖是國民黨統治者對所有台灣人民的迫害，不分省籍。您指出，台獨運動的形成和土地改革很有關係，不能回溯到二二八。您認為台獨派把二二八和白色恐怖講成省籍衝突，是指鹿為馬，是對歷史真相、對國民黨暴政性質的嚴重扭曲。現在我想進一步請問，您如何理解民進黨所謂的「外來政權」問題？以及所謂的「省籍情結」？台獨派不斷的操弄「外來」和「本土」之分，而且還非常成功。您怎麼解讀這個現象？

陳：「台灣意識」之所以變成想與祖國徹底決裂的「台獨意識」，除了地主階級鼓動台獨的關鍵因素外，另一個重要的背景，當然就是所謂的「外來政權」的問題，以及由此衍生的「省籍情結」。前面我一再說，不論是二二八還是白色恐怖，都不是省籍衝突，而是國民黨政權和台灣人民之間的矛盾。國民黨政權不但迫害本省人，也迫害外省人。這種迫害，完全不能從民進黨所說的「外來政權」去理解，因為外省人也同樣遭殃，甚至更慘。不過，蔣家政權用外省菁英統治台灣，這個省籍面向當然存在，這是不能否認的。台獨派之所以很成功的挑起「省籍情結」，然後把二二八和白色恐怖通

通扭曲成是省籍衝突，跟這個當然很有關係。

　　蔣家政權來台的時候，帶了150-200萬的人來。他們並沒有講台灣人是二等公民，而且，並不是所有的外省人都是統治階級。事實上，除了少數的蔣家家臣外，大多數是軍、公、教的中下級成員，特別是老兵；他們不見得過得比本省人好，好多人的生活比本省人還糟糕。可是，那時候決定台灣命運的中央級民意代表，通通是外省人，連鄉下的派出所主任都是外省人。那些擔任蔣家家臣的「高級」外省人，在台灣的地位和處處表現出來的優越感，跟日據時期日本人的表現並沒什麼兩樣。在這種情況之下，很多台灣人會認為光復不過是「從大陸來的新統治階級替代日本統治階級」而已。同時，台灣人民會在心中把日本人的殖民統治拿來跟國民黨做比較。很多人覺得國民黨當然比較差，所以「皇民化意識」又重新來了。

　　當所謂「外來政權」的說法普遍在民間流傳，台灣人要「出頭天」、要「當家做主」的口號，就很容易打動人心。這為「台獨意識」提供了發展和擴大的空間。因此，「台灣意識」之所以異化為「台獨意識」，可以說是蔣家政權完全忽視台灣人民的心情所造成的。「台灣意識」不等於「台獨意識」；「台獨意識」是異化了的「台灣意識」。今天表現在政治上和中國為敵，意圖和中國徹底決裂的是「台獨意識」，而不是「台灣意識」。台灣心懷不滿的地主階級台獨派，就是利用了台灣人的省籍情緒，才獲得成功的。當年靠外省菁英統治台灣的蔣家政權，當然要負很大的責任。

　　二二八事件以及使成千上萬人民受難的白色恐怖案件，令台灣人民陷入恐懼的深淵，所產生的仇恨到今天還漂蕩在台灣島的上空。你想想，如果高官都是外省菁英，這種仇恨是不是很容易被簡化成族群仇恨？是不是很容易被台獨派利用？

八、國民黨喪失民族立場引發了另一種悲情

　　陳：我想，還應該講一點，「台灣意識」異化成「台獨意識」，國民黨還要負另外一種責任。為了自己的生存，他們喪失了民族立場，對美國人不能保持民族尊嚴。

　　1950年6月25日韓戰爆發，27日，美國第七艦隊就進入台灣海峽。不但如此，還有第13航空隊駐防，同時成立美軍顧問團入駐陽明山。最嚴重的是，台灣當局在美國的要求下，竟然同意美軍享有治外法權。也就是說，美軍在台犯了罪，台灣當局無權過問——這是晚清時期列強租界和治外法權的現代版，是國民黨政府撤退來台灣後，台灣人民所遭受到的最大恥辱和悲情。這樣，國民黨（包括他統治下的中國人民）對美國的關係，不是比台灣人在日本統治下的法律處境還糟嗎？

　　美軍殺人沒有罪！典型的案例就是1957年的劉自然事件。他是革命實踐研究院的職員（當時的班主任是蔣經國），被一位名叫雷諾的美軍上士在陽明山的美軍眷區槍殺了。警方要逮捕雷諾的時候，被美軍藉口外交豁免權而強行阻攔。事後雷諾辯稱，他槍殺劉自然，是因為劉偷看他太太洗澡。但到底有沒有這回事？我們不知道，因為死無對證。5月23日美軍軍事法庭判決雷諾無罪，當天就用飛機送回美國。5月24日，劉自然的遺孀到美國駐台大使館前面抗議，高舉「殺人者無罪」的牌子，引起群眾的圍觀；最後人群衝入美國大使館，把汽車燒掉了，連美國國旗都燒掉了。不但是這樣，連裡面的文件也燒掉了，還圍攻美國新聞處以及美國協防司令部。當時參與的群眾有幾萬人，還是高中生的陳映真也有參加。後來抓了一些人，群眾要求放人；警察又開槍打死了一個人，傷了三十多個人。然後，

還派了三個師進來台北鎮壓；第一批先抓了4、50個人，後來又抓了一百多個，其中四十多個人以「意圖製造事件的暴動者」的罪名，判了6個月到一年的有期徒刑。報導這個事件的聯合報記者，竟被判了無期徒刑，一直到1976年我第二次坐牢的時候，他還在關。為了這個事情，蔣介石把衛戍司令、憲兵司令、警務處處長通通撤換掉，俞鴻鈞內閣也被迫總辭。蔣介石還親自出面向美國大使道歉。這是國民黨政府來台後的第一次反美事件，這難道不是「台灣人的悲情」嗎？為什麼民進黨從來不講？難道他們的悲情意識是有選擇性的？

台灣人的悲情還表現在美國的「台灣關係法」上，這個民進黨也從來不敢講。1979年美國和中華人民共和國建交（也就是跟在台灣的中華民國斷交），為了取代遭排除的「中美共同防禦條約」，美國國會片面以國內法的形式制定了「台灣關係法」，試圖用美國國內法直接適用於台灣。這就意味著台灣是美國的屬地，是美國的一個地方。這就難怪邱義仁會說：「台灣不抱美國的大腿可以嗎？」這就是奴才，把台灣當成是美國的新殖民地，使台灣人民喪失了尊嚴，失去了作為台灣這塊土地上的主人的地位。所以，我覺得泛綠人士的悲情意識是選擇性的悲情意識。日據時代不願意講，治外法權不敢講，就連「台灣關係法」也不能講，就只會不斷的扭曲台灣人民的歷史記憶，將二二八和白色恐怖打造成台獨的歷史神話。

九、國民黨不殺台獨派

陳：我還要再講一點。「台灣關係法」是美國國內法，民進黨竟不以為恥；承認美國的治外法權，國民黨也不以為恥。他們都是一樣的，不必「龜笑鼈無尾」，一樣都是美國的奴才。台灣哪裡有光復？以前是日本的殖民地，現在是美國的殖民地。

　　你們知道嗎？台灣戒嚴時期的政治犯裡面，台獨政治犯是不判死刑的[1]，因為美國不准國民黨把他們判死刑。最有名的是雲林縣的蘇東啓，他想要去軍援倉庫搶武器，先和高玉樹商量，但高玉樹知道不會成功，就去密告；所以蘇東啓一去搶就被抓起來，可是沒有槍斃，判了無期徒刑。台獨派只有一個被槍斃，但那是例外。被槍斃的那個人確實有台獨思想，可是沒有活動。調查局知道之後，派人僞裝成台獨份子去慫恿他發展組織，然後派他去日本跟台獨人士聯繫。在日本的國民黨情治人員也假裝自己是台獨，教他回台之後如何推動工作；等到組織發展到三十多個人之後，就把他抓起來。這個事情在法律上是不應該的，是入人於罪。他本來沒有發展組織的想法，是調查局設計他去做，然後再抓起來，這其實是殺人滅口。

　　但那是個例外，其他的台獨派都沒有被槍斃。當時還沒有外獨會，台獨派都是台灣人。如果像民進黨說的，外省人和台灣人的矛盾那麼嚴重的話，那台獨應該是會被殺的啊！國民黨爲什麼不殺台獨？這不是很奧妙嗎？美國的敵人是中國共產黨，國民黨的敵人也是中國共產黨；台獨派不是美國的敵人，反而是美國暗中支持的。以前，國民黨常把台獨派和共產黨連在一起，這不是很荒唐嗎？因爲只有這樣，才能置之死地。但也因爲太笨了，沒有人相信，所以這樣炮製出來的政治案件，一次也沒成功。

　　那個時候，台獨派都是台灣人，而國民黨不殺台獨派。如果國民黨政權的主要敵人是台灣人或本省人，怎麼會不殺呢？國民黨抓台灣的共產黨地下組織，從來沒手軟過，殺他們也毫不猶疑，這證

1　按，有一些台獨派曾在泰源監獄「起事」，失敗後被判死刑，這是特例。陳先生所說「台獨派不判死刑」，是指台獨案初次在軍法審判時的判刑。

明了什麼呢？難道這也叫省籍矛盾？再說一句，1990年代台獨派勢力最大的時候，民進黨批起左統派（不論省籍）毫不留情，國民黨批左統派也是如此。在這裡，他們是內部矛盾，左統派是他們共同的敵人。因為，民進黨和國民黨都是美國的奴才，他們都沒有中國立場。台灣表面上光復了，但實際上是美國的殖民地；這是戰後台灣人最大的悲情，就像戰前台灣人最大的悲情，是被日本人統治一樣。我這一輩子在台灣，還沒有當過真正的中國人，這是我最大的悲哀。

十、藍營的問題：神化兩蔣、親美反中、堅持一中一台

問：您對台灣的現狀，還有什麼批評？

陳：我還想批評一下現在的藍營。首先，我對他們神化兩蔣感到非常不滿。蔣介石在大陸時期的功過可以暫時不提，但對兩蔣在台灣的功過，必須有一個合理的評價，不該把他們看得像「神」一樣。當然蔣經國是比他爸爸好一點，可是當時好多人的死還是跟他有關。所以很多二二八事件，或是1950年代白色恐怖死難者的家屬，到現在都不能原諒兩蔣。泛藍把他們「神」化，我非常不滿意。我每次看到他們去參拜慈湖，感覺就跟看到日本首相去參拜靖國神社，沒什麼兩樣。

蔣家父子在台灣的統治至少有幾個爭議點，例如，他們引進美國勢力，將台灣置於美國的保護之下，造成兩岸長期對峙的局面。駐台美軍的外交豁免權，重演滿清晚年的「租借」和「治外法權」，終於引發了「劉自然事件」。另外，他們還接受屬於美國國內法的「台灣關係法」，讓它適用於台灣，使台灣淪為美國的附庸，甘願作美國的爪牙，牽制祖國的發展。

蔣介石統治台灣的另一個直接結果，就是產生「省籍情結」。

由於蔣家政權的統治，才使得「省籍情結」發酵，使得「皇民化意識」復甦，使得「台灣意識」異化爲「台獨意識」。也就是說，「台獨意識」的產生，台獨派的坐大，其實都是蔣家政權統治所帶來的惡果。泛藍陣營根本沒有考慮這點，根本沒有檢討。就像他們一味崇拜兩蔣一樣，他們絲毫不考慮台籍人士的心情。

我對泛藍陣營不滿的另一點是：他們堅持「一中一台」，主張中華民國是一個主權獨立的國家，不願意也不敢做中國人。這一點我非常不滿意。中華民國是主權獨立的國家，這講得通嗎？中華民國撤退來台灣之後，中國的主權當然應該由中華人民共和國來繼承。主權問題不是自己說了算，要世界都承認才行。台灣的蔣家政權，雖然擁有土地、人民和政府，但卻沒有主權，不能自稱是主權國家，只能說是一個「地方政權」或「流亡政府」而已。

但是泛藍人士一直認爲台灣比大陸還進步，又由於「反共」意識形態的作祟，不想要兩岸統一，只想要永遠維持現狀。時代在變，「現狀」也在變，所謂的「現狀」是不可能永遠維持的。在台灣的中國人，不應該一直聽命於美國人。實際上，國際上只有一個中國，大陸和台灣都是中國的一部分。中國的「主權」應該由兩岸的人民來「共享」，台灣的「治權」才是由台灣人民來「獨享」，一國兩制就是這樣啊！在這種情況下，大陸保證不徵稅、不派官，連部隊都不會派來台灣，這有什麼不對呢？爲什麼要拒絕？我認爲，藍營的「一中一台」和綠營的台獨，區別實在是不大的。他們只不過是在爭奪台灣島內的政治權力而已，他們都沒有真正爲台灣人民的前途和利益著想。

十一、一國兩制與兩岸關係

問：我覺得「主權共享、治權獨享」這個概念，其實有些台獨派是可能接受的。可是「主權」要如何「共享」？「治權」如何可能「獨享」？這中間好像還有些爭論空間。比方說，在一個中國的框架之下，如果是「主權共享、治權獨享」的話，那是不是某種比較鬆散的組合方式？獨享治權的台灣，政治的自由度會有多大？再舉個例子來說，蘇聯是聯合國安理會成員，烏克蘭和白俄羅斯也是聯合國會員；在一個蘇聯的框架下，前蘇聯在聯合國共有三個席位。當然，我並不是說前蘇聯模式是最佳選擇；我也不太相信台灣人民真的那麼想要進聯合國，或非進聯合國不可，那是台獨炒作出來的議題。不過，國際空間或地位問題之所以高度敏感，也正因為它同時涉及台灣在一中框架下的政治地位問題，也就是您提到的「治權獨享」問題。在這些方面，您願意再多說一些嗎？

陳：大陸的態度是，在一個中國的原則之下，兩岸什麼事都可以談。也就是說，國號、國旗等都可以談。問題是，現在藍、綠兩黨都不肯承認「一個中國原則」，所以，你提的想法根本就不能在談判桌前談。台灣方面如果不承認「一個中國原則」，你怎麼能夠讓大陸方面跟你談這些問題呢？還有，談判與實力是有關係的，台灣應該選擇對自己最有利的時機來談，講話才更有力量。你不覺得，台灣已經錯過最好的時機了嗎？

問：「一國兩制」在台灣一直被妖魔化。所以，統派在談「一國兩制」的時候，是不是應該多談「一國兩制」的「治權獨享」面向？以及，將可以為台灣帶來更多的國際空間等等？如此一來，台灣的一般民眾也才會知道，原來統派的主張是這樣，原來「一國兩制」是這樣子談的。現在兩岸的政治互動很糟，所以胡錦濤雖然說國際空間可以談，可是事實上連戰去了一趟大陸，這方面也沒什麼突破。連一個非主權國家可以加入的WHA，大陸都還是多所阻撓。

這點在台灣就很敏感，很容易被炒作成是「中國打壓台灣」。所以我想要問，您怎麼看台灣的國際空間問題？

陳：很多國際組織，是規定只有主權國家才能加入，譬如聯合國。有些可以用地區名義加入，譬如奧運。如果台灣所說的國際空間是屬於前一類，那不是等於要大陸承認台灣是個主權國家嗎？這根本就違反了「一個中國原則」。如果兩岸以「一國兩制」的方式統一，那麼，在這種架構下，台灣的國際空間比香港還要大。老實講，台灣的兩黨就不甘心接受「一個中國原則」，所以故意在那邊打迷糊仗，蓄意欺騙台灣人民，想要達到混淆視聽的目的。他們不想讓台灣人民了解，在「一國兩制」架構下，台灣的國際空間很大，而且比現在要大很多。在台灣現在的經濟條件下，兩黨這樣莫名其妙的堅持下去，到底對台灣好，還是不好呢？

說到國際空間，我想談一點歷史。1949年國民黨內戰失敗，撤守台灣，共產黨在大陸建立「中華人民共和國」。共產黨統治了中國絕大部分的土地和人民，而「中華民國」卻只能靠著美國的保護存活下來。在這情況下，美國還仗恃它在聯合國的強大影響，讓「中華民國」保有聯合國的中國席位，讓「中華人民共和國」完全沒有國際空間。從聯合國的角度來看，那時候「中華民國」是一個擁有中國主權的政府，而「中華人民共和國」卻只是一個不受國際承認的政府。這種情況，維持了21年！然後，「中華人民共和國」才取得聯合國的中國席位。說難聽一點，美國保護「中華民國」，跟日本保護「偽滿州國」有什麼不同？在這種狀況下，「中華人民共和國」還願意以對等的地位，「政府」跟「政府」談，還有比這更好的條件嗎？怎麼可能要求「中華人民共和國」承認「中華民國」是一個「主權國家」呢？當「中華民國」還占據聯合國的中國席位時，它會承認「中華人民共和國」是個主權國家嗎？那不是製造中國分

裂嗎？而蔣介石也就會成為中國的千古罪人。蔣介石不肯幹的事，鄧小平、江澤民、胡錦濤，不管將來誰當中國的領導人，誰都不會幹這種千古罵名的事。

問：兩岸關係要改善，大概首先需要有一個好的循環出現，然後才會慢慢上升到更進一步的層次。像現在，就不是一個很好的互動狀態。大陸其實有很多東西是可以給的，但它現在不願意給，怕你用來搞台獨；台灣這邊其實也知道自己可以要，但是假如要不到會很沒面子。而且，台灣現在是民選政府，一個政治上的失敗就要付出代價，所以會傾向於保守。面對兩岸之間的政治僵局，您認為要怎麼樣才能有所突破？

陳：我想主要還是心態問題。台灣一直認為大陸比台灣差，實際上大陸現在已經發展起來了，「中國崛起」的事實已經不容否認。雖然大陸內部還有不少問題，但哪一國沒有問題呢？美國就沒有問題嗎？現在美國的問題並不比中國少，現在也再沒有人講「中國崩潰論」了。現在和未來的兩岸關係，關鍵還是在於：台灣肯不肯承認「中國崛起」的客觀現實？李登輝、陳水扁都瞧不起大陸，但如果未來台灣還維持這種態度，不肯承認大陸的發展，不願意跟大陸和談、合作，那還會再吃虧的。

我想暫時回到光復初期，談談那個時候的兩岸差距，再回到目前的兩岸問題。台灣在清朝末年經過沈葆楨、丁日昌、劉銘傳等改革派官員搞洋務運動的影響下，早就已經進入商業資本主義的階段，糖、茶、樟腦還大規模的外銷到國外。日本人來了之後繼承了這個基礎，為了殖民統治的需要將經濟規模深化，所以到光復的時候，台灣已經進入了資本主義現代化的初期。相對的，大陸從鴉片戰爭以後，內亂外患搞得一場糊塗，加上經過了8年對日抗戰，變成「一窮二白」。我認為，要窮人有志氣是很難的。我在光復後看到

來台接收的國軍和官員的種種作爲，才理解八路軍爲什麼要制定「三大紀律、八項注意」。大陸人來到台灣看到什麼就想要什麼，又搶又騙，什麼都要，這是當時大陸比台灣落後的證據。我認爲，接收初期接收者與在地人的衝突，在地人對接收者的不滿等等，根本原因就在於海峽兩岸經濟發展階段的差距。二二八之後，台灣青年向左轉，就是因爲了解到：只有搞革命，才能重建中國經濟，才能根本解決內部很多矛盾問題。國民黨的腐敗問題，其實就是中國整體落後的一種表現。

按我的理解，大陸經過革命，經過重重的困難，終於在20世紀1990年代以後全面發展起來。事實上，這等於實現了當年台灣左翼青年嚮往的目標。再說到當年來台接收的人，當年他們比台灣人還窮，貪污腐化，被台灣人瞧不起。後來台灣經濟因爲受到美國的援助，發展得較快；於是，變得有錢的外省人就和變得有錢的台灣人一樣，都瞧不起大陸。其實大陸因爲地方大，問題多，又被美國圍堵，才發展得比較慢。因爲人家慢，比你窮，就瞧不起人家。現在人家發展起來，比你還有前途，你還不肯承認，還要「訂高價」（「拿翹」）。我認爲，這才是目前兩岸關係的實質。台灣人（包括本省人和外省人），要好好自我反省，不要老是說人家打壓你。

十二、台灣的三種左派：新民主主義左派、文革左派、洋化左派

問：陳先生，聽您這樣說，我想請您特別從左派的角度，談一談大陸現況，以及您對中國革命的看法。還有，您覺得您自己的左派立場，跟台灣的其他左派有哪些不同？

陳：台灣一直認爲大陸比台灣差，實際上大陸現在已經開始有

點錢了。現在不是在講「和諧社會」這個概念嗎？這表示大陸已經有能力從內部來改變自己。例如以前講「一部分人先富起來」，現在強調「大家都要富起來」；以前只講「效率」，沒有講「公正」；以前談到經濟發展只看GDP，現在強調要「以人爲本」。胡錦濤提出「和諧社會」和「科學發展觀」這些概念，就表示說大陸已經有能力改善過去因爲引進資本主義成分所造成的那些毛病。

　　我覺得以前大家對「一國兩制」的詮釋是不對的。它把大陸看成是社會主義社會，而台灣是資本主義社會，所以統一以後可以各搞各的。其實，就我的看法，我認爲大陸現在比較接近列寧所說的「特殊的過渡時期」，是要過渡到社會主義社會之前的「國家資本主義階段」。這是由共產黨所領導的、以國家的力量發展資本主義的生產方式，最後的目標是要達到社會主義，但現在還不是社會主義。很多的台灣左派朋友都搞不清楚這點。列寧說：「蘇維埃社會主義共和國聯邦的社會主義，並不是說現在實行的就是社會主義，而是表示要堅決的走向社會主義的道路的意思。」中國的革命分成兩個階段，一個是新民主主義階段，一個是社會主義階段。就是因爲中國沒有實施社會主義的物質和文化條件，所以必須通過新民主主義這一階段，先創造出實現社會主義的條件，然後才能夠進入社會主義階段。

　　台灣左派內部的一個分歧點就在這裡。在文化大革命的時候才開始接觸社會主義的人（文革左派）的看法，和新民主主義革命時代就開始接觸社會主義的人（譬如我這一代）的看法，就很不一樣。在新民主主義時期參加共產黨或接觸社會主義的人，對改革開放有一定的理解。因爲新民主主義者，本來就主張在共產黨的領導之下，實行現代化、採用資本主義方式、利用資本主義、又限制資本主義，然後才過渡到社會主義。這個過渡時期所採用的，不是完全自由開

放的市場經濟，而是有限制的市場化。但是，文革時期接觸社會主義的朋友，就比較沒有這個概念。他們比較會認為現在的中國共產黨是走資，走資本主義的道路，甚至完全放棄了社會主義。

問：關於台灣左派的內部分歧，能不能請您再多講一點？

陳：新民主革命的一代，親眼看到中國的慘況，而其中的台灣青年，更親身經歷了日本人的歧視與欺壓。對新民主主義革命者來講，革命一方面是希望中國富強起來，另一方面是希望中國的窮人能過好日子(那時候的中國農民真是慘)。我們的理想是從切身的痛苦出發的，我們了解這個革命過程可能很漫長、很痛苦，是要犧牲生命的。1970年代因為保釣運動而左傾的一代，對中國現代史不了解，沒有切身的體驗，只在觀念上左傾；當時又是文革，他們受到極左思想的影響，很理想化，以為馬上要實現社會主義。所以，大陸改革開放以後，有些文革左派會認為大陸已經走資，因此不屑一顧。但難道，他們想要讓中國人一直過著一窮二白的生活嗎？如果中國經濟不發展起來，在蘇東集團倒了以後，中國怎麼能夠在美國獨霸之下存活下去呢？中國既要改善一般人的生活，還要有能力在美國的霸權之下獨立發展下去，不改革開放，行得通嗎？

台灣還有一種更年輕的留洋左派，我是聽呂教授說的。他們同情古巴和拉丁美洲國家，反對美國霸權；但他們好像還是不太能夠了解，為什麼中國非走改革開放的道路不可。他們似乎不太考慮到，中國在改革開放之前，處境並沒有比古巴和拉丁美洲國家好多少。要不然，1950年美國怎麼會毫無顧忌的侵犯中國主權，把第七艦隊開入台灣海峽，干涉中國的內戰，又在聯合國阻攔新中國取得中國席位達21年之久？不改革開放，經濟搞不起來，要怎麼抵擋美國霸權？我認為，1970年代以後左轉的台灣左派，不夠了解現代中國長期經歷的痛苦。但從左派觀點來講，即使沒有中國感情，也應該理

解到，中國有過一百年備受帝國主義侵略的歷史。就只要想想抗戰就好了，一個國家為此死了幾千萬人，這難道不是一件現代世界史的大事嗎？所謂「落後就要挨打」，這是血淋淋的歷史教訓。

問：中國革命的歷程很複雜，有文化大革命，又有改革開放，兩方面相差這麼大，您怎麼看？

陳：這個問題問得太好了，我想講一點自己的親身經歷。1976年我第二次被捕不久，文革結束了。我看中央日報，看到它所「揭露」的「真相」，剛開始不相信，以為是國民黨造謠。後來看到一些中央日報刊登的傷痕文學，就知道是真的，於是非常痛苦。如果革命搞成這個樣子，我這一輩子的革命不是白搞了嗎？我吃了那麼多的苦，只要革命的理想能實現，又有什麼關係。但是如果革命搞錯了，我豈不是白活了嗎？為了這個，我痛苦了很久。

我一直在想這個問題，終於慢慢釐清了自己的思想。我跟劉少奇一樣，可以說是兩階段革命論者。我主張先用國家的力量搞資本主義生產方式，搞現代化，但要朝著社會主義目標，就是鄧小平說的「有中國特色的社會主義」前進。沒有資本主義生產方式，沒有現代化，就不能讓中國人民富裕起來，也不能讓中國真正強大起來。那樣的話，什麼社會主義都不要講了。

毛澤東不是這樣想的。他馬上要進入社會主義，所以就搞起文化大革命。我到現在還不完全了解文化大革命是什麼樣子，因為沒有一本書講得清楚。但毛澤東以為立刻要進入社會主義，這我不能同意。窮國怎麼可能實行社會主義呢？我還認為，毛澤東一直想著美國包圍中國，隨時會打中國，所以，他要把中國搞得隨時可以應戰。但這應該叫做「備戰體制」，不叫社會主義。蘇東集團垮了，中國沒有垮，因為中國在文化大革命之後，認清了革命要分幾個階段。從1949年到1976年，可以說是中國革命的奠基階段；這一階段

的目標在於：重建中國，原始積累，從事基本建設，建立初步國防（包括核子彈）。有了這些基礎，就可以改革開放，開始大步現代化。很遺憾，毛澤東不這樣想；才有一點基礎，就要進入社會主義，當然亂了套，多走了冤枉路。不過，中國終於走向正路，既沒有放棄社會主義的大目標，也沒有全盤倒向資本主義。

蘇聯和東歐就不是這樣。他們以前走過頭，現在全部不要，另外走資本主義道路。從極左到極右，怎麼會不亂？他們沒有認識到，落後國家的現代化道路，不能跟西方一樣。他們太迷信自由經濟了。

落後國家的路很難走。中國革命後黨內的意見很多，也犯了幾次嚴重錯誤。我們也不能隨意責備他們，因為從來沒走過的道路，誰能一次就走對？西方資本主義初期不把工人當人看，所以才會產生社會主義思想。但現在有誰還會記得，西方資本主義原始積累時期的殘酷與血腥？誰還會記得，資本主義帝國主義時期，西方人在殖民地所犯下的種種滔天罪行？毛澤東雖然走偏了，鄧小平卻在黨內的長期鬥爭中看到了正確的道路。文革結束初期，中國還有極左派，也有想要倒向資本主義的極右派。但鄧小平堅持走中間路線，緊抓「四個堅持」（其中最重要的是堅持共產黨領導，堅持社會主義目標），同時引進資本主義生產方式再隨時調整。以前講「讓一部分人先富起來」，現在講「和諧社會」，這就是「與時俱進」。要有彈性，不要教條主義。我認為台灣1970年代以後的左派，不懂歷史的現實，不懂歷史唯物論，缺乏發展的視野，都有教條主義的傾向。

十三、我對社會主義的看法

問：聽陳先生這樣講，我還想要繼續問您一些關於左派的問題。您說，社會主義要建立在資本主義高度發達的成就和文明的基礎

上，這點我相當同意。如您所說，現在中國大陸是以國家的力量發展資本主義，想要靠著資本主義達成大國崛起的目標。可是，從某些左派的角度來看，可能會覺得大陸現在的發展路徑還是付出了很高的代價。雖然說是要建立「以人為本的和諧社會」，但是不夠和諧、不夠公平正義的地方還是很多，在這裡面許多弱勢者是要付出代價的。我猜想，中國人終究是想要超英趕美的。所以，當「強國」的目標跟追求當前現下的公平正義有所衝突的時候，通常「強國」還是比較優先。當年因為美蔣政權是一個白色政權，另外一邊是一個由下而上的革命政權，所以國族主義和社會主義可以得到統一。但是我會覺得，現在台灣的左統派、或者說是統左派，伴隨著中國大陸的崛起，好像也在調整「統」跟「左」的優先和比重。先強國，先超英趕美，以後再談社會主義，您的意思是這樣嗎？

陳：其實落後國家要進入社會主義，一定要經過資本主義階段，這個階段不能跳過去。西歐國家在發達資本主義之前，早就實現了民族國家的建立，或者說，民族國家既是資本主義世界市場的結果，也是資本主義發展的前提。因此，在先進資本主義國家發動社會主義革命，主要是解決階級問題，不存在民族解放的問題。但落後國家由於受到帝國主義壓迫，一定會有民族意識，所以落後國家的社會革命一定是結合了社會主義和民族主義這兩種成分。同時，落後國家走向社會主義的道路，和馬克思以先進資本主義國家為對象所說的社會主義革命，一定是不同的。落後國家在帝國主義的包圍下，社會生產力相對落後，並不具備直接跳躍到社會主義社會的條件。從列寧的「新經濟政策」到中國的「新民主主義」，都是落後國家要進入社會主義的一個「特殊的過渡階段」；這個過程說不定要搞個一百年以上，實際上就是由共產黨來領導、實行資本主義生產的道路。在這過程中，一定有反對帝國主義的民族意識在裡面。這正

是為什麼斯大林的「一國社會主義」思想在中國很少有人反對的原因，因為裡面有民族主義成分。

有民族主義的概念，才能反對帝國主義。當前台灣一部分從美國回來的左派，一直反對民族意識。他們不知道要進入社會主義有兩條道路，一個是先進國家走的社會主義革命，一個是落後國家的社會革命（以社會主義為目標的社會革命）。落後國家在進入社會主義之前，一定要先將資本主義所達成的物質生產力吸附進來，才能夠進入社會主義階段。糟糕的是，西方很多左派對社會主義的看法，通常繼承恩格斯的觀點，認為資本主義的主要矛盾在於生產的社會化和生產手段的私人占有；因此他們很容易簡單的就認為，只要把生產資料的私有制去掉，就可以變成社會主義。事實上馬克思區分資本主義跟社會主義，最主要是從生產關係入手，而生產關係的內容遠比所有制要豐富得多。馬克思所說的社會主義或共產主義社會，是「自由人的聯合體」，是自由人的自由聯合。可是在以工業生產為主要形式的社會裡面，勞動者還是依附在龐大的生產資料上，這是沒有辦法誕生社會主義的；因為就算你把生產資料變成國有、公有、集體所有或社會所有，勞動力都還是商品，根本的生產關係也還是沒有改變。馬克思認為，不是解決了所有權問題就是社會主義，而應該要從生產關係來入手；但生產關係是由生產力所決定的，沒有比工業資本主義更發達的生產力，就不可能出現生產關係的革命性改變。問題就是在這個地方，毛澤東就是把這個地方弄錯了。他相信生產關係決定生產力，所以過度強調人的主觀能動性。

我覺得很多人之所以搞不清楚這些基本觀念，是因為受到了恩格斯的影響。我比較同意日本「宇野派」（宇野弘藏）的看法，他認為資本主義的主要矛盾在於「勞動力的商品化」。商品生產可以調節，要多的時候可以多，要少的時候可以少。但是，勞動力卻不是

這樣。要多的時候，人生出來也要一、二十年才能成為社會生產力；要少的時候，或停止生產的時候，人要靠什麼吃飯？資本主義最沒有辦法解決的，其實就是這個問題。像歐洲的失業率越來越高，要怎麼解決？荷蘭的Work Sharing方案，就是因為資本主義沒有辦法解決這個問題才出現的。這樣看，資本主義最後非得要走上社會主義這條道路。

關於這個問題，我在〈先進資本主義國家的社會主義化〉這篇文章中提到：要實現真正的「自由人的聯合體」，恐怕要從資訊社會誕生後才開始具備條件，在那之前是不可能的。也就是說，只有在知識勞動高度發達的「知識社會」中，「自由人的聯合體」才可能出現。一方面要將原本屬於生產的主觀條件的「知識」客體化，使「知識」成為生產手段，成為新的社會生產力發展的基礎；另一方面要將無法為私人所占有的「知識」，發達成為具有支配性的、社會主義性質的生產力。只有在「知識」勞動者之間實現平等的、自主的「網絡共同作業」，才能兌現自我實現型的社會主義勞動。如此一來，新社會的生產力和生產關係才獲得了新的規定性（知識的生產手段化和社會共有化），才能實現真正的「自由人的聯合體」。

總的來說，我們一定要對社會主義重新考慮，要分清楚這兩條道路：一個是先進資本主義國家的社會主義論；一個是開發中國家的社會主義論。只有對這個問題有了認識，我們才能夠對中國發展的現狀做出科學的評價，也才能解決島內左派在理論和現實上的各種分歧。

十四、要堅持走中國道路

問：我想要再請教您一個問題。大陸近年來爆發了很多的維權

運動，不見得直接挑戰政權，而是在抗議資本主義發展過程中某些
嚴重的不公不義。但是，中國政府爲了要維持和平穩定的發展，主
要好像還是以鎮壓的方式來處理這些抗議。對大陸內部的弱勢者維
權運動，統派是選擇不發言呢？還是有不同的看法？

陳：實際上，我必須承認，台灣的統派實在對大陸情況不太了
解。這主要是因爲資訊不足。如果像鳳凰電視台能夠進來，也許還
可以了解一些，但現在不能進來。另外，在書籍方面，我一向不太
願意看大陸的書，因爲以前大部分是在爲政策辯護，不是學術上的
東西。現在大概有改變了，但以前我不太願意看，我比較習慣看日
本書；日本的左派從第三者的角度分析中國，對我來說很有用。所
以坦白說，不是我們不願意談，而是不了解，資料太少了沒辦法談。
例如六四，剛開始我完全不了解，後來看到天安門廣場上的口號是
「打倒李鵬」而不是「打倒趙紫陽」（趙才是官倒的來源），才開始
覺得事情不簡單，但也不能了解大陸內部的問題。直到看了《讀書》
前主編汪暉的文章(見《台灣社會研究季刊》42期〈新自由主義的歷史
根源及其批判〉)，才稍微了解當時大陸社會的種種矛盾。我們只能
在摸索中看問題，但不會看到西方或台灣媒體罵什麼，我們就跟著
罵。我們很關心大陸，但有我們的關心方式。

我們知道大陸還有很多問題。這些問題該怎麼解決，就像剛剛
說的，我們還不夠了解，只能關心。但是，絕不能按西方或台灣所
要求的方式來解決。大陸經濟的發展，就不是西方模式。蘇聯按西
方模式，蘇聯就垮了。經濟這樣，政治也是這樣。大陸的政治體制，
當然要隨經濟的改變來調整，但是要按大陸的步子來調整，而不是
按西方的要求來調整。最近的十七大，據說已開始實行「黨內民主」，
可見大陸也不是沒有注意到政改問題。但我們確實不知道，他們的
長期規劃是什麼。大陸的體制不可能不改，我們都關心，但我們沒

有必要和西方媒體「同一口徑」。

十五、講「轉型正義」民進黨沒政治智慧

問：陳先生，我還要提出一個問題。這兩年，台灣的綠營人士一直在談「轉型正義」。您經歷過二二八和白色恐怖，被國民黨囚禁那麼久，幾乎走上刑場，獄中還備受刑求，好不容易撿回一命。您認為找出當年刑求你的、迫害你的第一線「加害者」，要求他們吐露「真相」，是好的做法嗎？對於「轉型正義」，您有什麼看法？

陳：什麼轉型正義！就是要算舊帳，要清算嘛！我覺得，民進黨真是沒政治智慧。呂正惠教授曾經講過一個故事給我聽。劉邦、項羽爭天下，他們都是現在的蘇北人，很多黨羽彼此認識。項羽自殺、劉邦統一天下以後，劉邦準備算舊帳，想殺曾是他的黨羽、但卻投降項羽的人，結果議論紛紛，人心不安。劉邦請教張良，張良教劉邦找一個他最痛恨的人，不但封他侯爵，還跟他同車出入。其他人一看，都說：連那個人都沒事，我們還擔心什麼！劉邦就用這種方法，平息人心的不安。民進黨現在要算舊帳，所有外省人都不安，他們又怎麼會跟民進黨同心協力搞台獨呢？台獨是搞假的嗎？我認為他們只會操弄族群，很沒出息。

就講我好了，我被國民黨關了21年，我太太關了10年，我的大舅子被槍斃（他槍斃前跟我同房，臨走時跟我們一一握手，我發現他的手還是熱的，真是了不起。當時我根本沒有想到，出獄後會跟他妹妹結婚）。論仇恨，可以算「苦大仇深」了吧！幾年前的二二八紀念日，國民黨邀我到中央黨部講話。我去了。我跟他們說，我今天不是來跟國民黨算舊帳的。當年國共內戰，我們心向共產黨，被國民黨搞得家破人亡。應該說，內戰讓很多人受苦。但現在時代不一

樣了，你們兩黨應該和解，不要再因為兩黨不和，讓無辜的百姓受牽連。如果你們能這樣做，我們的苦就沒白吃。我向連戰強調，兩岸分裂是國際冷戰與國共內戰造成的歷史悲劇！而今幾十年都過去了，再深的仇恨都可以化解，何況是為了中國如何現代化的路線不同而產生的國共內爭！俗話說，解鈴還需繫鈴人，因此，作為國民黨黨主席，你有責任與義務前去大陸與共產黨和解。連戰聽了很感動，原來就想去大陸參訪卻猶豫不決的他，於是當場決定到大陸去，以黨主席的身分和共產黨談。共產黨對他也非常禮遇，以國家領導人的規格接待。

我去國民黨黨部，我的一個難友非常不諒解，從此以後不跟我講話。當年我第一次坐牢，刑期已滿，國民黨還不讓我走，要把我送到小琉球。那時候我身體很差，長期得肺病，很瘦。我那位難友認為，我會死在小琉球，所以他透過別人通知他父母，由他父母賄賂相關人員（他們有管道），我就被釋放了。他對我有救命之恩，他不跟我講話，我很難過。但我認為，我沒做錯。我是為所有的台灣人（包括外省人）著想。

「轉型正義」──那麼，民進黨就自以為掌握「正義」了？這如果不是無知，就是無恥。他們難道不知道，是美國保護了國民黨這個不得民心的政權，讓它在島內亂抓人、亂殺人？韓戰爆發之前，凡是被捕的地下黨員，都只有關押、審訊，而不槍決（外省人例外），因為國民黨政權還岌岌可危，不敢再殺台灣人。1950年6月27日美國艦隊進入台灣海峽，九月即開始大量判處死刑。這就說明，美國保護了國民黨，國民黨就敢亂殺人。美國為了自己的利益，圍堵中國，想要困死中國，20年不承認新中國；保護了被人民唾棄的政權，讓它隨意殘殺支持新中國的人，還連累一大批無辜。是誰「不義」，不是美國嗎？同樣的，美國扶持南韓的李承晚、越南的吳廷琰，讓

他們殘殺南韓跟越南的左翼份子和民族主義者。美國這樣做，根本就不顧別的國家的利益和人民的死活。造成台灣將近四十年戒嚴的元兇，不是美國嗎？民進黨為什麼不去算美國的帳，不去跟美國要求「轉型正義」？

　　再說，就是因為50年代的殘殺，讓台灣人民對國民黨充滿了怨恨，民進黨才能藉此出頭。民進黨難道不是踏在左派跟無辜者的屍體上前進的嗎？民進黨曾經對那些犧牲的台灣左派，表達過一點起碼的敬意嗎？民進黨只聽那個罪惡之源——美國的話，怎麼還有臉跟別人講「正義」呢？

　　不過，我也希望外省朋友能了解過去的歷史，不要再把兩蔣當作神，動不動就去朝拜。很多在二二八或白色恐怖中受害的台灣人家屬，到現在還不能原諒兩蔣。我個人也不喜歡兩蔣，但我認為，兩蔣在台灣的功過，可留給將來的歷史家去評斷；現在，民進黨要算舊帳，國民黨就抬兩蔣，再這樣爭下去，越爭越糟糕。我希望外省朋友能理解這一點，不要動不動就抬出兩蔣這個神主牌。

　　而且，我前面也講過，原來在日據時代，台灣人的皇民思想並不深。國民黨來了以後，台灣人拿日本殖民政府來跟國民黨比較，才又懷念日本統治，皇民思想才又重生。有些外省人不能了解這種狀況，所以老是指責台灣人。我當然很厭惡那些老皇民，像李登輝。但我們（特別是外省朋友）要了解其中曲折的情感轉折，不要動不動就指責台灣人。

　　我認為，藍、綠惡鬥的根本關鍵，就是雙方都不承認自己是中國人。如果大家都是中國人，而且，大家都為中國的崛起歡欣鼓舞，大家都充滿了希望，怎麼還會互鬥呢？如果藍、綠兩邊都承認自己是中國人，大家當然會互相親近，彼此有矛盾，也不過是人民內部的矛盾。就像我跟呂教授，我們是台灣人，你（按，指陳宜中）、錢

永祥是外省人，我們的某些看法可能不一樣，但不會成爲互相對立、不能妥協的雙方。現在藍和綠，都把對方看作「異類」，是完全不同的人，彼此互相排斥，甚至互相敵視。如果他們都認爲大家都是中國人，就不會這樣子。所以我認爲，「一個中國的原則」，不但可以解決兩岸矛盾，還可以舒緩台灣內部的省籍矛盾。

記住過去的歷史，是要得到教訓，不要重犯錯誤。現在民進黨所以講歷史，卻是要算舊帳，而且這個「帳」還是他自以爲的「帳」，這只能加深裂痕，於事無補。應該說，台灣幾十年來的歷史，是許多因素造成的(這不能不讓人想到日本的侵略、中國的內戰、美國蓄意製造的冷戰)。我們必需放眼看這樣的大歷史，不能夾纏在台灣的內部。看看現在的世界，美國、日本的經濟不可能有起色，中國的經濟欣欣向榮。我們應該往前看，爲台灣找到最好的前途。如果台灣還閉眼不看，就會搞得進不能退不得，只好繼續在窩裡鬥。如果大家放寬胸懷，重新復歸中國人的認同，那路子寬得很，還有什麼好鬥呢？總而言之，台灣的兩大族群，再這樣彼此不諒解，不往前看，繼續惡鬥下去，台灣一定沒前途。這種局面，我們統派實在不忍心看下去了。

呂正惠，現任淡江大學中文系教授。著有《元和詩人研究》、《杜甫與六朝詩人》、《抒情傳統與政治現實》、《小說與社會》、《戰後台灣文學經驗》、《殖民地的傷痕》等書。

陳宜中，現職中央研究院人社中心副研究員，主要研究領域爲近代西方政治與社會思想、當代政治思潮、社會民主、全球正義、自由主義等。

〈陳明忠先生訪談錄〉後記

呂正惠

　　整理完陳先生的訪談，我自己非常高興。我相信，這是1950年代反國民黨左派的一次非常完整的觀點表達。國民黨來台接收大失民心之後，台灣的反國民黨力量主要是向左轉，支持內戰中的共產黨。1950年代的白色恐怖統治，目標就是要清除島內這一反抗力量。這些左派，大約三分之一被槍斃，三分之二被關押，主要的菁英很少倖存。

　　被關押的左派，出獄以後成為被遺忘的一群，生活在茫茫黑夜之中，大部份人的生活都成了問題。1987年陳先生第二次出獄之後，他們組織了「台灣政治受難者互助會」，然而其時台獨勢力業已成形，他們無法再有影響力。後來，他們組織了「中國統一聯盟」（聯合一些非左翼的民族主義者，如胡秋原）及「勞動黨」，也很少產生作用。

　　這批老左派的難題之一是，他們很難流暢的表達自己的看法。除了必須努力了解他們在獄中時外面所發生的變化之外，他們的語言表達也大有困難。他們大半接受日語教育，在年富力強有機會全力學習中文時，卻關在獄中至少10年，喪失了最好的學習機會。他們最知名的代表，林書揚先生和陳明忠先生，是可以講國語、寫中文，但他們的國語發音跟中文風格都和一般人有差距。長期以來，

很少人了解他們的想法，他們也有強烈的無力感。這一次，透過訪談的方式，能夠讓陳先生暢所欲言(國、台語並用)，並且把這些談話整理出一個很清楚的系統，實在是一件令人高興的事。初稿完成以後，所有看過的人都很滿意，認為涉及到了台灣、現代中國、社會主義的許多重要議題，充分表達了像陳先生這種老一輩左統派革命者的觀點，可以讓其他人來參照、思考、討論，應該說是有其深遠的價值。

我個人和陳先生交往比較多，對他的思考方式比較了解，但在整理之後，仍然感覺到，一次系統性的表達遠勝過隨意性的閒聊。不過《思想》編輯希望我能寫一篇後記，幫助讀者領會訪談的深層意義，我稍加遲疑之後也感到義不容辭。因此，不揣冒昧，提出一些想法供大家參考。

一、「新民主主義」

首先，陳先生明確的表示，二二八之後，他是轉向「新民主革命」之路的，而且，他還舉出好幾個例子(鍾皓東、郭琇宗、許強、吳思漢)，說明這是當時台灣菁英一致選擇的路。這就証明，二二八不是省籍矛盾，二二八不是台獨的根源，二二八是台灣菁英唾棄國民黨、轉向共產黨的根本原因。以前，藍博洲的一些報導作品，如《幌馬車之歌》等，早已說了同樣的內容。但有一些人半信半疑，另有一些人則說，藍博洲的報導不客觀。陳先生作為當事人，作這麼明確的證言，可以說明它的真實性。

現在台灣的知識分子，經過國民黨和美國半個世紀的教育，恐怕很難理解，為什陳先生那一代人會支持毛澤東的「新民主主義革命」？我們首先要知道，陳先生那一代人是在日本殖民統治之下長

大的，長期備受日本人的歧視（陳先生有清楚的說明），他們的中國
民族意識和民族尊嚴是在切身痛苦之中培養起來的。因此，當他們
發現國民黨政府不行時，立刻想要另外尋找中國的出路，也是很自
然的。他們不可能有另一種想法；「台灣獨立」這樣的念頭，根本
就不可能出現在他們的腦海中。

　　當他們爲中國的前途感到徬徨時，當然會注意大陸局勢。這時
他們就發現，抗戰勝利後，中國內部的政治、經濟狀況都非常的糟，
國民黨跟共產黨瀕臨內戰邊緣，中間力量想要調解而無能爲力。那
時候的共產黨更得民心，並且提出了「新民主主義」的理論，而國
民黨的統治現實，他們已領教過了。在這種情形下，站在徹底解決
中國問題的立場上，他們選擇共產黨可以說是很自然的。

　　當然，另一個難題是，現在台灣的知識分子，根本不知道什麼
叫「新民主主義」，在此可以簡單說明一下。在抗戰期間，中國這
個落後的國家，經受現代化日本的侵略長達8年。這8年，把中國搞
得民窮財盡，連知識分子的生活都非常艱難，而領導抗戰的國民黨
政府，完全不能體察民情，以爲抗戰勝利全是他們的功勞，以勝利
者的姿態，在接收淪陷區的時候惡形惡狀（就像他們接收台灣一
樣）。共產黨的統一戰線策略是這樣：聯合絕大部分受苦受難的中國
人，孤立國民黨最高統治集團及其附和者。對於前者，他們提出四
個階級，即工人、農民、城市小資產階級、民族資產階級，這些人
的利益全都受到國民黨統治集團的忽視。而國民黨統治集團的核
心，則包括國民黨黨內各派系、國民黨的軍事和情治勢力，這些力
量現在基本上已經完全倒向美國，成爲美國勢力的代理人。簡單的
講，共產黨認爲，絕大部分的的中國人，應該聯合起來，打倒這個
貪污腐敗、與美國勢力勾結的統治集團，重建新中國，中國才有希

望[1]。至於共產黨人所追求的社會主義，必須等到新民主主義革命成功之後，才能作爲社會發展下一個階段的目標。這樣的論述，當然能夠吸引在接收過程中充分領教國民黨統治風格的台灣青年菁英。

總之，這些向左轉的台灣菁英，都是熱血沸騰的民族主義者，他們受夠了日本人的欺壓，他們一心一意希望中國人「站起來」，因此，他們也像當時大陸絕大部分的知識分子（連最溫和穩重的朱自清都是如此[2]），倒過去支持共產黨。但在國民黨教育下成長的台灣知識分子，完全不了解這一段歷史，當然也不了解陳先生那一代人在1947年前後的選擇。

二、台獨運動的定性

陳先生談話第二個重要的地方，是有關台獨運動的定性。在我看來，有兩點都是言人之所未言。第一，台獨運動是被剝奪了土地的台灣地主階級的運動（這一點有人寫過文章，其觀點也是來自陳先生，只是未明言而已）。第二，國民黨只殺「紅帽子」，不殺「台獨

1　「舊民主革命」，是指孫中山領導的「資產階級革命」，「新民主革命」則指無產階級和共產黨領導的民主革命。毛澤東認為這是中國革命的兩個不同時期，舊民主主義的訴求，只有經過新民主主義革命才能完成。毛澤東的「新民主主義」從抗戰時開始形成，逐漸發展，在內戰前夕發揮了很大的影響。台灣的菁英在二二八之後，大約只能略知其大要。

2　朱自清在抗戰後期思想開始轉變，聞一多被國民黨暗殺後，就不再掩飾自己的立場。他死在北平解放前夕，沒有看到新中國的成立，因此台灣的國文課本繼續選他的〈背影〉，使得台灣知識分子不知「真相」。毛澤東在〈告別司徒雷登〉一文中，公開表彰過聞一多和朱自清。

分子」，因為台獨派受到美國的保護。在談到「轉型正義」時，陳先生強調，如果要算國民舊帳，首先就要追溯國民黨的背後支持者美國。根據這些話，可以說，國民黨政權是在美國保護之下生存下來的，而台獨派則在美國保護下成長起來的。美國的目標很明顯，即看住台灣，讓它成為圍堵中國的重要基地。美國長期不承認新中國，想在外交和經濟上孤立新中國、困死新中國；又藉台灣這一塊基地，建立一個「反共」堡壘，軍事上圍堵中國。陳先生所表達的，是一個非常明確的中國立場的觀點。這樣的觀點長期不為台灣知識分子所了解，證明美國(和國民黨)把台灣建設成「反共堡壘」，做得非常成功。

三、中國革命的性質

陳先生談話的第三個要點，我認為，是對中國革命道路的理解。1947年，陳先生只有18歲，接受新民主主義時，感情的成分可能要大過於理智。1960年他第一次出獄時是31歲，此後15年，他想盡辦法偷讀日文資料，以求了解新中國的局勢。1976年第二次被捕，不久文革結束，這時，他也許才開始真正的探索。他說，文革結束之後台灣的報導，讓他非常痛苦，他不知道中國革命為什麼會搞成這個樣，他不得不為自己犧牲一輩子所追求的事業尋求一個合理的解釋，不然他會覺得自己白活了。

陳先生的知識語言是日語。1987年出獄後，他閱讀了大量日本左派書籍，我看過他所寫的大量筆記(或者說文章的初胚)。陳先生不是學者，他讀這些書，寫這些文章，是為了尋求答案，所以不像學者一樣，凡事必註明出處，因此很遺憾，我無法知道他重整思想的主要來源。

　　但陳先生探索的結論我大約可以掌握。他認為，中國革命的第一步是新民主主義，集合全民(或者說四個階級)的力量與意志，發展資本主義生產方式，全力現代化。這一階段還不是社會主義，而是朝向社會主義的第一步。這個說法，意思和鄧小平「社會主義初級階段論」相近(按，這一點無疑是正確的)。又說，劉少奇是了解列寧的新經濟政策的，新民主主義和新經濟政策有類似之處，新民主主義的形成，劉少奇貢獻很大(按，這一點我還不敢肯定)。新中國建立以後，事實上，毛澤東個人走的就是一條違反新民主主義這一毛澤東思想的路，所以才會產生反右和文革那種大錯誤(亦即，毛澤東不遵守「毛澤東思想」)。總之，陳先生最後肯定了自己年輕時選擇的新民主主義，而且，把這一主義思考得更加清晰。

　　陳先生認為，毛澤東本人思想則是一種「備戰體制」，是在面對美國和資本主義帝國主義的隨時威脅時的「應時之需」，毛澤東錯把應時之需當作正確的思想了。我發現(希望我沒有了解錯誤)，陳先生是劉少奇修正主義路線的堅決的擁護者。

　　我是一個後生的觀察者，不像陳先生具有參與者的身份。我也像陳先生一樣，認為後進的中國的所謂革命，第一個任務就是以集體的力量全力搞現代化，以達到脫貧和抵抗帝國主義這雙重任務。但是，我比較相信毛澤東思想具有複雜性，並不純粹是備戰體制。

　　不論我跟陳先生在這方面的想法有什麼不同，但我們都了解到，革命的道路是非常艱難的、前無所承的。在1950年代，主管經濟的陳雲和主管農業的鄧子恢常和毛澤東吵架，因為他們不能接受毛澤東在經濟上和農業上的一些看法。陳雲常常退出第一線，表示他不想執行毛澤東的政策，而鄧子恢幾次跟毛澤東唱反調後，終於被「掛」起來，無所事事。梁漱溟所以跟毛澤東大吵，也是為了農業政策。這些，都可以說明，建國以後，路子應該怎麼走，黨內、

外有許多不同看法。大躍進失敗以前，大致是毛主導，大躍進失敗以後，變成劉少奇主導。文革又是毛主導，文革結束鄧小平主導。應該說，中國的情勢太複雜，內部問題很難理得清。經過文革的痛苦教訓，鄧小平才能抓穩方向（1989年還是差一點出軌、翻車）。我推想，鄧是以劉爲主的一種「綜合」，正反合的「合」，而不是純粹的劉少奇路線。但這只是我的推論，目前還無法證實。

中國共產黨和毛澤東都犯過錯誤，而且一些錯誤還不小，應該批評。但如果說，這一切錯誤都是可以避免的，因此共產黨的所作所爲主要的應該加以否定，那未免把中國這個龐大而古老的國家的重建之路看得太簡單了。鄧小平主導以後，還不到30年，大家覺得好像走對了，不免鬆一口大氣，歌頌鄧的英明。我認爲，這也是把問題看簡單了，鄧是毛、劉、周的繼承人，他不可能不從他們身上學到一點東西，因此，鄧也不是純粹的鄧個人。對於歷史，我覺得應該這樣理解。（鄧應該也從亞洲四小龍的發展看到一點東西，當然這是隨他的意思決定去取的。）

四、台灣的「洋化左派」

陳先生談話的第四個要點，是他對台灣各種「新左派」的批評。他常感嘆的說，「那些年輕的左派」、「那些美國回來的左派」，對於這些人，他基本上並沒有進一步再加以區分。他說，「他們」反對大陸改革開放，認爲是走資，難道們希望看到中國永遠貧困、落後嗎？

陳先生接觸較多的，我推想，大概是指林孝信、蔡建仁、鄭村棋等人，因爲他們都曾經跟勞動黨有來往；他也多少認識陳光興、陳宜中（我不知道宜中是否可以算左派）。陳先生應該不認識「台獨

左派」（我自己都無法理解這是什麼意思）。我想，最主要的關鍵在
於：作為左派，居然不了解中國革命在反西方資本主義帝國主義或
者反資本主義全球體系的意義，這是非常奇怪的。關於這一方面，
他們也許認為，中國崛起，就是讓自己成為資本主義國家之一，也
屬於該被打倒的對象；但他們難道希望，中國永遠像文革時期那樣
嗎？如果那樣，當中國一面倒的挨美國打時，他們是否也就會同情
中國呢（他們也許更會說，你看，中國多落後）？所以，我認為，根
本關鍵就在於，他們心目中完全沒有中國，他們的「左派」視野也
沒有中國。所以，我的解釋更簡單、也許更令人厭惡，我認為這種
左派也是長期反共的產物。我只想說一點，在中國崛起之前，西歐、
北美、日本這些列強，都曾經侵略外國，強佔殖民地（甚至可以包括
蘇聯在二次戰後對東歐國家的宰制），而中國從來就沒有過。到目前
為止，中國是唯一靠自己的力量站起來的現代化經濟國家（印度很有
可能成為第二個）。不加區別的把中國稱為「霸權」，我認為，這是
一種明顯的西方觀點的論述。

　　陳先生說，真正的社會主義，是「自由人的自由聯合」，而不
是生產工具的公有化，我是可以贊成的。在蘇聯或中國公有化的高
潮期，我們能說那時侯的工人已經生活在社會主義之中了嗎？這一
點，確實大可懷疑。但我想談的，卻是現實的世界經濟體系的問題。

　　先說中國經濟確實已被認為崛起之後的狀況。現在大家說，「中
國是世界的工廠」，俄羅斯的一份週刊說，「世界超過一半的照相
機，30%的空調和電視，25%的洗衣機，20%的冰箱都是由中國生產。
[3]」前一陣子大陸南方鬧雪災，交通癱瘓，物資不能輸出，據說美國

3　見宿景祥、齊琳主編《國外著名學者、政要論中國崛起》（中共中
　　央黨校出版社，2007），頁367。

的日常用品因此漲了一、兩成。我說這話,不是在誇耀中國的成就,而是想說,中國的經濟改變了全球體系。

　　在中國的經濟還不能對全球體系造成影響時,西方、日本都憂心忡忡,擔心中國的崛起會為禍世界。即使到了現在,如果美國不是陷入一連串的泥淖(現在陷在伊拉克)之中,你能想像美國願意坐視中國崛起嗎?美國不是不想做,而是沒有能力去做。

　　如果中國因素的加入,使得全球體系陷入不平衡狀況,如一次大戰前,德國的崛起讓英、法寢食難安,那全球體系就只有靠先進國家為了遏阻新因素的侵入而發起戰爭來解決了。事實上,上世紀90年代美國並不是不想教訓中國,只是它沒有能力罷了。美國和日本搞軍事聯盟,說如果「周邊有事」,日本要如何如何,意思不是夠明顯了嗎?

　　如果中國(還有印度)經濟的崛起,能夠讓全球體系產生良性的調整,從而對全人類的發展有利,那就是全人類的大幸。如果因中國的崛起,而讓全世界經濟產生不平衡,從而引發另一波的列強大戰,那人類大概就要完蛋了。現在美國經濟不景氣,情況似乎頗為嚴重;如果美國經濟一下子崩潰,你能想像這個全球體系能不暫時瓦解嗎?這樣豈不也要天下大亂?應該說,中國一再宣稱「不稱霸」,宣稱要「和諧」,就是希望避免這樣一次大震盪。我覺得,這個時候重新來思考馬克思對於資本主義邏輯的分析,就更有意義了。我是一個中國民族主義者,但我從來就希望,中國崛起只是一種「自救」,而不是產生另一個美國或英國或日本或德國,或一種難以形容的資本主義怪物。我覺得這樣的思考也可以算是一種讓全球體系走向社會主義的思考。老實說,我很難理解台灣一些左派的思考模式。從馬克思的原始立場來解釋社會主義,這種社會主義只可能是資本主義生產方式在全球範圍全面展開時,才可能實現。因

為，只有全人類有豐裕的物質生產，才可能想像馬克思所構想的那個人人富足、人人自由(即陳先生所說的「自由人的自由聯合」)的物質與心靈雙方面得到完滿實現的社會。一次大戰以後，西方資本主義體制第一次碰到全面危機時，許許多多的左派革命志士認為，全球革命的時代已經來臨，但最終證明是一種幻覺。

那一次不合乎馬克思原始構想的「社會主義體制」，以蘇共的革命開其端，以中共的革命達到高潮，以二次戰後許多後進國的共黨革命延續下去。現在已經可以了解，這還不是「社會主義革命」，而是以集體的力量來實現資本主義生產方式的現代化工程，這一工程可以把後進國絕大部份受苦受難的人從西方資本主義帝國主義的侵略與剝削之下解救出來。這一革命的犧牲相當慘重，但相對而言，二次戰後那些走西方現代化路線的後進國家，犧牲也一樣慘重。姑且不論這兩條路誰是誰非，後進國都被迫走進資本主義國家逼他們非走不可的道路。走第一條道路而唯一獲得成功的是中國，走這二條道路很可能將要成功的，大家都看好印度。中國的成功對世界資本主義體系具有雙重意義。第一，它的崛起好像還不致於導至德國、日本崛起以後的那種資本主義帝國大戰。第二，到現在為止，中國經濟也還不是經典意義下的資本主義(名義上它還保留了相當比例的公有制、也沒有全面市場化)，因此可以希望它對其他後進國產生啟導作用，讓它們不必完全照西方道路走。

中國的崛起距離全球的資本主義化還很遙遠。拉丁美洲、非洲、回教國家、東南亞，這些地區目前都還在發展。我們不知道西方(尤其是美國)和回教世界的衝突如何能解決，也不知道拉丁美洲最終是否可以從美國資本主義的桎梏之下解放出來。但是，無疑的，現在可以用更清醒的眼光，用馬克思的方法，好好的審視全球資本主義體系的未來。只是，我們很難期待，21世紀會出現另一個馬克思。

　　在這種情形下，每個地區、每個民族都只能以自救、自保為先。達到第一步以後，如果能對周邊地區產生影響，促使它們良性發展，而且不對周邊地區產生明顯的經濟剝削，我相信，這樣的國家就要比以前的英、法，二次戰後的美、日好太多了。並且，第三，如果它還能進一步制衡愈來愈黷武化的美國，讓美國不敢太囂張，那它對世界和平無疑是有貢獻的。我認為，中國是現在世界上唯一有力量達到這三重任務的國家。

　　據說，大陸著名的社會主義理論家、歷史學家胡繩晚年曾說，社會主義理想在300年後可以實現，他說的是22世紀。人家告訴他，這太樂觀了，他改口說，他說的300年是指23世紀。其實，23世紀還是太樂觀。老實講，我不知道全球資本主義體系會在一百年間發生什麼大事。但是，中國一百年的發展，竟然基本上解決13億人口（全球人口的五分之一）的生活溫飽問題，又可以良性引導東南亞好幾個國家的發展，又能讓其他先進國，尤其是美國，知所收斂，這個貢獻，是應該加以肯定的。

五、台灣的出路

　　以上各節是在台灣大選之前寫的，大選之後，由於民進黨經歷了短時期之內第二次的大敗，看來台獨運動會逐步退潮。不過，我一直認為，藍營群眾在台灣前途問題上，尤其在大方向上（親美、日，不與大陸合作），和綠營並沒有實質的區別。因此，不能樂觀的相信，馬英九執政一定會帶來完全不同的前景。

　　馬英九出身於國民黨上層，是美國哈佛大學的法學博士，再加上現在仍有許許多多藍營群眾還是很在乎「中華民國」的地位不可以比共產黨矮半截，這就仍會卡在一中原則上，影響了兩岸的全面

交流，不能使台灣全心全意的靠向中國經濟體，因此也就不可能全面改造台灣的經濟結構。從最根本上看，一向被台灣依附的美、日經濟體已經不可靠，除了靠向大陸之外，已經別無出路。現在向東南亞投資，其實也是加入中國經濟體，因爲現在東南亞的經濟和南韓、香港一樣，也是順著中國經濟的風向發展的。總之，如果不能拋開幾十年來兩岸政治對立的偏見，全面考慮在中國架構下整體上重建台灣經濟，台灣的前途仍然是安危未卜的。

我們可以從假設的立場來看台灣前途問題。如果二次大戰時，日本帝國主義在東亞和太平洋地區打敗中國和美、英，台灣最終大概會成爲第二個琉球。如果美、日經濟現在仍像1960-70年代那樣強勢，而大陸經濟一直維持在1970-80年代的那種水平，那麼，中國也就只能空談「統一」，因爲台灣會一直跟著美、日走。然而，現在的現實是，中國已經崛起，而且會維持一段相當長的時間。就算台灣是個靠大邊的現實主義者，如果到現在還不肯承認、還看不清亞洲經濟格局的現實，還在計較大陸、台灣「誰大誰小」，那只好自己繼續受罪了。我所奇怪的是，台灣從來就承認美、日是老大、老二，反倒不願意相信對岸的同胞已經打拚到讓自己的民族「站起來」了。20年前沒有這種遠見，是可以諒解的，現在還不甘心承認，那就誰也沒有辦法，只好讓台灣人自己關起門來，一面自我滿足，一面自我受苦(包括內鬥不已)了。再過20年，我們一定會笑自己，當年我們怎麼那麼蠢？所以，與其20年後後悔，不如趁現在極端台獨派(藍營可稱爲溫和台獨派)大敗時，趕快全面調整過來，這樣台灣才可能有光明的前景。

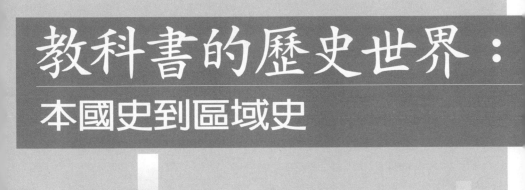

教科書的歷史世界：

本國史到區域史

歷史教科書與歷史記憶

王汎森

2004年，我應邀參加美國歷史學年會的一個小組「近代中國的歷史教科書與歷史記憶」（War and the Politics of Memory: History Education in Early Twentieth-Century），並擔任主持人。這個討論小組的幾篇論文，加上其他幾篇，後來由韓子奇教授（Tze-ki Hon）及Robert Culp教授編輯成 *The Politics of Historical Production in Late Qing and Republican China* 一書，於2007年出版。當時承兩位編者的好意，要我為這本書寫一篇序，以下這篇文章，基本上是將英文的序擴大改寫而成。

近代中國史學史的範圍究竟有多廣？如果以傳統史學史的範圍而論（指的是「歷史著作的歷史」），可能有人會覺得有意思的題目已經快被做完了，但是如果是通俗歷史知識的世界及政治等意識的塑造，則可以探討的題目還很不少。

將近二十年前，在一次從台北車站回到南港的計程車上，司機問起我的職業，我回答歷史教授，於是我們討論起一些歷史事件來。在這次談論中，我注意到他的歷史知識與我相當不同。我的歷史知識大多來自專業，他的歷史知識最多來自戲台、講古、談天，甚至是從政見發表會中得來，兩者不一定完全不同，但出入之處非常之

多。而他對這些知識相當堅持，完全不理會我這個史學專業工作者
的意見。這樣的經驗此後我還不斷碰到過，它們提醒我，在專業史
學之外，有一個常民的歷史世界，其知識的來源與傳播路徑、其內
容的多元性，乃至歷史知識與社會階層或社會團體之間的複雜關係
等許多問題，值得深入探究。

一、史學史的局限

因此，如果我們是想知道每一代的重要史家及其歷史著作，或
重要的歷史思想、歷史方法之發展，則目前「史學史」方面的著作
便足以承擔了。但是，如果我們想了解的是每一個時代大多數人歷
史意識的形成，則目前史學史方面的著作顯然有很大的局限。常民
有他們的歷史世界，一樣侃侃而談歷史，而其知識來源往往不是出
自史學史中常見的歷史著作。當他們與歷史學家辯論時，也不輕易
退讓，令人覺得歷史記憶的世界似乎並沒有最高仲裁者。

以近世中國為例，一般人的歷史意識之形成，或歷史知識的生
產機制，是一個尚未被充分探討的領域，已有的一些零星研究也還
未被整合起來。大體而言，在近世中國，歷史著作、戲劇、小說、
口傳、閒談、謠言、虛構，以及晚清以來各種傳播媒體，都是形塑
一代歷史意識的重要媒介。史學史中所討論的重要歷史著作與常民
的歷史意識並非全然無關，但是即使有影響，也是透過好幾層的改
寫才發生的[1]。

---

1 一層又一層的改寫痕跡是非常清楚的，譬如《資治通鑑》→《通鑑
綱目》→《綱鑑易知錄》、《史鑑便讀》→或一大堆號稱是綱目的
節縮、通俗本，甚至連演義小說也往往在書前說明是仿傚《通鑑綱
目》而作成的。

　　因爲我們考慮的不是歷史著作史，而是常民的歷史知識的歷史，則傳播管道便有強勢、弱勢之分。通常，強勢管道中所流通的並不是帶有原創性的歷史研究，而是通俗的歷史著作，晚清以後，則影響最大的是歷史教科書。至於嚴肅的歷史著作，反而只在特定階層中傳播。

二、多層次的歷史知識來源

　　如果我們限縮注意的範圍，觀察近世中國的識字階層在培育過程中接觸到的歷史著作，便可以發現大致有四個層次的歷史知識。

　　明清兩代，歷史讀物可以分爲四種層次。影響常民最大的是第一層次，包括口傳、歌謠、戲曲、小說等；第二層次則是一大批蒙學讀物，如《三字經》、《幼學瓊林》、《韻史》等[2]，或是一大批節本、選本、摘抄木、類編本、重撰本。根據近人的研究，著錄在《四庫全書》中的各種節本、選本、摘抄本等形式的歷史讀物，大多來自地方，足見其在民間散布之廣[3]。

　　第三層次的歷史讀物中，明代影響力最大的是一批以綱目體寫成的通俗史書，如王鳳洲的《歷朝綱鑑彙纂》，袁了凡的《歷史綱鑑補》，顧錫疇的《綱鑒正史約》等，他們都不是嚴格的史學家，其中尤以袁了凡的書最爲流行。後人遂以袁書爲主，兼採王、顧等書之內容，合稱《王鳳洲袁了凡合編綱鑑》（《綱鑑合編》），是晚明以來最流行的一種史書。

2　韓錫鐸主編，《中華蒙學集成》（瀋陽：遼寧教育出版社，1993）之後附有一份〈知見存本蒙學書目〉，可以參考。

3　瞿林東，《中國史學散論》（長沙：湖南教育出版社，1992），頁253-258。

　　清代吳乘權等人則纂有《綱鑑易知錄》（1711），是清代流傳最
廣的一部通俗史書，一般士子多自此書得到基本的歷史知識。[4] 清
代官方則編了另一部流傳極廣的《御批通鑑輯覽》，它是以明代正
德年間李東陽所主編之《通鑑纂要》爲基礎，在乾隆三十二年(1767)
編成，科考中以其觀點與說法爲準據。此書在清代流行廣泛，與《綱
鑑易知錄》並行[5]。

　　第四個層次的歷史著作：以清代書院中所見之歷史讀物而言，
由於書院有水準高低的層次之分，比較下層的書院以基礎教學爲
主，比較高層的以高等教育爲主，二者規定閱讀的歷史讀物也有很
大的差別。在比較高等的書院中，則有歷代正史、《國語》、《戰
國策》、《資治通鑑》、《通鑑紀事本末》、《御批通鑑輯覽》、
《通鑑綱目三編》、《續資治通鑑》、《明史紀事本末》、《三通》
等書。

　　以上的分疏只是爲了討論方便，各層次的史籍之間往往流動、
混合、且同時對一個人產生影響。我們可以粗略地說，在近代中國
「教科書」尚未出現以前，上述幾個層次的東西都扮演了類似教科
書的角色，不過這些書基本上是任人選擇，並無強制性及劃一性。

　　一位作者怎樣編寫他的歷史，或一個政權如何編纂官方歷史，
都隱喻著理想上希望成爲什麼樣的社會與國家。以前面已經提到的
《御批通鑑輯覽》一書爲例，如果我們廣泛查閱清代各種日記或傳
記中的閱讀材料，就會發現這是清代中期以後影響士人世界最深的
史書之一。這部大書的御批部份當然不是乾隆一人之力所能完成

4　王樹民，〈從《綱鑑易知錄》說起〉，在《曙廣文史雜著》（北京：
　　中華書局，1997），頁349-354。
5　王樹民，《中國史學史綱要》，頁146-151。

的，不過他自己親撰或臣下撰成經他同意錄入的部份也達十之七、八。我們可以設想它大體上反映了乾隆的想法，也反映了他希望這個國家應該如何運作、臣民應該如何作為等等深刻複雜的問題。此處僅舉一例，即瀰漫在書中的「皇帝作為唯一自由意志」式的歷史觀。這種唯一自由意志式的史觀主張，皇帝的意志是唯一且高於一切——包括國家、政府、道德、公共意志等，任何行動的最終正確與否，決定於它是否由皇帝發動，或是否符合皇帝的意思。即使是對的事情，也要在考慮它們與皇帝的關係之後，才能決定其對錯。以《御批》中所述陳玄禮等在馬嵬坡斬楊貴妃一事為例，歷史上的讀者對這件事的感覺大多是正面的，甚至覺得大快人心。乾隆的《御批》中卻說，玄宗當時仍然是皇帝，陳玄禮等人所做的事即使是對的，但因為是對皇帝個人的脅迫與羞辱，所以仍然應該被譴責。再以明英宗被瓦喇俘虜，大臣于謙等擁立景帝一事為例，乾隆的《御批》也很值得玩味：因為英宗仍然是皇帝，所以在他未死之前擅自擁立景帝，是絕大的錯誤。

《御批》中還有一個核心觀念：不容許獨立於朝廷之外的、任何形式的集合勢力，即使其宗旨是符合道德禮法正面價值的也一樣。譬如，《御批》對一般人所稱道的東林、復社，即持最嚴厲的批判態度。可見《御批》所反映的，乃是皇帝心目中理想的社會與政治秩序的樣態。透過這樣的歷史書寫，它提示了皇帝與臣民應有的行為方式，並表達了它所希望塑造的帝國臣民性格及政治意識型態。

三、歷史教科書的出現

與前述各種層次的歷史著作相比，近代教科書的出現仍然是一

件大事。19世紀末、20世紀初,清廷受西方的衝擊,開始模仿西方現代國家的種種舉措,其中設立全國性學校系統,課程一致化,及編訂教科書都是重要的環節。各級學校有一定的課程(課程標準,課程大綱)、上課時數、學期、年限,使得學習趨於一致化,而且上課採用同質化甚強的教科書。由於教科書是一種新東西,當新學制成立時,人們最關心的問題之一,便是沒有足夠可用的教科書,所以當時大量從日本翻譯各種教科書。晚清經學家皮錫瑞曾經大罵當時的教科書毒害青年人,由他的不滿可以看出,當時教科書影響之大,同時也可以看出,當時教科書品質之良莠不齊。

雖然一開始並沒有部編本的教科書,而是採用審定的一綱多本,但是因為編輯、供應教科書之出版商有限,所以全國只流通少數幾種教科書,使得原先在科舉時代鬆散且帶有極大個人色彩的讀本,逐漸趨於同質化。以歷史教學而言,也使歷史知識同質化。

另一方面,在轉向現代國家的過程中,國家的權力也透過一些機制進入教育的領域,開始要規範(discipline)知識。「審定」教科書便是國家支配知識的一個介面,國家的意識型態與歷史知識的教授在此得以連接。

審定教科書的制度逐步形成於1900年代。在1900年之後,新學校系統建立了,但是同一學科的教科書五花八門,紊亂不堪。為了整齊教科書水準,清廷於1903年頒布學制(癸卯學制),並在統一的學制下,設立編纂教科書的機構,以求教科書統一化、規範化。清廷原先希望採用部編教材與審定民間教材並行的方式,等時機成熟後,再以官版教科書全面取代民間教材。但是官方編書緩不濟急,1906年,學部首次發文各省,要求各省督撫曉諭官商人等,「如有家藏或市肆售編教科等書,一併郵寄本部,俟審定後,再頒發各省,以歸畫一」,違者查辦。而且將審定意見和評語公佈在《學部官報》

上。這項審定工作相當有效率。1908年浙江出版何琪所編《初等女子小學國文》，因有「平等」字樣而遭查禁。同年，文明書局出版麥鼎華譯自日本的《中等倫理學》，因蔡元培的序文「尤多荒謬），也遭到查禁。1910年，直隸總督陳夔龍更下令審定教科書之標準是鞏固三綱五常，一旦發現「蔑視禮教，倡言平等，鼓吹自由結婚」，一律查禁[6]。

我們並不是說在此之前國家不干涉知識，事實上人家都知道，乾隆朝大規模禁書的過程中，許多不合規定的書被查禁了。不過，那些書並不是教科書；同時，它們是在流通之後被發覺有問題才遭到查禁，與「審定」制度之先行查閱有所不同。當然我們也不能過度誇張「審定」的效力，事實上模糊地帶很多，教科書作者、出版商與審定機構捉迷藏的例子時有所見。

如果看商務印書館莊俞的〈談談我館編輯教科書的變遷〉一文，便知從20世紀一開始，政府每次頒布新章程、新命令，教科書的出版商往往得迅速作出相應的改變，否則不容易在市場生存。從1905-1931年，短短26年之間，便有15次的改變。

這些改變出現兩個趨勢，第一是由鬆散的、在地的，甚至個人化的歷史教材，轉向少數幾種教科書之壟斷。第二是隨著政府對意識型態的關注，教科書中所傳達的歷史意識越來越統一，與官方意識型態不合者每有遭到淘汰之危險。尤其是1928年國民革命軍北伐成功後，以三民主義為教育基礎檢定教科書，是教科書內容一致化的第一次高峰。

此處我僅舉一個例子來說明「審定」制度如何與政治現狀的改

6　關曉紅，《晚清學部研究》（廣州：廣東教育出版社，2000），頁376-385。

變密切呼應，並深刻影響歷史教科書的內容。我所要舉的例子是1911
年辛亥革命成功後，教科書市場也跟著發生變化。隨著革命的成功，
民主共和國正式成立，過去那些最佔勢力的教科書馬上不能使用：
一種是清政府學部所頒行的教科書，另一種則是長期壟斷市場的商
務印書館的教科書。

　　商務印書館的負責人張元濟在心態上傾向戊戌維新，不曾料到
孫中山領導的革命可能成功，或這麼快成功，所以商務的教科書基
本上一直維持原狀。但當時在商務工作的陸費逵則與張元濟不同。

　　陸費逵在清末積極參與革命活動，所以在他的認識中，革命很
快會成功，一旦革命成功，以共和政體爲內容的教科書將炙手可熱。
陸費逵從1908年起在商務工作，同時也與二、三個同志趁夜間工作，
籌備另一套以民主共和爲宗旨的教科書。

　　民國成立之後，新的教育部頒佈「普通教育暫行辦法通令」。
這份通令規定教育宗旨以養成共和國國民爲宗旨：「凡各種教科書，
務合共和民國宗旨。清學部頒行之教科書，一律禁用」。「凡民國
通行教科書，其中如有尊崇滿清朝廷及舊時官制軍制等課，並避諱
抬頭字樣，應由各該書局自行修改，呈送樣本於本部及本省民政司、
教育總會存查。如學校教員遇有教科書中不合共和宗旨者，可隨時
刪改，亦可指出，呈請民政司或教育會通知該書局改正。」這道命
令其實是教育總長蔡元培委請中華書局的陸費逵代擬的，它的內容
正好與剛創立的〈中華書局宣言書〉（1912年二月）相符合。在宣言
書中，陸費氏宣稱「教育不革命，國基無由鞏固；教科書不革命，
教育目的終不能達也。往者，異族當國，政體專制，束縛抑壓，不
遺餘力，教科圖書箝制彌甚。自由真理，共和大義莫由灌輸，即國
家界說亦不得明，最近史事亦忌直書」，「非有適宜之教科書，則
革命最後之勝利仍不可得」，並申稱其初等小學國文教科書之編輯

大意,是「以養成中華共和國完全國民爲宗旨,以獨立、自尊、自由、平等爲經,以生活上必須之知識爲緯。」陸費逵球員兼裁判,訂定一個與自己偷偷編成的教科書相合的宗旨,借新成立的民國政府之手通令全國,爲自己出版的教科書取得合法性。

這批新教科書有幾個特點:第一、歷史故事則注重古今大事、文明進化,及君權民權之消長。第二、對歷史上的異族採取貶抑的態度。第三、舊版教科書以忠君尊孔爲主,新版則以民主、共和爲宗旨。譬如《中華高等小學國文教科書》中有如下字樣:「我國旗,分五色,紅黃藍白黑,我等愛中華。」「民國成立,選舉臨時大總統,孫文以大多數當選,元年元旦,即任於南京,組織臨時政府」,「孫氏天姿卓越,性情敦厚」,「爲共和奔走二十餘年」,「爲中國第一偉人」,而舊版是「我朝自開國以來,列聖相承,謨烈昭垂。」

不過,檢定歷史教科書雖然是一種政策,但是否能落實,仍與國家能否統一有很大的關係(北洋軍閥時代,即不可能作到一致性)。1927年國民政府北伐成功之後,中國首次在名義上統一於南京的國民政府之下,意識型態介入教科書達到一個新高峰。1928年以後,我們看到了幾次檢定歷史教科書的事件。以顧頡剛於1920年代爲商務印書館編纂的《現代初中本國史教科書》爲例,該書非常暢銷,先後印行25萬冊。它於1929年春被檢舉,遭國民政府查禁,原因是內容反映了顧氏疑古的立場,不承認「三皇五帝」爲歷史事實,因而被彈劾爲「非聖無法」。國民黨的宣傳主將戴季陶說,疑古的論點,「學者的討論是可以的,但不能在教科書上這樣說,否則動搖了民族的自信力」,「中國之所以能團結爲一體,全由於人民共信自己爲出於一個祖先」。對此,顧頡剛反駁說:「我們民族的自

信力真是建築在三皇五帝上的嗎？」[7] 這段爭議顯示國民政府自有
其一套框架，以規範國民的歷史記憶。

四、幾點觀察

(一)我群、你群

　　在政治變革中，歷史教科書的編纂者通常作些什麼？最重要
的，便是在敘述的過程中選定敘述主詞所代表的人群：「我們」所
代表的是那些人？「你們」是指那些人？也就是「我群」與「你群」
的劃分。這項劃分帶動歷史知識全體內容的改變與評價體系之變
化。「我群」與「你群」之分，往往便是「烈士」與「叛賊」之分。
譬如說，從清代到民國，各種忠臣祠祀的名單的變化，屬於「我群」
的，入祀昭忠祠；屬於「你群」的，則成為敵人。湘軍平定太平天
國之後，各地的昭忠祠所祀皆為湘軍人物；民國成立之初，即大規
模撤換這些忠臣的名單，而改為反清的志士。到了袁世凱當政時，
又把革命烈士撤下，重新改祀。其變化之主軸即「我們」及「你們」
的不同。17世紀明清政權交迭之歷史是另一例證。清代官方史書及
大部份史書寫到這段歷史中清軍的攻城略地，通常使用「我兵」或
「大兵」等語。從這一主詞出發，則敘事時所選取的史事、所側重
的人物、對史事的描寫方式，以及進行的評價，便與明遺民敘述同
一件事時完全不同。所以誰掌握歷史敘事的主權，成為敘事中的「主
詞」，誰便有權力以「我群」的角度敘述、評價歷史。

　　在一個敘事架構中，「主詞」往往是讀者不自覺的認同對象。

7　顧潮編著，《顧頡剛年譜》(北京：中國社會科學出版社，1993)，
　頁172。

讀者往往化身爲主詞的同路人，循著他的思路，同情他的遭遇，爲他的起落高興或悲傷，即使這個人物在比較大的歷史構圖中看來並不是一個如此正面的人物。例如，近年來非常流行的各種歷史劇，觀看者在觀看的過程中往往與劇中主角形成「同路人」的關係。許多人在看完「雍正王朝」之後，便不由自主地質疑史書中對雍正的負面評價。還有，像雍正朝的大官李衛，當觀眾看「李衛辭官」的歷史劇時，他的情緒起伏也總是跟著戲中的李衛走，同情、認可他的一切，而忽略了在歷史記載中李衛的複雜形象。

　　在清末種族革命的聲浪此起彼落之際，能符合學部宗旨的教科書，在處理「我群」與「你群」的歷史故事時，基本上一致，但暗地裡有些微妙的變化。此處我要舉1900年代的幾本歷史教科書爲例，說明這種變化。

　　在清代，對「我群」最標準的稱呼自己「本朝」、「國朝」、「聖清」、「我大清」，對清兵的稱呼是「我大兵」。在確定了「我群」作爲主詞之後，再進行歷史敘述的安排與細節的取捨。但在辛亥革命前，幾種對時勢比較敏感的歷史教科書，有些微妙的改變。有的比較鮮明地突出明清易代之際，清軍在各地屠戮之慘狀，譬如清末的一本《廣東鄉土歷史教科書》中寫「屠之，死七十萬人」，「屠戮頗慘」。有的則有意無意之間提出種族的問題，有一種歷史教科書的習題中出了一道題目，問「朱元璋何族人？」在史書中，我國與我朝兩種觀念通常混用。到了晚清，西方的國家觀念漸次輸入中國，「我國」一詞逐漸帶有一種含混的分歧性。如某歷史教科書中有一段講到蒙古入侵時說「我國」如何如何，讓人覺得似乎在清朝之外，中土還一直有一個長期存在的「我國」。不過，依我目前觀察，因爲教科書的性質特殊，在清亡之前，以清爲「我群」的敘述結構並無大規模的改變。民國建立之後，課本才開始出現「孫

中山南方偉人」等内容；「民國」、「我國」則成爲稱呼「我群」
的標準主詞。

　　對於一般沒有機會接觸更多歷史著述的人而言，教科書中所沒
寫的歷史就差不多等於不存在。我自己即有這方面親身的經歷。在
我的學生時代，政府對教科書進行深入而嚴格的篩選。爲了強調反
共的一貫性，教科書敘及國民政府的聯俄容共時，對蔣介石在1924
年前後一直到北伐清黨之間的言行，往往講得語焉不詳，讓人們直
覺以爲蔣介石自始便是堅定的反共先鋒。但是，如果有人閱讀歷史
教科書以外的被禁制的史料或歷史著作，譬如原先出自蔣介石授意
編寫的《民國十五年以前之蔣介石先生》（毛思誠），便很快可以發
現原來不是那麼一回事。在當時，蔣介石是滿口馬列主義的紅色將
軍。另外，爲了強調國民黨始終是民國以來政局的主角，當時的歷
史教科書也做了許多奧妙的處理。譬如，辛亥革命之後到1927年北
伐以前，孫中山大部份的時間都是政治舞台的邊緣人物。在二次革
命之後，孫中山已經解散了國民黨，他的政治勢力也僅限於廣東的
一部份。但是，台灣的歷史課本卻影影綽綽地表示，孫中山及國民
黨始終是以這樣或那樣的方式，維繫著民國的正統。台灣幾代人熟
記歷史教科書以應付各級考試，在這方面所得到的歷史知識始終是
扭曲的，然而，這些扭曲的歷史知識卻構成那個時代歷史知識的主
體。1980年代風起雲湧的批判國民黨體制的運動中，少數的、歧異
的歷史知識，才又透過各種傳播媒介活躍起來。這些歧異的歷史記
憶資源的顛覆力量絕不能忽視。

　　過去台灣的歷史教科書中也很少提到台灣的歷史，所以幾代人
對台灣歷史的了解是很有限的。1990年代中期，當台灣主體意識初
步得到確立時，歷史教科書的內容成爲爭論的焦點。當時台灣的歷
史教科書仍然是統一的部編本，由國立編譯館負責。我於1997年應

聘擔任高中歷史教科書的編輯委員，我還記得，當時爲了是否應在
高中歷史教科書中增加相當數量的17世紀以來的台灣歷史，委員們
發生非常激烈的論爭，成爲新聞事件，最後因教育部長緊急喊停而
作罷。但是，後來經過一波又一波的衝撞，今天台灣中小學歷史教
科書出現了大量的台灣歷史。它的影響非常大，現今廿歲以下的年
齡層的歷史知識與20歲以上的年齡層的歷史知識，形成了相當大的
斷層。新一代人琅琅上口的台灣歷史，對長一輩的人而言是相當陌
生的；一個小學生對他父母提出最基本的台灣歷史的問題時，再有
學問的父母也往往難以回答，因爲當年的歷史教科書不寫這些。歷
史教科書中所不寫的部份，對於過去受教育的人而言就等於不存
在。因此，不同的歷史教科書把人們劃分成不同的歷史世界，而歷
史知識之不同亦大幅影響了人們的政治認同與政治抉擇。

　　1950年後，中共的歷史教科書也刻意不提許多歷史事件。這裡
只舉一個例子。關於1937年以後的對日抗戰，中共的歷史課本一概
說成是中國共產黨軍隊獨力抗戰。事實上，當時中共的實力還很小，
與日軍接戰只限在山西等幾個地方，這場戰爭的主體仍是蔣介石所
領導的國民政府。但是在公式化的歷史教科書影響之下，幾代人的
歷史知識中並不存在國民政府領導抗日這件事。以致於近年來，當
有歷史書籍重述這段歷史時，竟然造成了極大的震撼。在台灣歷史
教科書中屬於常識的部份，在中國大陸則是具高度批判性的異聞。

(二)歷史教科書與思想啟蒙

　　我們在探討晚清以來的所謂啓蒙時，往往忽略了其中的一個重
要來源：世界史教科書。事實上，在一個對世界了解的資源非常有
限的時代，史書所提供的各種知識，爲人們開啓了一扇天窗，是人
們模仿、擷取、批評自己的歷史文化最重要的素材。日本人岡本監

輔的《萬國史記》、李提摩太口譯的《泰西新史攬要》等書,披露
了一些陌生卻先進的國家的歷史,給人們思索、批判現實時,提供
了最具體的依據。1880年代以來,在中國出現的一批政治評論書籍,
到處有世界史教科書的影子。譬如,宋恕的一系列在當時看來極為
犀利的論評,每每是從岡本監輔的《萬國史記》而得到的啓發。中
國人對美國憲法的最早了解,是從裨治文(Elijah Coleman Bridgman,
1801-1861)於1838年在新加坡刊印的《美理哥合省國志略》(*A Brief
History of the United States of America*)得到的。同樣的,從晚清以來,
歷史教材的編寫者也往往在歷史敘述中表達他們的政治或道德宗
旨。歷史教科書往往表達了最有影響力的、形塑理想公民的思想。

(三)各種競爭的歷史記憶資源

歷史研究與歷史教材之間往往有一段距離。教科書與詞典一
樣,詞典中的定義往往要晚於流行用法,它們通常是當某種用法穩
定下來之後才被收入詞典裡。歷史教科書中的知識,也往往遲於當
世的歷史研究。在專業史學研究圈子中已經非常流行的知識,往往
還不被認為穩定到能寫入歷史教材中。以前面提到的顧頡剛所編中
等歷史教科書為例,當它被查禁時,戴季陶說學者研究與教科書應
有分別,學者可以自由討論三皇五帝是否存在,但在教科書中不宜
寫入。以上種種,形成了史學研究與教科書競爭的情況。民國時期,
各地軍閥勢力林立,各地的歷史教科書之間也形成了競爭關係。後
來,在國共鬥爭及對日戰爭期間,各種不同的政治力量也深入影響
教科書的編寫,形成不同的歷史記憶資源之競爭。

(四)本書論文所關心的一些主題

以上只是我對歷史教科書的幾點初步觀察,由於歷史教科書編

纂者所留下的史料不多，現有的也不大反映具體情況[8]，所以尚難進一步對這方面的問題深入討論。不過，前面提到過：歷史教科書是形塑一代人歷史記憶最重要的讀物，所以教科書中所承擔的歷史記憶非常值得深入分析。而且，自從教科書出現以來，讀者所讀到的不只是歷史。在歷史敘述中，同時也表現了豐富的政治觀念、公民概念、道德觀念，與對未來的想法等。它們形塑了一代又一代人的理念世界，而歷史教科書中所傳遞的各種理念，遠比其他教科書要來得有影響力，值得從各個角度加以分析。以下我試著由我的角度出發，勾勒本書文章所觸及的範圍。至於各篇文章的內容，請參看原書[9]。

首先，教科書是根據課程標準而編的。在課程標準中，往往不只規定應該寫些什麼歷史，而且有其特定宗旨：在晚清是「忠君」、「尊孔」、「尚公」、「尚實」；民國初建時規定「凡各種教科書，務合共和民國宗旨」。當時，中華書局的編輯大意便標榜：「以養成中華共和國完全國民為宗旨，以獨立、自尊、自由、平等為經，以生活上必須之知識為緯」。所以，在教科書的敘述與安排之中，如何體現上述宗旨是非常重要的；而一般學生也往往是從歷史教科書中習得政治、社會、倫理方面的觀念，這些觀念的內涵也成了塑造一代人普遍心態的資源。

從前面的背景說明可以看出來，教科書具有一些新的特質，其中比較突出的一點是：它的課程設計、課程標準及教材內容帶有一

8　如顧頡剛1920年代的日記中雖有不少編寫歷史教科書的條目，但卻非常簡略。

9　文章內容皆收錄於 *The Politics of Historical Production in Late Qing and Republican China*（Leiden, The Netherlands: Koninklijke Brill NV, 2007），請參考。

致性，不像皇朝時代具有各種彈性，帶有多元色彩。另一方面，因為教科書檢定制度，所以政治勢力對教科書之影響較大。但是實際情況是否如此？是不是所有政治勢力皆有一定的意識型態？其中是不是有一個複雜的論辯或形成的過程？不同的政治勢力管轄的地區，如何爭奪對歷史記憶的控制權？尤其是當日本人入侵中國時，佔領區的歷史教材與國統區的歷史教材彼此爭持時，國統區如何重新形塑自我的過去？

清末以來，「世界歷史」才正式成為歷史教科書的一部份，它馬上遇到幾個問題：如何在世界歷史中，為中國安排一個恰當的角色？如何在中國歷史的格局中，安插世界史的知識？如何解決一個惱人的問題，即古代中國是如此輝煌，而近代中國是如此衰敗，一再地敗於西方帝國主義之手，但是又要在這樣困難的情形下，說明中國終將擁有光明的未來？

在1900年代，鄉土意識的覺醒是一個重要的事件，出現了許多以「省」為出發的「新祖國」言論。這些言論有兩方面的意義，一方面是離心的力量，一方面是向心的力量。在晚清新政改革期間，清廷曾頒佈命令，要求各地編纂鄉土志、鄉土教科書，因此出現了一批鄉土教科書。這批教科書往往由地方上的文化菁英所編纂，它們如何體現中央的價值觀及當時流行的新概念，同時也彰顯地方上的特色？其中有些是不是體現了一種中央與地方的張力？

最後是有關「國史」與「朝代史」的問題。前面已經約略提到，在傳統史書中，「我國」一詞出現的頻率相當高，往往與「我朝」混用。但是，近代西方「國家思想」傳入之後，在滿清政權之下，「我國」究竟是不是與「我朝」相調和？也就是國史與朝代史之間，究竟是矛盾不相容，或是在許多時候，它們可以調和在一起，而在某些時候又逐漸歧出？

五、小結

　　中國歷史上重要的史家、重要的史學機構、以及重要的歷史著作，都被研究得相當徹底了，但是我們對常民的歷史世界了解還非常不夠。我們應該從包括歷史教科書在內的各式各樣文類、從民間文書或是從日常書寫的字裡行間中爬梳其歷史觀、了解史學知識的現實功能、從對於「過去」的敘述中發掘出它所潛藏的「現在」及「未來」。

　　王汎森，中央研究院院士，歷史語言研究所特聘研究員。研究領域為明清至民國時期的思想、文化、學術史。著作包括《章太炎的思想》(1985)、《古史辨運動的興起》(1987)、*Fu Ssu-nien: A Life in Chinese History and Politics*(2000)及《中國近代思想與學術的系譜》(2001)、〈明末清初的人譜與省過會〉、〈心即理的動搖與明末清初學風之轉變〉等書及論文。

本國史與地域史的疏通：
對東亞人歷史敘述的反思

白永瑞

一、問題的提出

2007年度韓國歷史學大會(第50次，6月1-2日)的共同主題是「東北亞的和平與歷史敘述：本國史與地域史」。韓國歷史學界為什麼會對本國史與地域史的關係如此高度關注呢？首先容易想到的原因可能是，由於韓日之間和韓中之間歷史糾紛的激化，導致大家對東亞的現狀表示擔憂。為探索解決這種危機狀態的方法，編寫了東亞共同的歷史教科書[1]。這一過程也使大家切身感到，在歷史敘述中，存在著將本國史和地域史連貫起來的可能性。

不過這種共同的歷史教科書，還只是東亞民間人士共同編寫的

---

1   韓中日三國共同歷史編纂委員會編寫的《開創未來的歷史教科書》
（漢民族出版社，2005)，有一定的代表性。該書同時出版有日本語
版《未來を開く歷史》(高研社)和中國語版《東北亞三國的近現代
史》(中國社會文獻出版社)。此外還有韓日共通歷史教材製作組的
《朝鮮通信使：豐臣秀吉的朝鮮侵略與友好的朝鮮通信使》(Hangil
社，2005)，韓日女性共通歷史教材編纂委員會的《以女性的眼光
看韓日近現代史》(Hanul社，2005)；韓日歷史教科書研究會編《韓
日交流的歷史》(慧眼，2007)。

輔助教材,所以它在國內社會[2]引起的反響也還比較有限。與此相比,去年12月教育部發表的歷史教育強化方案,規定在高中階段增加「東亞史」科目,儘管僅是選修科目,但是因爲將編輯出版正式的教科書,所以引起了更大的反響。(請參照註腳21)所以,歷史學界將其作爲深入討論的課題,也是理所當然的事情。

實際上,如果我們從理想的歷史學的三要素,即大膽假設、實證和社會責任(commitment)來看[3],歷史學者自然應關注現實問題。一般說來,歷史教科書所敘述的內容作爲公認的歷史知識,與社會體制的維持有著密切的關係;不僅反映了在一個社會中占支配地位的觀點,也是對已有研究成果的濃縮,反映了制度圈學問的主流見解。因此,包括歷史教科書在內的歷史教育是歷史知識傳播的核心管道,學術界對歷史教育中存在的問題不能不高度關注。

此外,歷史學界之所以不僅重視歷史研究,也高度關注歷史教育,更爲根本的原因還是這與歷史學的「正體性」(identity,身份認同)有著直接的關係,因此這屬於史學史領域的問題。在近代學問之中,一定要有自我驗證的領域,在歷史學中史學史就具有這方面的職能。探明歷史學的知識如何生產和流通,乃是史學史要解決的關鍵問題之一。

回顧韓國近代歷史學形成與發展的歷史,自從韓國近代歷史學接受了國史、東洋史、西洋史三分科的框架以來,三分科之間的關係一直是爭論的焦點之一[4];尤其是在歷史教育領域,這一問題表現

2　本文以一位韓國學者的位置發言,文中措辭與視野自然常以韓國國內爲指涉對象,請讀者明察。

3　酒井直樹編,《ナショナル・ヒストリ-を學び捨てる》(東京大學出版會,2006),頁221。

4　參見崔甲壽,〈歐洲中心主義的克服與作爲替代方案的歷史像的探

爲本國史與地域史的關係問題，至今仍是激烈爭論的話題。例如，
在20世紀1970年代受有關民族主義的討論高漲的影響，國史研究和
教育也有了很大的發展，而外國史研究和世界史教育相對被忽視，
因此對這種將國史與包括東洋史和西洋史在內的世界史分割開來的
做法的批評聲調也日益升高，重新設定國史與世界史的關係，遂成
爲一個重要課題。另外，在反思歐洲中心主義的世界史教科書的同
時，有關亞洲史的敘述不斷增加。到20世紀1990年代，受知識界熱
衷談論東亞的鼓舞，也有觀點主張將東亞史作爲一個單元進行敘述。

　　據我看來，這期間有關東亞史的討論大概可以分爲兩種潮流。
一是「作爲擴大的韓國史的東亞史」，另一個是「突破國史框架的
東亞史」。這裡，我引用一下閔斗基先生早已使用過的兩個概念，
將前者稱爲「自我擴充的東亞史」，將後者稱爲「自我充實的東亞
史」（或者稱爲自我反思的東亞史）[5]。閔斗基先生指出，試圖在東亞
歷史中發現我們(民族)的貢獻的做法是一種「自我擴充」功能，而
試圖在東亞中確認我們(民族)的獨特性的做法是一種「自我充實」
功能。可是他所說的獨特性也就是「固有性」，這不是一種價值判
斷，只是爲了自我認識的方便，所以也就有自我反思的功能。

　　下面將對這兩種潮流分別進行批判性分析，進而提出解決問題
的方案，即建立韓國史與東亞史疏通的「自我擴充和充實的東亞史」
方案。爲了避免大家的誤會，這裡需要說明的是，在閔斗基先生的
問題意識之中，「自我」大部分可以理解爲韓國民族或國民國家，
而我所提出的「自我擴充和充實的東亞史」中的自我則並不限於國

(續)─────────────

　　索〉，《歷史批評》2000年秋季號，以及拙稿：〈「東洋史學」的
　　誕生與衰退：東亞學術制度的傳播與變型〉，《台灣社會研究季刊》
　　第59期，2005。
5　閔斗基，〈東洋史與世界史教育〉，《歷史教育》19號，1976。

民國家，也包括那些在重視國家的作用的同時，還試圖打破國家本
位的狹隘的思維方式，在進行這種二律背反的課題中保持知性緊張
的各種主體。之所以要這樣規定，是因爲在我覺得，這樣做更適合
我試圖超越上述兩大潮流、溝通東亞史和韓國史的問題意識。而且，
爲了進一步說明這種「自我擴充和充實的東亞史」敘述，還需要用
「二重周邊的眼光」這一觀點[6]作鋪墊。

我希望，立足於二重周邊的眼光來完成的東亞史敘述，能夠不
僅在韓國、甚至在東亞地域範圍內也能夠得到廣泛的認同。換句話
說（下面將作具體論述），就是實現「溝通（疏通）的普遍性」
（communicative universality）。這篇文章，就是要著重探討這種追求
溝通的普遍性的東亞史敘述的可能性問題。

二、對「自我擴充的東亞史」的批判

面對東亞國家間的歷史紛爭，主張加強國史的韓國史研究者比
比皆是，卻很難找到能超越國史的框架，以東亞史的視野來觀察問
題的韓國學者。即使有這樣的學者存在，也是在堅持一國史的觀點
同時，設想作爲擴大的韓國史的東亞史。說明這種傾向的一個比較
好的例子，就是較早將東亞論述與韓國史聯繫起來進行分析的辛容
玉的文章[7]。

他之所以開始關注到這一問題，是因爲受當時東亞論述的刺
激，可是他對東亞論述的基本視角持批判態度。他反對以地域史的

6　拙稿，〈從周邊看東亞〉，白永瑞等編《從周邊看東亞》（文學與
　　知性社，2004）。
7　辛容玉，〈東亞談論與韓國近現代史研究〉，韓國歷史研究會編，
　　《20世紀歷史學，21世紀歷史學》（歷史批評社，2000）。

視角，即東亞的視角來把握一國史與地域史的關係。他認爲東亞的視角強調轉換或打破以國民國家單位爲中心的思維方式，具有後現代的性質，因而對這種立場是否合適表示懷疑(頁197)。

> 以國民國家爲單位的問題意識的有效性並沒有喪失，而且對韓國來說更是正當的出發點，尤其是克服我國近代史上的一大桎梏即分斷，完成統一這一歷史使命來說更是如此。(頁198)

　　從這種理由出發，他不願意從東亞史的視角出發來觀察韓國史，而主張應將視角從韓國史擴大到東亞地域史(頁198)。他不僅不願放棄一國史的觀點，更認爲有必要將「從便於把握內在的發展和自下而上的變革的一國史的觀點中獲得的普遍價值，擴大到地域史之中去」(頁203)。

　　我想問的是，從一國史的觀點出發，果真能更有效地把握內在的發展和自下而上的變革麼？一個更重要的問題是，將從一國史的觀點中獲得的普遍價值擴大到地域史，又指的是什麼內容呢？從他的文章內容來看，一方面要克服「分裂所象徵的我國被歪曲的『近代性』」，另一方面又要「發揮調整容易爲中國和日本的霸權主義所扭曲的東亞談論的作用」(頁203-204)。這也許就是他所說的普遍價值。

　　我認爲這種主張恰恰就是追求「自我擴充」的功能，即在東亞歷史中注重敘述我國的貢獻。這種特徵在其他學者身上也很容易找到。歷史教育學者宋相憲[8]指出，我國歷史教育的當務之急是以韓國

8　宋相憲，〈世界史教科書敘述中的東亞史談論問題〉，《歷史教育》84號，2002。

的立場建立最具說服力的「出色的東亞史論述」，其理由是「從世界史教育的立場來看東亞論述十分必要，而準確反映韓國的地位的東亞史論述之所以必要，最終是由更準確地傳達韓國在世界史中的地位的必要性所決定。」（頁64）

宋相憲也清楚，建立能夠爲韓中日三國所接受的、普遍的、具有說服力的、系統的東亞史敘述，並不是一件容易的事情。儘管如此，他還是提出了有實踐可能的實質性的方案，即在提出「中國和日本的歷史中韓國史應當占適當地位的問題」的同時，強調在這一問題上「韓國的歷史觀點至關重要」（頁65）。

這種觀點的背後，暗含了歷史敘述上的一個非常重要的論點。不管他是否認識到了這點，如果僅僅強調韓國史在中國和日本的歷史中占據適當位置，似乎東亞史要以中心國——中國和日本——的立場爲軸心來敘述，那麼在東亞史中處於邊緣地位的韓國的正體性問題如何解決呢？這仍是不得不考慮的問題。

可是，要解決上述問題，如果採取將視角從韓國史擴大到東亞地域史的敘述方式的話，會不會有點類似於在台灣早已引起爭論的「同心圓史觀」。中國史學者，長期擔任民進黨政府教育部部長的杜正勝爲了將台灣與中國割裂開來，確立台灣的正體性，主張採取以台灣爲中心，逐步擴大到中國、亞洲及世界的歷史敘述方式，作爲歷史教科書的解釋框架，及所謂的「同心圓史觀」[9]。這是爲了打破以中國大陸爲中心的「單中心」的歷史觀，確立「雙中心」的歷史觀而採取的做法，在台灣社會得到一部分人的支援[10]，但是也有

9　1990年代中期以後關於「同心圓史觀」的爭論可參考杜正勝的〈一個新史觀的誕生〉，《新史學之路》（台北：三民書局，2004），頁66-78。

10　已經被譯成韓國語，並成爲談論對象的台灣史概論書（韓國語題目

人批評這不過是為了「去中國化」而建立以台灣為主的「單中心」，即台灣民族主義的表現而已[11]。

　這說明，上述從本國史出發，進而向地域史擴大開放的敘述方式，即使在一個國家之內也不容易形成共識，如果要進而獲得整個東亞地域範圍內的認可，也就更難乎其難了。因此，從這種方式出發追求「溝通的普遍性」，只能是背道而馳。那麼，我們自然會把目光轉向「自我充實(或自我反思)的東亞史」。堅持這

(續)────────────

　　是《台灣：美麗的島嶼，傷痛的歷史》，原題《圖說台灣史》)的
　　著者周婉窈就認為，這種同心圓史觀是為了向台灣教育界人士說明
　　台灣史的重要性而採取的一種策略。與日本歷史學者山室信一教授
　　的談話〈台灣から見る東アジアと日本〉，《論座》2007年9月號，
　　頁48。

11　王晴佳，〈當代台灣歷史論述的雙重挑戰〉，《思想》第2期(台北：
　　聯經，2006)，頁120-21。王晴佳在這篇文章中指出，杜正勝的同
　　心圓史觀是受到了日本二穀貞夫的《自國史と世界史》的影響，而
　　杜正勝卻未加說明。可是，二穀貞夫的文章在第58頁雖然明確提到
　　同心圓史觀這一概念，但是提出這一概念的文脈有所不同。1982年
　　夏日本的《日本史》和《世界史》教科書將日本帝國主義的「侵略」
　　改為「進出」，引起了國際社會的強烈批判，在反思這一情況的過
　　程中，為克服單一民族國家意識下鎖國的本國「自生的、自發的發
　　展史」，而提出了「同心圓的擴大主義的世界史像」。也就是說，
　　「要輕鬆對待亞洲這一『遙遠的近鄰』，在世界史的現實中發現日
　　本史的現實，在日本史的現實中發現世界史的現實，邁向統一把握
　　日本史和世界史的課題。」這一點與二穀貞夫本人作為論點展開的
　　根據而提出的上原專祿的《世界史と日本史との統一的把握の問
　　題》(1957，《上原專祿著作集》12，評論社，2000)中也有很好的
　　表述。他指出，由於西洋史、東洋史、日本史三分法的存在，導致
　　歷史教育不能使日本人形成世界史的認識，如果深入考察日本的現
　　實，就會發現其與日本史的現實密切相關，所以不能不考慮這一問
　　題，極力主張將世界史的現實納入日本人的視野之內(頁163)。

種觀點，也許會促使我們放棄自我中心的歷史認識，將自我放大，尋找出一條新的歷史敘述之路。

三、對「自我充實(或自我反思)的東亞史」的批判

與作爲擴大的韓國史的東亞史論相對照的，是「打破國史框架的東亞史」論。最早旗幟鮮明地提出這種觀點是西洋史學者金基鳳[12]。要想準確理解他的觀點，首先要考察一下他關於必須打破國史這一歷史敘述體系的主張。

他指出，「在韓國近代歷史學中，國史起到了向我們灌輸民族這一假象實體(virtual reality)現在所具有的，將來也會永遠存在的特質的作用。」(頁181)處於21世紀的今天，我們應該積極探索韓國史敘述和歷史教育的新範式，而其方向應該從國史解體開始。他認爲其過程大概需要經過相互聯繫的兩個階段。第一，廢除國史的名稱，改稱韓國史，重新編撰教科書。這樣的韓國史不是爲了敘述我們民族的發展軌跡，而是要以現在韓國人自身正體性的再發現爲目標(也就是要從民族教育轉爲市民教育)。第二，不再將韓國史教育和世界史教育分割開來，反而應積極探索將二者統合爲一個整體的有效方案，要同時體現「世界中的韓國史」和「韓國中的世界史」這兩種問題意識(頁119-120)。

雖然宣布了國史的終結，其最終提出的替代方案卻是韓國史與世界史的統合，那麼東亞史在其中處於什麼位置呢？國史與世界史的二分法，自然不應該將本國史與他國史分割開來；歷史教科書敘述和歷史教育，需要能夠將韓國史與世界史的相互關係體現出來。

12 金基鳳，《創造東亞共同體》(藍色歷史，2006)。

但是，「世界史中的韓國史」到底應該怎樣敘述呢？解決這一問題的一個策略，大概就是選擇作爲其「中間階段」的東亞史。所以他主張，「應該從如何寫以作爲*記憶之場*的東亞爲範疇的東亞史討論起」（強調係引用者所加，頁197）。

這樣，他提出的脫國史的方案，就是轉而探索作爲記憶之場的東亞史成立的可能性；反過來說就是，「在『東亞的』脈絡中探索能夠說明韓國史的個體性與固有發展方式的途徑」（頁201）。這正好與我所說的「自我充實」的東亞史有相通之處。

可是爲什麼一定需要作爲「中間階段」的東亞層次的歷史敘述呢？他作爲一名韓國學者，對於韓國國內展開的東亞論述給予了積極的評價[13]，並提出了自己的東亞論。他的觀點在對東亞這一地域的界定上有很好的體現。他認爲東亞是「歷史的『經驗空間』與未來的『期待地平』相融合的概念」（頁54）。我們首先來分析一下他所說的未來的期待地平。他認爲這是「新地域主義對世界化的挑戰」（頁143），意味著要擺脫美國化，突破民族主義的限制，從而形成東亞共同體。而所謂歷史的經驗空間，則指那些「不變的構造」（頁144），是「韓國史中長期持續的構造」（頁198），是「貫穿韓國史的長期持續的構造」（頁141）。

對於他的這些論述，自然還可以從許多方面提出質疑，但是我還是很欣賞他向我們指出了，必需堅持東亞的視角的根據有歷史的根據（即經驗空間）和現實的根據（期待地平），只是對於歷史敘述問題還想進一步作些分析。在他看來，作爲克服國史的一個方案，東亞的觀點「將是韓國歷史學界需要認真考慮的話題」（頁141），對此

13　他甚至主張，「東亞論述現場中只有少數歷史學者參與的現實，已經足以讓我們明白歷史學的危機在哪裡了。」（頁56）

他提出了東亞史敘述的兩階段策略。即首先找到韓中日關係史的連接點,以此為基點探索相互對歷史「認識的共有」,再在這個基礎之上確定東亞這一共通的歷史地平,實現「文脈的共有」(頁141-142)。他所說的第一階段我們比較熟悉,即只有擺脫了簡單比較和羅列的敘述方式,才能形成比較有意義的敘述。而第二階段的「文脈的共有」,卻是要確認東亞人經驗中構造上的連貫性,所以頗值玩味。對此,他是這樣說的:

> 為了能實現歷史認識的共有,首要應有能超越國民國家記憶的文脈的共有。要認識到,這種文脈的共有可以實現的歷史空間,就是東亞史。三國的歷史學家們應該尋找出能夠統合相異的歷史記憶的構造上的連貫性;如果它過於微弱,也應該面向未來,努力去創造它。(頁191)

這種「文脈的共有」,即對東亞史構造上的連貫性的強調,與他的國史解體論相輔相成。他雖然說的是本國史和地域史的統合,實質上是想將本國史融入地域史之中。因此,也有人批評說,「如果打破國家史而埋頭於世界史,那麼有可能製造一些根本與人類生活實際情況不符的故事」[14]。

之所以如此,也許是因為他僅僅將文脈的共有能夠成立的空間換成東亞而已。這裡我們再來看看他所謂「文脈的共有(共同)」的構想的出處溝口雄三的本意如何。溝口雄三所說的文脈的共有是認識的共有的前提,「立足於某一國家或民族的文脈的某一文化主體,

---

14 柳鏞泰,〈多元的世界史與亞細亞,以及東亞〉,金漢宗等共著《歷史教育與歷史認識》(與書同行社,2005),頁339。

與立足於其他國家或民族的文脈的另一文化主體，之間相互摩擦和衝突的過程中，逐漸消除摩擦和衝突，共有新的空間，即形成兩者共同的對話空間」。當然，金基鳳將這種「共同的對話空間」設想爲東亞也沒有什麼問題，只是溝口雄三想要通過「文脈的共有」來強調的是「歷史認識問題的文脈自身的解構」[15]，而金基鳳對此注意不夠。

　　與溝口雄三的意識稍有不同的一種解釋是，文脈的共有指的是一種過程，對於對方的發言，包括其所依據的基礎在內，儘量全面地去加以理解，並不斷用從這種努力中所獲得的對方的文脈，來確認自己所依據的文脈的相對性[16]。可是在這一過程中，島村輝指出，應該認識到「在各個文脈中，具有與他者不同的個性，同時也存在使相互理解成爲可能的普遍性」的事實[17]，這無疑表現出了敏銳的洞察力。

15　溝口雄三，《中國の衝擊》（東京大學出版會，2004），頁65、80。

16　這一觀點在歷史學界得到部分學者的認同。例如辛珠栢指出，「教科書對話提供了通過對方的歷史認識來反觀自身內心世界的機會。教科書對話只有擺脫自我中心的歷史認識，走向相對化的過程中確立多中心的歷史觀，追求複數的歷史才能成功。」金聖甫主張，「真正和平的歷史教育只有當超越批判他者的暴力性的階段，開始反思自己內部是否也隱藏了暴力性時才有可能現實。」東亞歷史認識共有國際討論會（首爾：2006.11.25）資料集《尋找歷史對話的經驗共有與東亞合作模式》。

17　島村輝，〈「居心地の惡さに直面する」ということ：日中：知の共同體プロジェクトの經驗から〉，「韓日，連帶21」發表紀念討論會「韓日，構想新未來」（首爾：2004.11.19）發表論文。他指出，在「日中：知的共同體」運動中強調全體的文脈的個別性與差異的局面比較多，而在對普遍性的認識上還受西洋的認識框架的局限，具有否定的傾向。可是從現實的具體事例來說，許多情況下更需要重視的是普遍性，而不是個別性。

　　如果從上述觀察來理解金基鳳的文脈的共有，他忽視了各國文脈上的個性，對於其中所存在的內在的普遍性也重視不夠。換句話說，我們不能不有這樣的疑問，是不是因為其對國民國家持批判和不信任態度，為方便起見轉而依賴東亞呢？對此我個人比較傾向於支持這樣的質疑：「強調脫民族主義，會不會反而容易忽視那些本來有助於世界史脫近代的地域和民族課題，從而對真正的脫近代是否失去了動力？」我比較重視近代世界中國民國家所處的複合的、重層的關係，因而苦心探索能夠在保持個性的同時，得出普遍性的、有彈性的方案，最終想到了本國史與地域史溝通的「自我擴充和充實的東亞史」。

四、「自我擴充和充實的東亞史」

　　上面分別批判分析了「自我擴充的東亞史」和「自我充實的東亞史」，最初提了「自我擴充和充實的東亞史」這一解決方案，下面將詳細說明其內容。可是首先為了確認「東亞教科書」在韓國社會並不是憑空突然冒出來的，要簡單介紹一下它的出現背景。

　　根據解放之後美軍政期（1945-1948）所制訂的教授要目（1948），世界史教科書（1948）由「遙遠國家的生活」（中學一年級）、「近鄰國家的生活」（中學二年級）和「人類文化史」（中學4-6年級）三科目構成，其中《近鄰國家的生活（歷史）》就是東亞史教科書。這一教科書對於學習「近鄰國家的歷史」的意義是這樣闡述的：

　　　學習近鄰國家歷史的本意，是為了更好地從相互關係中，理解
　　　中國等在政治和文化上關係密切的近鄰國家和民族的興亡盛
　　　衰、和文化發展的軌跡，進而瞭解東洋的各民族和文化如何產

生，又是如何發展變化的，以及這些近鄰國家的民族和文化與我國關係如何，我國對於這些民族的使命和文化的地位如何。

據此可知，所謂近鄰國家指的是中國等與我國關係密切的各個國家和民族，著重敘述這些國家的民族和文化歷史中與我國的關係史，目標是爲了闡明我國的使命和地位。因爲像這樣重視與韓國史的關係，所以在《序言》中強調，「對與國史有關的史實儘量詳細敘述其相互關係，以闡明國史與近鄰國家歷史之間的連貫性。」[18]

《近鄰國家的生活(歷史)》作爲臨時教科書通用之後，沒有再編撰和使用過東亞史教科書，而是使用國史和世界史教科書。可是到了20世紀1950年代後期，中國史學者李東潤要求改編過去以歐洲爲中心的世界史教科書，強調有必要編寫「亞洲的世界史」。即「在緊密聯繫韓國歷史的情況下重新考察中國、中亞、東南亞的歷史，引導學生用演繹法而不是用歸納法認識亞洲中心的世界史」。這種觀點在打破歐洲中心主義方面引人注目，但是也應該看到，它有重新回歸作爲歷史教科書三分科之一的東洋史的危險。他自己也明確指出，「萬一編撰這種教科書有困難，還不如將現在按照時代劃分來搭配東西洋史的世界史，改爲東洋史篇和西洋史篇，這樣做無論對於指導教師或是受教育的學生，以及從教育效果看，都更具優越性。」[19]

此後雖然沒有人再主張單獨編寫東亞歷史教科書，但因爲歷史

18　金庠基、金日出、金聖七編，《近鄰國家的生活(歷史)》(同志社，1949)。封底上印有「文教部檢定畢中等社會生活科」字樣。當時初級中學校受美國學制的影響，將地理、歷史和公民統合爲社會生活科(Social Studies)，作爲幫助學生理解社會生活的一門課程。

19　李東潤，〈當前世界史教育的課題〉，《歷史教育》2號，1957。

學界的學風重視包括韓國史在內的東亞史的內在發展，亞洲史在世
界史中的分量加大，並追求對亞洲各個文化圈的均衡敘述。最近，
中國史學者柳鏞泰再次提出需要建立「作為從一國史到世界史的中
間單位的地域史」，即東亞史。

> 如果建立了具有獨特文明的地域的歷史，那麼我們就可以將許
> 多在國家史或以國家史為主的世界史中被忽視的部分納入其
> 中。以此為基礎，也能更準確地理解東亞與其他地域的相互關
> 係。這樣世界史就不會陷入歐洲中心主義，國家史也不會陷入
> 情緒化的本國中心主義。[20]

　　值得關注的是，他在主張建立地域史的同時，也在一定程度上
承認國家史的作用。他的主張為我們指出了本國史與地域史相互疏
通的方向，即「自我擴充和充實的東亞史」方向。
　　當學術界出現這樣的討論時，政府也推出了開始東亞史選修科
目的方針。聽到這個消息，對於向來主張「韓國史與東亞史的和解」
的我來說，既感到高興又有點張惶，所以不得不考慮如何評價這一
方針的問題。
　　教育部為開設這一科目而促進教育課程開發的直接原因，根據
「東亞史教育課程試用方案開發」共同研究組（以下簡稱「開發組」）
的闡述，是「為了化解東亞國家之間現存的歷史矛盾，通過面向未
來的歷史教育培養正確的歷史認識，以奠定東亞和平與繁榮的基礎」
[21]。從原則上說，我支援這種立場。可是在我看來，目前還沒有完

20　柳鏞泰，〈多元的世界史與亞細亞，以及東亞〉，頁339。
21　安秉佑等，《東亞史教育課程試用方案開發》，2006年度東北亞歷

全具備在政府主導下編寫東亞歷史教科書的條件。我之所以這樣說，不是因爲將東亞史視爲一個單一歷史認同的可能性尙未確立；相反，東亞史將統合爲單一歷史系統的歷史與現實的必然性，在某種程度上早已具備。那麼，問題到底在哪里呢？

　　首先，我們來分析一下歷史教科書這種敘述方式自身所存在的問題。近代教科書一般被認爲是爲國民統合而以鼓吹國民（民族）意識爲主要目的的制度化裝置，所以歷史教科書的敘述方式，也需要採用國別的通史、通說、綜合史。「開發組」所擬東亞史教育課程的內容體系，當然也採取了這樣的敘述方式。可是大家越來越覺得，這種以時代史爲中心的通史體系導致各個主題的內容分散，難以整理[22]。因此，以這一試用方案爲基礎而編寫的教科書，能否實現培養能爲「未來東亞和平與繁榮奠定基礎」的眼光和姿態，還值得懷疑。它也許會成爲不受學生歡迎的，但因考試必考而不得不學的又一教科目而已。

　　儘管對這種歷史教科書式敘述方式有種種批評，但是我並不否認，編寫新的東亞史教科書，應用到教育現場進行教授，本身有其

（續）

　　史財團受教育部委託學術研究課題結果報告書。去年2月最終宣布在教育課程中設「東亞史」科目。新教育課程最早將在2012年第一學期開始進行。因此將在2010年上半期發表教科書審定公告，各出版社根據這個日程安排，利用2007年到2009年的兩年時間編寫教科書。

22　上面提到的結果報告書中所登載的對李銖日（亞細亞和平與歷史教育連帶常任共同代表）的提案的討論文，也提出了類似的看法。根據這個報告書，這一教育課程在構成方式上將按照時間順序將東亞史分爲六個單元，每個單元根據授課需要設4-5個要點。在單元劃分上，將從東亞地域史整體觀點出發，以巨大社會變化爲標準劃分時期，以表現社會變化特徵的內容爲單元名稱。

意義。這裡想強調的是，應該聯合現行歷史教科書審定有關制度之內和制度之外的力量，進一步推進改革[23]。從這種觀點來看，在現行(歷史)教科書審定政策下，敘述方式很難不受限制的自由發揮。因此首先應將教科書審定制度改爲自由發行制度，至少應該一方面要求有關當局採取從審定制度到自由發行制度的過渡措施，即較低階段的審定制度，另一方面在制度之外努力編寫自由敘述的替代性歷史教科書(實際上相當於輔助教材)。當然，這兩方面的行動也是相輔相成的。

　　下面再分析一下與敘述方式互爲表裡的敘述內容問題。教科書比較容易偏重以國家爲中心的內容。「開發組」的試用方案規定東亞史「是將以韓中日三國爲中心的東亞地域作爲一個歷史單位進行教授的科目」。雖然說是將東亞作爲一個歷史單位，將「韓中日三國」爲中心，也很難打消我們對這一問題的擔憂。在我看來，實現本國史與地域史的疏通，必需從「二重周邊的視角」出發來進行敘述。只有這樣才能克服以國家爲中心的歷史敘述，超越單純比較三國歷史的階段，描述出相互連貫的地域史，也只有這樣才能正確反映韓國在東亞史中的地位。關於這點，我想引用一下我以前文章中的一段說明。

　　我想強調的是，應該同時具有東亞內外「二重周邊的眼光」，即在西歐中心的世界史展開過程中被迫走向非主體化的東亞這一周邊的眼光，以及東亞內部位階秩序中的周邊的眼光。如果用這種「眼光」重新來看東亞的歷史，既合作又對立的東亞歷

───────────────

23　比較詳細的說明可以參考拙稿：〈東亞歷史教科書與歷史教育〉，《二十一世紀》，2005年8月號。

史的全貌，就能很好地展現出來。尤其是在東亞秩序的歷史中，隨著中心從中國（帝國）到日本（帝國）再到美國（帝國及其同夥日本）的這種變化，我們對他們的歷史記憶如何變化，又有哪些重疊部分，需用複合的敘述。[24]

如果堅持用這種視角來進行歷史教育，不僅能夠克服「歐洲中心性」和（最近注意到的）「中國中心性」，而且還可以帶來這樣的效果，即準確敘述處於東亞地域之外卻又是東亞內在的「我們中的美國」的存在。還有，提倡從東亞的脈絡來重新看韓國史時，常常遇到的一個問題，就是如何解決韓國的正體性問題，即在東亞中韓國是什麼的問題。在東亞內中心─周邊的位階秩序變遷史中，通過韓國這樣作為周邊存在的視角，可以從整體上把握東亞位階秩序延續的歷史體系對東亞人的生活的影響。

此外，我所說的「東亞內部位階秩序中的周邊」並不限於國家；那些在重視國家的作用的同時，還試圖打破以國家為本位的狹隘的思維方式，努力完成這種二律背反課題，維持著知性緊張的多種多樣的主體，也應該包括在內[25]。因此，探索他們的存在形態，揭示其歷史意義，也許是歷史敘述的重要課題，可以走出一條克服國家中心的歷史敘述的道路[26]。

---

24 筆者對《開創未來的歷史》的書評，《創作與批評》2005年秋季號。
25 尤其應該重視在國民國家形成過程中因處於周邊的地位而被忽視的，在國家的縫隙中生存的無數的「不具備國家形態」的社會，以及不受國境限制的散布在國外的人群。將他們所存在的較為自由的空間作為資源，尋找東亞人共生和共同進化的可能性。拙稿，〈從周邊看東亞〉，白永瑞等編，《從周邊看東亞》（文學與知性社，2004）。
26 對「二重周邊的視角」的有效性持有同感的文章可參見辛珠栢〈創

　　最後，我還要強調一點，即這種東亞史教科書應該得到其他國家，至少能夠得到東亞人的理解和接受。這裡，我要引用較早提倡東洋史學聯繫韓國史的重要性的高柄翊教授的一段話：

> 對於外國人，尤其是具有較多歷史和文化的親近性的東亞其他國家的讀者來說，即使內容上的評價和結論有所不同，至少在敘述的準確性和理論的合理性方面能夠得到他們的首肯。不僅在研究階段如此，在敘述和評價上也尤其如此，只有把眼光放到東亞全體，所得出的主張才更具說服力。[27]

　　這段話所要強調的，正是在東亞相互疏通的重要性。用我的話來說，也就是歷史敘述必需追求「溝通的普遍性」。如果說普遍性（比真理更貼切）是廣泛承認和同意的東西，那麼要得到同意，則必需得到多數的承認和接受，所以認識主體之間的溝通遂成爲前提條件[28]。可是在現實生活中，屬於未經溝通的（因此是壓制的霸權的）普遍性（uncommunicative universality），或者是溝通的個別性的例子更爲常見。那麼怎樣克服這些問題，實現歷史敘述上的溝通的普遍性（communicative universality）呢？

　　我在上面引用島村輝的觀點時，強調了賦予各自文脈上的個別

（續）──────────────────

　　造東亞歷史〉，《創作與批評》2006年夏季號，頁367。
27　高柄翊，《東亞文化史論考》（首爾大學校出版部，1997），頁374。
28　姜正仁將普遍性理解爲「廣泛通用或適用的真理、價值和文化，而不是指超越時間和空間的有效的真理、價值和文化」。從這種意義上看，他所說的「普遍性」（wide applicability）與葛蘭西所說的霸權有相通之處，因此重視的不是理性的討論，而是物理力量和霸權的作用。姜正仁，〈論評：我們之內的普遍性〉，《經濟與社會》2006年冬季號。

性以及相互理解的可能性的普遍性，並說明這就是「溝通的普遍性」的根據。總之，我要強調的是，能夠使溝通成為可能的普遍性要素存在於個體之內，因此在個體間溝通過程所產生的共感和想像力的彈性的作用下，普遍性能夠得以確立。在寫這篇文章的過程中，非常高興地發現，上述想法在韓國學術界也引起了一定的共鳴。曹喜昖期待著「在我國的特殊爭點與其他國民國家的特殊事例相貫通，洞察其具有普遍性的層面的努力」中，「得出我們特殊的論點和鬥爭中所內在的，亞洲所共感的，世界所共感的具有普遍性的資訊共同擁有」[29]。這說明以追求普遍性為目標的溝通過程已經開始了。

五、結語：疏通的普遍性——兩個例子

行文至此，我感到上面所論述的，或者本文所提出的「溝通的普遍性」的意義尚不十分明確，也許還有讀者對此持懷疑態度，所以這裡不憚畫蛇添足，再作一些補充說明。下面將通過具體事例來說明追求溝通的普遍性的東亞史敘述的可能性。

曹喜昖通過「從軍慰安婦問題」和1980年5月的「光州虐殺」等個別的特殊事例，說明對於「帝國主義、國家暴力，與戰爭有關的性暴力」，或「國家權力實行的集體虐殺行為」，應該從更為抽象的範疇來理解，因此提出了「普遍的讀解」方案。這就是表現了我所說的「溝通的普遍性」的歷史敘事的一個很好的例證。

這裡我還要再前進一步，比較分析東亞對8‧15持有怎樣的集體

---

29 曹喜昖，〈我們之內的普遍性：知識的、學問的主體化道路〉，《我們之內的普遍性》（Hanul社，2006），頁51。姜正仁將這解釋為「準普遍性」（姜正仁，前引文），而我則認為這是追求普遍性過程中不斷疏通的過程。

記憶的研究[30]，也可以用「二重周邊的眼光」重新進行分析。

　　東亞人對於1945年8月15日的記憶並不是單一的。比較容易想到的是，在韓半島人們爲從日本帝國主義殖民統治下獲得「解放」而慶祝，而在中國慶祝的是對日本帝國主義戰爭的「勝利」，而在日本人的記憶中則是第二次世界大戰中的「敗戰」和「終戰」。如果再仔細分析一下對於某一特殊日子如何紀念的，各自的情況就不是如此簡單了。對於8月15日的記憶也不是固定不變的，而是在各個集體圍繞記憶相互競爭的過程中形成和變化的。不僅過去是這樣，將來也依然如此[31]。因此，針對各種8‧15記憶之間的差異，打破各自的文脈，也就能有助於東亞人更深入地理解相互間的個別性，促進彼此之間的對話。

　　可是，在彼此的文脈不斷走向相對化的過程中，如果僅僅將各自的文脈視爲等價物，則容易掩蓋住東亞史的位階構造。因爲各自的文脈分別處於中心─邊緣的位階秩序之中，所以要聯繫這一構造進行敘述。此外，我們所要關注的並不僅僅是究竟以哪一天爲戰爭結束日的問題，而是需要這樣的一種歷史敘述，即在承認對8‧15

30　參照亞細亞和平和歷史教育連帶編《韓中日三國的8‧15記憶》（首
　　爾：歷史批評社，2005），以及佐藤卓己、孫安石等日本共同研究
　　組 正在進行的8‧15比較研究。他們的研究成果見於佐藤卓己、孫
　　安石編，《東アジアの終戰記念日》ちくま新書（東京，2007）。

31　在日本，將8月15日稱為「終戰紀念日」，這一天只不過是天皇發
　　表了廣播講話，實際上9月2日才在投降書上簽字，所以也有人主張
　　以9月2日為終戰紀念日。在中國大陸，將9月3日（雖然日本於9月2
　　日與同盟國簽訂了投降書，蘇聯將9月3日定為勝利日）定為「抗日
　　戰爭勝利紀念日」。台灣將國民政府正式接收台灣的10月25日指定
　　為公休日，作為光復節來紀念，2001年起不再作為公休日。這與台
　　灣獨立論的興起有關。韓半島的南邊稱為「光復節」，北邊稱為「解
　　放紀念日」。

的記憶具有各別性的同時，更要突出其內在的普遍性，也就是東亞人擺脫（包括日本帝國主義在內的所有的）暴力，追求解放和和平的普遍願望。

在東亞的位階秩序中具有多重地位化的國家與社會，尤其處於周邊位置的主體，以及他們發言的顛覆性，最能表明這一點[32]。當我第一次看到在琉球（沖繩）發行的1945年8月15日報紙以「渴望的和平，漸漸到來！！」為標題[33]，非常感動。像殖民地朝鮮人一樣，琉球人也在聽到8月15日日本天皇宣布投降的廣播講話之後，已經感知到高壓的東亞史開始發生轉變。

這正可以作為走向溝通的普遍性的指南針，為我們打開了通向（本國史與地域史相溝通的）東亞史的道路。

白永瑞，韓國延世大學史學教授，並擔任季刊《創作與批評》編輯；前任中國近現代史學會（韓國）會長。論著包括《回歸東亞：探索中國的近代性》（2000），《東亞地域秩序：超越帝國走向共同體》（主編）（2005），《ポスト〈東アジア〉》（2006），並有論文在《臺灣社會研究季刊》發表。目前研究集中於東亞細亞論述比較研究，和20世紀東亞細亞歷史學的歷史。

---

32 關於琉球的終戰紀念日的討論，使日本和平所具有的暴力性，在日朝鮮人對8‧15的記憶，作為韓半島和日本脫殖民、脫冷戰的課題之一，再次浮出水面。福間良明，〈沖繩における終戰の變容〉；尹建次，〈在日からみた8月15日〉。這兩篇文章收入2007年韓國言論情報學會春季定期學術大會（首爾：2007.4.28）資料集《對數碼媒體的反思性討論》。

33 〈渴望の平和 愈愈到來!!〉，《ウルマ新報》第4號，1945.8.15. 這一材料是香川大學的福間良明教授介紹給我的。

中國哲學
危機與出路

省思中國哲學研究的危機
——從中國哲學的「正當性問題」談起

李明輝

　　前(2006)年年底，筆者先後在深圳大學出席了「『中國哲學』建構的當代反思與未來前瞻」國際學術研討會，在香港中文大學出席了「中國哲學研究方法論」研討會。前者探討近年來在大陸學術界熱烈討論的「中國哲學的合法性(正當性)問題」。後者顧名思義，是探討中國哲學研究的方法論問題。參加了這兩個研討會之後，筆者發現：與會者在這兩個研討會中的發言內容有高度的重疊。這反映出一個顯而易見、但卻未受到充分注意的事實：由於「中國哲學」這門學科是在西方哲學的參照背景下建構起來的，今日的中國哲學研究根本無法迴避它與西方哲學的關係。

　　隨後於去年元月，筆者出席了國科會哲學學門委託淡江大學舉辦的「中國哲學之教學與研究」論壇，並發表引言。國科會近年來有關專題計畫申請與補助的統計資料顯示：在台灣的哲學界，中國哲學研究相較於西方哲學研究，正在日益萎縮中。有鑒於此一危機，國科會哲學學門主動規畫了這個論壇，邀請國內與中國哲學之研究與教學相關的學者與研究生出席，共同探討問題的癥結，並謀求解決之道。這個論壇的主題與上述兩場研討會的主題也有高度的重疊，故可以一併加以思考。本文係以筆者在該論壇發表的引言為基礎，加以擴充而成。

　　「中國過去是否有哲學？」這個問題，其實並不是一個新問題。在中國，清末以來便不時有人提到這個問題。在西方，自17世紀的啓蒙運動以來，亦不乏哲學家與漢學家討論這個問題。1949年以後，在台灣、香港及西方，這個問題雖未成爲熱門議題，但仍不斷有學者對這個問題表示意見。譬如，在牟宗三先生1963年出版的《中國哲學的特質》一書中，第一講便是〈引論：中國有沒有哲學？〉。在此，他強烈反駁「中國沒有哲學」之說，但同時強調其重點與西方哲學不同：中國哲學特重主體性，是以生命爲中心。

　　這個問題之所以出現於21世紀初的大陸學界，實非偶然。從1949年起，中國大陸經過30年的自我封閉之後，於1970年代末期重新對西方世界開放。在往後的20年間，大陸的知識界面對西方文化的直接衝擊，產生如何自我定位的問題。中國哲學的正當性問題，其實便是一個自我定位的問題。台灣與香港當然也有自我定位的問題，但由於這兩個社會始終未曾斷絕與西方世界的聯繫，故可以較從容地面對這個問題，中國哲學的正當性問題，也因而並未成爲熱門的議題。

　　眾所周知，「哲學」一詞並非中國固有的名詞。日本學者西周（1829-1897）在1866年出版的《百一新論》中首度以漢字將希臘文的philosophia一詞譯爲「哲學」，其後爲中國知識界所廣泛採納而沿用至今。再者，直到清末爲止，在中國傳統的教育體制中並不存在「哲學」這門學科。即使在西方，哲學之成爲一門學科，也有待於近代大學體制之建立。

　　在19世紀初，清廷開始模仿西方，建立現代的教育體制。1902年清廷頒布各級學堂之章程，成爲「欽定學堂章程」，亦稱「癸卯章程」。1903年清廷命張之洞會同張百熙、榮慶重新擬定各級學堂

章程，而成為「奏定學堂章程」，於次年頒行。這是中國第一個現代學制。「奏定學堂章程」將哲學科排除於高等學堂的課程之外，引起王國維(1877-1927)的批評。他於1903年發表了〈哲學辨惑〉一文，在文中強調：一、哲學非有害之學；二、哲學非無益之學；三、中國現時研究哲學之必要；四、哲學為中國固有之學；五、研究西洋哲學之必要。王國維可說是近代中國最早主張將「哲學」這門學科納入高等教育體制的人。

　　由於「哲學」一詞及「哲學」這門學科都是到了近代才由西方引進中國，有些西方學者便據此主張：中國的傳統文化中並無哲學，故所謂的「中國哲學」(Chinese philosophy)並不存在於中國歷史之中，而是近代中國學者在接觸了西方哲學之後建構出來的，嚴格而言，應當稱之為「哲學在中國」(philosophy in China)。但是這種主張忽略了一項微妙但卻重要的區別，即是「作為思想傳統的中國哲學」與「作為現代學科的中國哲學」之區別。在討論到「中國過去是否有哲學？」這個問題時，這項區別極為重要，因為它可以消弭若干無謂的爭辯。根據這項區別，我們可以肯定中國歷史上確實存在「作為思想傳統的中國哲學」，而同時承認「中國哲學」這門學科是近代中國人在西方文化的影響之下根據西方哲學的模式建構起來的。

　　釐清了「作為思想傳統的哲學」與「作為現代學科的哲學」之區別之後，我們還是得面對「作為思想傳統的哲學」所包含的複雜涵義。在西方，就其為思想傳統而言，「哲學」這個概念包含一個長期的演變過程，在不同的時期呈現出極為不同的面貌。因此，在西方並不存在一個公認的判準，可以用來決定：哪些思想屬於哲學？哪些思想不屬於哲學？否定中國過去有哲學的學者經常訴諸一項對比：中國傳統「思想」偏重實踐智慧與道德工夫，而西方「哲學」

偏重理論思辨與方法反思。不少西方學者強調這種對比,甚至有些中國學者也附和此說。但這其實是對西方哲學傳統的窄化。

針對這種誤解,法國哲學家哈寶(1922-)在其名著《精神訓練與古代哲學》[1]中,特別強調在西方古代哲學(希臘、羅馬哲學)中「哲學作爲生活方式」的意義。他根據西方古代的哲學文獻極有說服力地證明:在古代西方,哲學主要是一種「生活方式」。他認爲:一般人對西方古代哲學的誤解,係由於後代的哲學史家將「哲學」與「關於哲學的論述」混爲一談,而將「關於哲學的論述」當作「哲學」本身。根據他的解釋,「哲學作爲生活方式」之義的失落在中世紀與近代都有其歷史根源:在中世紀,歸因於哲學被工具化而成爲神學的婢女;在近代,則歸因於哲學被納入大學體制而學科化。無怪乎他會說:「我現在覺得〔……〕在〔西方〕古代的哲學態度與東方的哲學態度之間確實有驚人的類似之處。」[2]根據哈寶對西方古代「哲學」概念的重建,即將「哲學」界定爲一種「生活方式」,誰能否定中國過去有長遠而豐富的「哲學」傳統呢?

因此,以上兩點(「作爲思想傳統的哲學」與「作爲現代學科的哲學」之區別,以及「哲學」在西方的複雜涵義)是我們在思考「中國過去是否有哲學?」這個問題時不可忽視的事實。王國維的〈哲學辨惑〉一文便顯示出這種認識。例如,他針對「哲學爲中國固有之學」這點解釋說:

今之欲廢哲學者,實坐不知哲學為中國固有之學故。今姑舍諸

---

1   Pierre. Hadot, *Exercices spirituels et philosophie antique* (Paris: Etudes Augustiniennes, 1981).

2   Pierre. Hadot, *Qu'est-ce que la philosophie antique?* (Paris: Gallimard, 1995), p. 419.

子不論，獨就六經與宋儒之說言之。夫六經與宋儒之說，非著於功令而當時所奉為正學者乎？周子「太極」之說、張子《正蒙》之論、邵子之《皇極經世》，皆深入哲學之問題。此豈獨宋儒之說為然？六經亦有之。《易》之「太極」、《書》之「降衷」、《禮》之〈中庸〉，自說者言之，謂之非虛非寂，得乎？今欲廢哲學，則六經及宋儒皆在所當廢〔……〕

針對「研究西洋哲學之必要」這點，他又解釋說：

〔……〕說者曰：哲學既為中國所固有，則研究中國之哲學足矣，奚以西洋哲學為？此又不然。余非謂西洋哲學之必勝於中國，然吾國古書大率繁散而無紀，殘缺而不完，雖有真理，不易尋繹，以視西洋哲學之系統燦然，步伐嚴整者，其形式上之孰優孰劣，固自不可掩也。且今之言教育學者，將用《論語》、〈學記〉作課本乎？抑將博採西洋之教育學以充之也？於教育學然，於哲學何獨不然？**且欲通中國哲學，又非通西洋之哲學不易明矣**。近世中國哲學之不振，其原因雖繁，然古書之難解，未始非其一端也。苟通西洋之哲學以治吾中國之哲學，則其所得當不止此。**異日昌大吾國固有之哲學者，必在深通西洋哲學之人，無疑也。**

在一個世紀之後的今天看來，王國維的這段話依然具有深刻的意義。從這個觀點出發，筆者要指出在中國哲學研究中的兩個錯誤的進路：第一個進路是將中國哲學完全納入西方哲學的概念架構裡，並且從西方哲學的視角來衡斷中國哲學。第二條進路則是反其道而行，將「中國哲學」（或「中國思想」）與西方哲學完全分離，

以期保持中國哲學的主體性或特殊性。

第一條進路的缺點顯而易見。過去中國大陸哲學界以庸俗馬克
思主義的格套(如日丹諾夫以唯心論與唯物論兩條路線的鬥爭來詮
釋哲學史)來詮釋中國哲學,這對中國哲學研究所造成的束縛與傷害
是有目共睹的。因此,自1980年代以後,大陸哲學界已逐漸揚棄了
這種研究方法。另一個例子是明末清初的耶穌會傳教士從耶教的觀
點來詮釋儒家思想,並評斷中國傳統文化,例如他們以耶教的 Deus
來詮釋中國古籍中的「天」或「上帝」,並判定宋明理學是無神論。
台灣的士林學派對於儒家思想之詮釋,基本上仍延續這個方向。

或許是由於這些歷史的教訓,今日在中國大陸與台灣都有學者
強調,要避免用西方哲學的概念與框架來詮釋「中國哲學」。為了
凸顯中國傳統的獨特性與主體性,有些學者甚至避免使用「哲學」
一詞,而寧可以「中國思想」來取代「中國哲學」。他們要重建不
受西方哲學所污染的「原汁原味」的中國哲學(或中國思想)。若干
西方漢學家的主張也與此相呼應。近年來在美國漢學界極為活躍的
「新實用主義論述」(neo-pragmatistic discourse)便屬於此類。其代
表人物有芬加瑞(Herbert Fingarette)、羅斯孟、葛瑞漢(A.C.
Graham)、艾諾(Robert Eno)、陳漢生(Chad Hanson),尤其是郝大
維與安樂哲等人。這些學者並不否認「中國哲學」的存在,但是他
們特別強調中國哲學的獨特性,甚至認為這種獨特性是中國哲學優
於西方哲學之處。因此,他們極力避免借用西方哲學的概念來詮釋
中國哲學。譬如,郝大維與安樂哲反對當代新儒家用「超越性」
(transcendence)這個概念來詮釋儒家的「道」或「天」。由於不滿
意中國經典過去的英譯本摻雜了太多的西方概念,安樂哲還與羅斯

孟共同重譯《論語》[3]，與郝大維共同重譯《中庸》[4]。此外，德國
學者傅敏怡等人將張載的《正蒙》譯爲德文[5]時，也刻意避免使用西
方哲學的術語。

　　這些學者試圖保存中國哲學(或中國思想)的獨特性或主體性的
用心值得肯定。他們警告中國哲學的研究者，不要將西方哲學的概
念與思想架構強加於中國哲學的詮釋之上，也確有一定的針砭作
用。但是他們往往推論過當，過分強調中國哲學與西方哲學在本質
上的差異，而陷入了第二條研究進路之錯誤。

　　第二條研究進路之錯誤在於：第一、就歷史發展而言，所謂「原
汁原味的中國哲學」，正如「原汁原味的西方哲學」一樣，都是沒
有根據的說法。第二、從現代哲學詮釋學的觀點來看，探求「原汁
原味的中國哲學」，正如探求作者的「原意」一樣，都是無意義之
舉。第三、在一個全球化的時代，文化間的交流(包括不同語言之間
的相互影響)已成爲常態，此時猶強調中國哲學的純粹性，乃是時空
錯置之舉。第四、哲學思考的本質在於其普遍性要求，將中國哲學
局限於特定的文化脈絡中，無異於否定中國哲學的生命，將它「博
物館化」，亦將扼殺其未來發展。

　　此外，他們往往過分強調西方哲學的獨特性，而忽略了西方哲
學最初是在古希臘文化與多種文化(如埃及文化、西亞文化)相互影

3　Roger T. Ames & Henry Rosemont, Jr.(trans.), *The Analects of Confucius: A Phlosophical Translation*(New York: The Ballantine Publishing Group, 1998).

4　Roger T. Ames & David L. Hall, *Focusing the Familiar: A Translation and Philosophical Interpretation of the Zhongyong*(Honolulu: University of Hawaii Press, 2001).

5　Michael Friedrich, Michael Lackner, & F. Reimann (Übers.), *Chang Tsai: Rechts Auflichten. Cheng-meng*(Hamburg: Felix Meiner, 1996).

響的背景下誕生的，以後更不斷地受到其他文化(如羅馬文化、希伯來文化、阿拉伯文化、日爾曼文化)的影響。換言之，所謂「西方哲學」，其實包含非常多元、甚至相互衝突的成分，決非鐵板一塊。過分強調「西方哲學」與「中國哲學」之本質差異的人，往往忽略了這項顯而易見的事實。哈寶的上述研究也證實了這項事實。

進而言之，如果我們承認：今日研究中國哲學的目的在於進一步發展中國哲學，則我們所要追求的並非「純粹的中國哲學」，而是「雜種的中國哲學」。在此不妨以「台灣牛肉麵」爲象徵，來說明這種「雜種的中國哲學」。我們都知道：台灣人原來不吃牛肉，故牛肉麵並非台灣固有的菜餚。據說，台灣牛肉麵是來自四川的榮民在左營眷區創造出來的，而在四川則見不到這種牛肉麵。但是今天「台灣牛肉麵」儼然已成爲具有代表性的台灣美食，台北市政府每年都舉辦「牛肉麵節」，連香港機場也有「台灣牛肉麵」的專賣店。「台灣牛肉麵」象徵「繼承中的開拓」與「交流中的獨創」，這正是我們應該追求的目標。

大陸的中國哲學研究，目前面臨一個很嚴重的問題：由於過去僵硬的學科劃分，中國哲學與西方哲學的研究者分別屬於兩個彼此不相干的社群；大體而言，前一個社群欠缺西方哲學的訓練，後一個社群則欠缺對中國哲學的興趣與基本知識。結果，中國哲學之研究往往只停留在文獻考證與學術史的層面，很難進入哲學思考的層面，面對哲學問題。近年來，有些西方哲學的研究者轉而研究中國哲學，但由於他們多半欠缺關於中國哲學的基本知識，加以有意無意地以西方哲學的優越性爲前提，他們對中國哲學的詮釋與評斷都相當粗暴而武斷。最近的例子，是武漢大學教授鄧曉芒對傳統中國哲學與當代新儒學的批評。

相形之下，台灣的情況稍微好一點。因爲台灣的哲學系學生通

常必須兼學中西哲學。但是在台灣的中文系與哲學系之間，還是存在一個類似的困境：中文系出身的人對文獻較爲嫻熟，但欠缺哲學訓練與問題意識；哲學系出身的人較具哲學訓練與問題意識，但欠缺解讀文獻的能力。友人謝大寧在其《儒家圓教底再詮釋》一書的〈序言〉中，表達了一位出身中文系的中國哲學研究者在這方面的焦慮：「坦白說，這些年來中文學界關於義理詮釋這一課題，早已被哲學界侵吞得不成名堂了，哲學界挾其強勢的知識型態和論證能力，逐步迫使傳統中文學界的義理之學退縮到僅能進行文獻疏理的地步。」近年來，大陸的哲學界對此問題已有所反省，而謀求補救。有的哲學系(如廣州中山大學哲學系)已調整課程，要求學生同時修習中西哲學的課程。但台灣卻有哲學系反其道而行，將中西哲學分組，實爲不智之舉。

　　李明輝，中央研究院中國文哲研究所研究員。主要著作有《儒家與康德》、《當代儒學之自我轉化》、《康德倫理學發展中的道德情感問題》(德文)、《儒家思想在現代中國》(德文)、《孟子重探》、《四端與七情：關於道德情感的比較哲學探討》、《儒家視野下的政治思想》等。目前的研究主題爲康德法哲學與朝鮮儒學。

跨文化動態中的當代漢語哲學

何乏筆（Fabian Heubel）

一、考古學與「我們的現代性」

在17世紀，中國透過基督教傳教士開始接觸現代歐洲的科學與技術。在19世紀，以帝國主義的暴力擴充的現代性，瓦解中國的政治基礎。然而，到了21世紀，「西方」所迫使的「東方」現代性，已經在許多方面對現代化的原先推動者發生了深遠的影響（目前此影響主要出現在經濟的領域中）。因此，在現代性的全球化之後，「我們」對現代性的分析不能再局限於歐美世界，更必須跨出歐美的範圍，朝向跨文化的分析。如此才能使當代的問題反映在哲學反思之中。問題在於：就哲學而言，其他文化圈的歷史資源（如同中國的歷史），對反省現代性，如何可能發揮更積極的作用？倘若現代化已使整個人類成為內在性的關係網絡，對「我們現代性」及其界限的歷史分析，便要能夠無分軒輊連接到歐洲的或中國的歷史資源。這意味著「中國」不再是一種「異質空間」（或譯異托邦）（hétérotopie），不再是外在（於西方）的現代性，反而是內在（於全球）的現代性。

就傅柯的考古學而言，思想的界限在於思想的「不可能性」。

傅柯一生致力於思考西方世界及其理性的界限，但他從未想過，「中國」的知識對進行「我們現代性」的考古學分析可能有意義。在《詞與物》的前言中，「中國」僅是以一種當作笑料的虛構「異質空間」出現。法國漢學家／哲學家于連（François Jullien）有關中國思想與文化的分析，經常或隱或顯牽涉到傅柯的概念。因此，討論當代哲學與中國文化的關係問題，無妨以于連科作為進一步討論的切入點。

由現代中國學者的角度觀之，「西方」絕不可能僅是「方法上的措施」、產生理論效果的「域外」（dehors）。因為「西方」透過帝國主義的暴力所產生的影響，不僅強烈衝擊「中國傳統」，「西方」更成為現代中國的組成部分。「跨文化性」因而已成為當代漢語哲學的關鍵要素。于連將中國視為「域外」或「外部性」（extériorité），是針對前現代的中國，亦即中國與歐洲在歷史和語言上互相陌視而獨自發展的那一長久時段[1]。此一策略性的進路首先著重歷史的「本源」，強調「我們」（歐洲人、西方人）在「我們原先框架」中的根源。就于連來說，確定中國的外部性極為「簡單」，因為它不屬於「我們」成長及置身的情境。但此觀點看似過於簡單，從而引出為何于連要應用傅柯的「異質拓樸學」來加以說明的質疑。一旦于連進一步嘗試以建構式的方式修正這一看似文化本質主義的立場，此關連的理由便逐漸明朗：他將在「比較研究的工地」上的工作視為一種「他性的建構」[2]。藉由此一工作，那一原先被預設的「我們」便是解構的對象。於是，將中國視為「異質空間」與一種由域外所進行的解構互相交錯[3]。從比較哲學的方法論反思，連接在

1　Jullien, *Chemin faisant, Connaître la Chine, relancer la philosophie* (Paris: Seuil, 2007), pp. 32-35, 85.

2　Jullien, *Chemin faisant*, p. 86.

3　Jullien, "De la Gréce à la Chine, aller-retour," *Le Débat*, no. 116,

地理和歷史被給予的外部性與他性建構的雙重進路，的確是目前最
爲前衛的立場之一。

　　對于連將中國視爲異質空間的質疑，乃針對從歷史的「互相漠
然的狀態」到建構當代差異的理論過渡。然而令人驚訝的是，從歐
洲與中國間的異質空間的關係，過渡到中國思想對當代歐洲哲學的
重要性時，他對中國現代性的問題竟視若無睹。在于連有關當代哲
學的理解中，當代漢語哲學顯然是缺席的：它在歐洲等於「哲學」、
而中國等於「智慧」的差異架構中被遺漏。因此，在建構式的比較
工作中所開展的「共同質問」[4]，便只有在歐洲當代哲學的框架中才
有意義。于連無法思考法語當代哲學與漢語當代哲學面對共同問
題、並且產生動態互動的可能性。他無法思考中國的哲學現代性。
若要跨越此一思考界限，則必須徹底地體認到，在中國，那一在歐
洲與中國之間的「漠然狀態」至遲自19世紀中葉後，便被一種對歐
洲(西方)知識以及西方哲學的、帶有危機意識的強烈興趣所取代。
「中國」因爲「域外」的強烈衝擊，而向「西方」學習，已逾百年，
但在19、20世紀所產生的知識／權力局勢之中，學習的方向大體上
是單向的(舉例來說：幾乎所有歐洲哲學的經典著作皆已譯成漢語；
相較之下，單是漢語的康德研究，在數量上便已超過歐洲歷來對中
國思想的所有研究)。

　　在此情況下，跨文化哲學的某種看似弔詭的機會出現了：原因
在於漢語的當代思想在相當程度上已經過西方知識的挑戰，然而西

(續)─────

　　septembre-octobre 2001, p. 136(論文改版的中譯本可參閱：林志明
　　譯，〈由希臘繞道中國，往而複返：基本主張〉，收錄於林志明、
　　Zbigniew Wesołowski編，《其言曲而中：漢學作為對西方的新詮
　　釋──法國的貢獻》〔台北：輔仁大學出版社，2005)，頁71-87)。

　4　參閱Jullien, *Chemin faisant*, pp. 44, 87.

方思想同時逐漸擺脫古希臘／基督教的形上學框架，並向後形上學思想發展（尤其在當代法國思中，此發展以「力量哲學」爲焦點）。就當代哲學而言，此乃意味著一種嶄新跨文化呼應的萌生。由此觀之，文化間際的「差異建構」可放在共同問題的跨文化建構中來定位（這些問題乃來自現代的共同內在性）。由當下的特定問題出發，考古學的歷史分析同時可進入中國的和歐洲的資源，以凸顯現有狀況之必然性的限制。就跨文化的知識考古學而言，中國和歐洲同樣都是「域外」，而成爲域外思想的來源，以及當代界限經驗的可能性條件。藉此，「我們現代性」的另類批判遂成爲可能。

二、跨文化動態：傅柯與牟宗三

一旦將晚期傅柯理解爲一種批判性修養哲學的先驅，便可建立與當代漢語哲學的互動模式。這部分無法在此作詳細說明，只能以傅柯和牟宗三的關係爲例，來粗略描繪跨文化考古學的發展方向。簡言之，牟宗三試圖以現代性的尺度來重構「中國哲學」。他以康德作爲現代哲學的主要代表，且透過對康德的批判性分析，爲中國哲學的修養典範作辯護。但弔詭的是，他以徹底理論化的方式使當代儒學成爲學院哲學的組成部分，要拯救在20世紀已失去制度根底的儒家精神：他試圖以理論化的方式爲中國式的實踐哲學辯護。但正因如此，在當代儒學之中，現代修養哲學之可能性條件成爲急迫的問題。牟宗三透過宋明儒學的歷史資源，來分析康德在認識上所建立的界限，以凸顯此一界限並非普遍的和必然的，反而是特異的和偶然的。在此意義下，他進行一種考古學的問題化。在康德式「界限哲學」的框架之內，且受海德格對康德之解釋的啓發後，人的有限性與無限性、內在性與超越性的關係問題成爲他的核心關注。他

所堅持的形上學方向使他能夠在一個龐大的哲學系統中，連接儒學傳統與現代西方哲學。但他終究只提出一種實踐哲學的理論，以召喚傳統工夫實踐的當代意義。直到今日，此困難導致了當代儒學的僵化傾向（這方面日本京都學派的發展有所相似）。

牟宗三身受現代哲學主流模式的阻礙（哲學的論述性與系統性）：理論發展一方面從傳統的修養實踐獲得豐富的靈感和啓發，但另一方面，這些實踐在現代學院哲學之中又難以獲得承認。他所面臨的是哲學論述與哲學生命之間的張力。因此，他不僅是「思想家」，而是一位現代的「哲學家」。在此意義下，牟宗三與晚期傅柯所面臨的問題有結構上的相似性，於此便是踏入當代跨文化哲學之動態場域的進路。就現代理論哲學的批判反思與修養實踐在今天如何可能的探索而言，這兩種方向可產生相互批判的動態關係：以傅柯的考古學方法，可凸顯牟宗三在修養論與現代性關係方面的盲點；以牟宗三的跨文化運作，則可走出傅柯封閉於歐洲哲學範圍內的傾向。

爲了促進這種動態，則必須擺脫哲學與希臘的必然關係。此舉可由傅柯連接哲學與希臘的模式出發；一旦以現時性（actualité）作爲現代哲學的核心關注，則能使當代的、跨文化的哲學從追溯本源的習慣解放出來，以顛倒曲軸哲學一般的歷史觀，使之從當代的問題切入哲學思考（在此，現時性與非現時性或尼采所謂「不合時宜」產生互補關係）。儘管晚期傅柯的希臘轉向仍然意味著「回歸希臘」的反射性動作，其具有發展潛力的面向，乃在於貫通當下的現時性與古代的歷史性。換言之，透過哲學與現時性的關連，亦即擴充傅柯在探討康德及其啓蒙概念所開拓的領域，可以證實漢語哲學之正當性和重要性。如果將阿道（Pierre Hadot）有關古代歐洲哲學的研究，視爲補充傅柯的論點，比較古代中國哲學與古代希臘哲學便更

有說服力。但透過兩種古代哲學的類比，來凸顯中國哲學的正當性
顯得薄弱，因爲由阿道的哲學觀，過渡到現當代哲學絕非易事。因
此，阿道的論點對充分面對中國文化、哲學與現代性的關係是構成
阻力的：他僅是天真地呼喚古代哲學的現代作用。爲了更深入地釐
清傅柯聯接古代與當下的方式，有必要簡單回溯尼釆系譜學的概念。

三、系譜學與民族中心主義的批判

　　從批判的考古學向度，看美學修養如何可能的問題，可從論述
性哲學的界限出發，並透過其歷史性的探索，來凸顯這種哲學模式
的非必然性。系譜學的向度則涉及修養哲學在實踐面向上的探討：
以分析某些實踐(尤其在牽涉道德規範或倫理學實踐方面)在歷史資
料中的痕跡，來確定當下的另類可能性。系譜學意味著歷史與當下
的獨特呼應。傅柯的權力系譜學分析18、19世紀的規範化實踐，以
反思當下的政治抵抗的方向；自我實踐(或說「自我技術」)的系譜
學則透過希臘、羅馬的古代與當代性(當下)的呼應關係，來凸顯美
學修養的當代可能。爲此則進行雙方面的系譜學式批判：一方面是
針對基督教主要自我技術如告白、懺悔等，另一方面則針對古代自
我技術對精神性的偏重。如此修養的美學轉化才成爲可能。就批判
性的修養哲學而言，傅柯的實踐系譜學具有重要的參考價值。問題
是：從一個跨文化的角度來看，「我們」能否試著以中國的古代補
充希臘的古代、以中國的歷史資源補充歐洲的歷史資源，來進行「我
們現代性」的跨文化系譜學？爲了說明這一可能性，必須釐清跨文
化研究與比較研究在方法上的關鍵區別：比較研究到某種程度不得
不預設己文化與異文化的區分，以及回歸到己文化之本源的「自然」
傾向。但哲學系譜學卻以「本源」(Ursprung)與「來源」(Herkunft)

的區分，要擺脫比較哲學的本質主義傾向。

　　傅柯在〈尼采、系譜學、歷史〉一文中特別強調此區分。在尼采的著作裡，此區分或許並非如同傅柯所陳述的那麼明確。但值得注意的是，尼采式的系譜學研究並非要回溯現有狀況的本源，反而是藉暴露現代理想之低俗來源，來衝擊當下的僵化價值。藉此，原來與系譜學一詞相關的血統觀念及民族中心主義的方向被瓦解：哲學分析的出發點，從對本源的尋求，轉到著重當代問題性。探索這些問題之時，並不必要提供歷史連續性的重構，系譜學反而允許歷史分析的非連續性和跳躍性。

　　比較研究的局限性乃在於，無法脫離己者與異己的邏輯及相關的「理解」詮釋學。就此，比較哲學是否以文化的相似性或文化的對比性為焦點是次要的：兩種方式都無法充分回應跨文化哲學的動態發展。不過，難以否認的是，己者與異己的邏輯在人與人、民族與民族、文化與文化之間的交流中，幾乎是一種「自然」的模式，因而被當作比較研究的穩定基礎。倘若自尼采以來，系譜學可視為一種非詮釋學的研究進路，這並非意味著系譜學從一開始就能夠擺脫己者與異己的對比。回顧系譜學在尼采著作中的發展反而顯示，歷史與當下的關係原先在高程度上被民族文化的觀念所引導，而在發展過程中才逐漸走出了民族主義的陰影。據此可推論，哲學系譜學的發展隱藏著跨文化擴展的潛力，而有可能跨出以國族或區域的方式界定的文化圈及其比較的模式。

　　在尼采的著作中，對歷史當下的系譜學研究，已經由本土（德意志）文化系譜學發展到歐洲文化的跨文化系譜學（跨出歐洲內部各個不同的民族主義文化）。尼采的研究雖然未跨出歐洲的範圍，但在系譜學對「歷史連續性」的批判中，跨文化的潛力便有所呈現。哲學系譜學在《悲劇的誕生》及《不合時宜的考察》萌生時，仍是以

德意志本土文化爲情感依據，但尼采在此所碰觸的問題在於：如何
說明古代希臘與當下德國的奇特呼應及其歷史必然性？換言之：歷
史與當下的非連續性關係，如何能夠產生必然的歷史組構？[5]

　　古希臘與當代德國的此一呼應關係，不可能以歷史的本源及歷
史的連續性來說明，因爲必須跳過的是古希臘文化被基督教所掩蓋
的漫長時段。更進一步說，如果在古代希臘與19世紀德國的當下之
間能夠填滿所有的歷史空缺，而指出完整且連續的系譜，仍無法解
釋當下的某一特定情境與古代的某一特定情境如何可能跳越歷史間
距而產生呼應關係。在尼采看來，這種呼應的產生乃展現德意志文
化及德意志精神的「造形力量」[6]。他顯然認爲，文化的造形力量與
探索非連續性的歷史來源是密切相關的。反之，以歷史連續性爲基
礎的歷史研究，乃是「原創性德意志文化」的障礙[7]。因此，歷史過
去的解釋必須從「當下最高強的力量出發」[8]。尼采所關注的問題是：
歷史與生命將要產生哪一種關係，以使富有創造性的文化成爲可能。

　　尼采有關史特勞斯的第一篇《不合時宜的考察》，或許是尼采
所出版的著作中最微不足道的作品，但從中可體會到後來的《論歷
史對生命的利弊》何以卻以痛心關懷「德意志文化」和「德意志精
神」爲背景。另一方面，自從《悲劇的誕生》（從瓦格納回到希臘悲

5　參閱Friedrich Nietzsche, *Kritische Studienausgabe*（尼采全集之批判研究版本，縮寫KSA), herausgegeben von Giorgio Colli und Mazzino Montinari, München: DTV/de Gruyter, 1988, vol. 1（以下簡稱KSA 加冊數，如KSA 1), p. 446, historische Konstellation；中文翻譯：尼采著，李秋零譯，《不合時宜的沉思》（華格納在拜雷特)(上海：華東師範大學)，頁366。

6　Nietzsche, *KSA* 1, p. 251, plastische Kraft.

7　Nietzsche, *KSA* 1, p. 164.

8　Nietzsche, *KSA* 1, p. 293, aus der höchsten Kraft der Gegenwart.

劇之雙重起源的解釋,因而產生古代與當代性的緊密呼應),系譜學式的分析已深刻懷疑民族主義的威力。尼采所恐懼的是,德意志精神將被德意志帝國所消解[9],但同時,他卻以某種絕望的激情要維護「文化德國」,渴望獨特的德意志文化的來臨。在此背景下則能理解,有關歷史問題的第二篇考察爲何不再僅是提出對「巨大危險」[10]的消極警告(1871年普魯士戰勝法國所包含的危險),而更積極地要透過歷史與當下的關係,來發展「具生產力和風格的文化」。《悲劇的誕生》可視爲系譜學的實驗場,因爲此書已清楚地連接當下危險的批判性診斷與另類實踐的探究。尼采對於德國文化發展的失望,終究使他放棄任何對於德意志精神的期許,而將使思想的批判力量開始瞄準基督教及歐洲的後基督教未來。無論哪一個時期,他一貫呼籲歷史與生命、古代與當下之間的系譜學關係。雖然在四篇《不合時宜的考察》完成後,越來越憤怒地表達對德國及德國人的失望與輕視,卻仍無法擺脫被民族主義之惡劣勢力所收編的命運。尼采以《道德系譜學》爲代表的晚期系譜學觀念,在這方面也並非例外,因爲從基督教的批判連接到了聚訟不休的「權力意志」。

　　傅柯對於系譜學的轉化,或隱或顯面對尼采系譜學的民族主義危機。他進一步開展《道德系譜學》的歐洲視野,往西方特定現代問題的系譜學而發展。其中系譜學也避免歷史過去的理想化,而以問題的相似性來促使過去與當下的歷史組構。問題性乃是由當下危險與另類實踐的動態關係所構成。在此,尼采與晚期傅柯在系譜學運用上的親和力便顯而易見,因爲在傅柯來看,希臘、羅馬的古代與現代性的關係也是由當下危險而界定。兩場世界大戰以後,他顯

9　Nietzsche, *KSA* 1, p. 160.

10　Nietzsche, *KSA* 1, p. 159.

然比尼采更能夠反省（西方）現代性的界限，而深化系譜學的後民族
主義方向。但他的跨文化系譜學也是在西方內部所進行的（以法國文
化、德國文化、美國文化為主），幾乎未觸及非西方文化的領域。
問題是：當代歐陸哲學的重要語言（如法語、德語）是否預備足夠的
條件來跨出西方的範圍，而發展一種批判性的跨文化哲學？

四、當代漢語哲學的獨特潛力

　　經過上文的討論，「跨文化哲學」（transcultural philosophy）的
研究進路已初步擺脫「比較哲學」（comparative philosophy）的文化
本質主義傾向，亦即跨出中／西或己文化／異文化的思想框架。筆
者將「漢語」理解為一種可突破文化對比層次的媒介。由「當代漢
語哲學」的觀念出發，「漢字」（漢文）做為書寫媒介，將為西方哲
學與中國哲學的非溝通狀態提供出路。「哲學」在現有漢語學術圈
中的制度化，足以暫時構成兩者在當代哲學脈絡下的互動管道。而
且，在當代漢語的領域中，一百多年來對西方哲學的接受與轉化已
然滲透到日常用語中。換言之，若從「哲學」在當今世界的現實出
發（而非從哲學的「本源」），以漢語所進行的「哲學」當然是存在
的。如同在西方一樣，哲學乃是傳統知識與現代知識之間的重要連
接。「哲學」自從成為現代學科以來，不斷地逼迫傳統的知識和實
踐體制面對現代性的問題。如果將中國傳統思想視為「智慧」而非
「哲學」，視為「域外」而非「我們內在世界」的一部份，不啻將
之排除在現代性之外。

　　面對哲學在中國的現實存在時，有兩種主要的對應方式。第一
種是指控西方知識的暴力侵入，而試圖重新回歸到西方影響之前的
「中國哲學」，甚至因為面臨「中國哲學」不被西方哲學界承認的

正當性危機,而放棄將某些歷史中的知識內容與實踐方式歸類為「哲學」。另一種在於將此現實存在看成開啓多樣發展方向的實驗場域。然而必須留意,歐洲哲學界對於非歐洲文化的認識往往連最基本的認識都有所欠缺,正因如此,截至目前關於後者的回應方式,這類的選項仍有所缺如。從另一角度觀之,西方知識以強勢方式進入東亞的情況,在今天已蛻變為優勢,成為跨文化哲學的豐富資源:西方哲學文本的翻譯、解釋和轉化,以及對於中國文本的哲學研究,便共存於相同的哲學平臺。只要將兩者理解為當代漢語哲學的不同面向,便得以開展一種另類的發展空間。

漢語學者已開始對現代西方哲學產生創造性的轉化。然而,就長期的發展來說,西方世界(尤其是歐洲)對於哲學的認知不再能忽視「哲學」在漢語領域中的發展。傅柯曾經指出,「西方思想的危機等於是帝國主義的終止」。假如在「西方哲學的終止」後會出現一種「未來的哲學」,而且它將會在歐洲之外,或是透過歐洲與非歐洲的相遇和碰撞而產生,那麼當代漢語哲學在中國哲學與西方哲學之間所構成的呼應關係,在此一轉變中很可能扮演重要角色。

就跨文化哲學與當代漢語哲學的關係而言,筆者在此只能提出一些初步的線索。跨文化哲學顯然只有在特定的語言中才有可能,而在特定的語言中,特定的跨文化問題會在特定的歷史條件下獲得充分的呈現。在此,所謂「跨文化」不應該局限於跨出範圍極廣的「文化圈」(如歐洲、美國、東亞等),而應包含跨越語言界線的「跨語言哲學」,其中的關鍵在於兩種或多種語言之間的翻譯關係。在筆者看來,歐洲語言的內部關係,以及歐洲語言與東亞語言之間的關係,不應被視為不同類型的關係;差別僅在於該一關係在歷史中的長短及積累程度。就長期的歷史發展而言,兩者顯然是相對的,而且不斷地在改變(可參考德語哲學與法語哲學的關係在過去一百

年間所經歷的演變)。對古典德國哲學的形成而言,希臘文、拉丁文、英文與法文的組構模式作爲決定性的要素。從18世紀末到20世紀中葉,德語曾經是一種「跨語言的語言」(或跨文化的語言),而以德語的特殊性能夠呈現跨文化問題(亦即具有某種普遍意義的問題)。到了20世紀的後半段,德語大體上失去了跨語言的實驗精神,法語反而成爲一種跨語言的哲學場域,透過與德國哲學或隱或顯的吸收和創造性轉化,而展開當代法國思想。筆者揣想,現代漢語與東西方的重要語言(如日語、英語、德語、法語、俄語)早已產生複雜的翻譯關係,也因此累積了跨文化哲學的潛力。

就筆者的粗略觀察來看,漢語哲學的跨文化潛力特別豐富,因爲現代漢語一方面在西方知識的強力衝擊下經歷過激進的轉變,但同時,現代白話文又與古典漢語(文言文)的歷史資源保持了聯繫。現代漢語不僅與中國歷史資源的關係未全然切斷,同時也與在前民族主義時代屬漢字文化圈之區域(日本、朝鮮、越南)的漢字文獻維持聯繫。這些國家一旦將在其文化之內部所存在的漢字視爲要排除的異物,或至少將之視爲「己者」中的「他者」,則會造成與「自己」部分歷史的斷裂。文化本質主義及民族主義的現代化意識形態經常分辨己者與他者,因此難以承認文化多樣性和混血性的現實,從而導致不同程度的文化分裂症。作爲一種哲學語言,漢語經過現代化的衝擊和挑戰而自立自強。不過,抽象地呼喚漢語哲學的跨文化潛力是毫無意義的。此潛力必須在哲學工作之中被證實,並且必須面臨當代哲學最嚴峻的考驗。其中的重要挑戰是,將哲學一再重新對自身所進行的界定活動,理解爲一種動態發展的關鍵要素。在此意義下,在漢語範圍內建立當代歐洲哲學與當代漢語哲學的互動(目前漢語已具備了條件,來進入一種歐洲語言到目前爲止所拒絕的互動),便意味著,漢語哲學可進行「我們」共同現代性相關的跨

文化分析。若將西方哲學在現代漢語中的翻譯視爲當代漢語哲學的當然成分，「當代漢語哲學」與「中國哲學」的差異便顯現：當代漢語哲學與建立中國的民族哲學有所區別，因而具有批判性的含意。

　　何乏筆（Fabian Heubel），德國法蘭克福大學漢學碩士，德國TU Darmstadt哲學博士，現任中央研究院中國文哲研究所副研究員。研究重點爲當代歐陸哲學、當代儒學、跨文化美學、西方漢學。

從後設思考的取向觀察中國哲學研究
——兼論所謂「反向格義」[1]

沈享民

一、緒論：思考的進路

本文試圖自後設的層次，對一般所謂的「中國哲學」提出反省思考：「真的有中國哲學這一回事嗎？中國哲學作為研究的對象真的成立嗎？『中國哲學』這個概念沒有疑義嗎？」這是本文首要關懷的問題。其次，本文反省現階段研究中國哲學的方法，做一方法論的論述與檢討，歸結於對「反向格義」的評議。

何謂「後設思考」？這裡的後設思考可參照「後設倫理學」而得到了解。倫理學的領域，一般區分為「規範倫理學」與「後設倫理學」兩塊；而如何區分兩者，對倫理學的專家來說，幾成常識，不待多言[2]。只不過中國哲學研究，並沒有如同後設倫理學，包含一

1　本文改寫自拙作〈論中國哲學的研究及其方法論問題：一個後設的反省〉，刊登於《哲學與文化》第34卷第4期，2007年4月。本文前四節文字取材自後者，刪削多餘不必要者，改動文字順序與節次；而第五、六節則是全新的。筆者感謝《哲學與文化》允許動用拙作。

2　當然有些學者會反對類似的區分是絕對的，也就是說，規範倫理學與後設倫理學、規範知識論與自然化知識論（naturalized

個「後設中國哲學」的學科。試觀察中國哲學研究的現況，有中國
哲學史或斷代哲學史的研究（例如：宋明理學、魏晉玄學），有人性
論或心性論、宇宙論與本體論、工夫論或修養論……種種研究。這
些主題自然是在「中國哲學」成立的條件下，方有可能，至少理論
次序上如此。本文將中國哲學看待成一整體，視之爲一對象來反省，
探詢一般所謂「中國哲學」是否成立的問題，此即本文所採取的後
設思考的進路。是以，本文自然不直接投入上述中國哲學史、心性
論、本體論或工夫論的實質研究工作，只從特定的角度提出觀察，
呈現幾個問題，以供中國哲學研究進一步的省思。

　　或許有學者憂慮類似本文這樣的討論，最後竟發現：中國哲學
的成立其實大有問題，豈不是一難以接受的事情？！本文的觀察或
許呈現幾個棘手的問題，但決不是定論，充其量只是繼續探索的試
金石。再者，類似的反省，在哲學思考裡屢見不鮮，中國哲學沒有
先在的理由拒絕此一試煉。且以哲學裡知識論這個重要的領域爲
例：知識論也同樣追問「知識」何指？知識成立的條件？世界上真
有知識存在嗎？有的知識論學者否認有知識這種東西，「知識」這
個語詞實無所指，所以探問知識成立的要件是徒然的，此一立場謂
之「（知識的）懷疑論」[3]。同理，在倫理學上也有所謂的「道德的虛

（續）
　　　epistemology）之間其實不存在一條黑白分明、一刀兩斷的界線。這
　　　樣的說法也言之成理。不過，這樣的區分界線存在與否，並不是本
　　　文的重點。本文只是試圖透過後設的層次對「中國哲學」做一考察。
　　　其次，所謂「後設層次」，並沒有一般錯認的「更深刻」、「更客
　　　觀」等意思，這是不當的聯想。
　3　大多知識論的教科書與論文選輯，懷疑論都是不可或缺的一章；或
　　　把懷疑論置於首章，知識論者將之視為可敬的對手，試圖透過敍述
　　　種種理論將之擊倒；或先且預設知識存在，把懷疑論置於末章，透
　　　過懷疑論徹底反省種種知識與證成（justification）的理論。

無主義」[4]。這些在哲學思考中都是合理的討論與探究。本文試以此角度反省中國哲學的研究，而這種後設型態的反思，有些中國哲學學者也歸之爲一種方法論的探討[5]。

　　然而，有些中國哲學學者把針對中國哲學提出上述發問，一概斥爲無稽之談，認爲此乃「僞問題」[6]，也許還進一步認爲中國哲學的存在是不證自明的。本文先不與這種回應爭辯，而只是想指出：對某一學科做後設思考，乃是哲學本身的要求。其次，或許有人會問：難道要等到完全釐清了「中國哲學」這個概念，才能做中國哲學研究嗎？其實這個問題不難回應。在日常生活裡，我們決不可能等到後設倫理學家澄清了「道德」概念，才能發展完備的規範倫理學理論，做道德判斷。我們照常判斷是非對錯，分出好人壞人。同理，中國哲學的研究工作照樣進行，或許我們還嫌太少而不是太多。這裡的後設思考，自然不應該被排斥在中國哲學研究的行列之外。

二、所謂「中國哲學」

4　「道德的虛無主義」意謂「不存在道德事實、道德真理，也沒有道德知識的一種學說」。Gilbert Harman, *The Nature of Morality: an Introduction to Ethics*(New York: Oxford University Press, 1977), pp. 11-3.

5　在台灣，有的學者慣用「中國哲學方法論問題」一詞指稱相關的討論。或者依大陸學者的用語，說這是一個「中國哲學的合法性」問題。

6　舉一例來說，大陸學者俞吾今論證：「只要這個領域(哲學)存在，研究這個領域的學科也就獲得了自己的合法性。」見俞吾今，〈一個虛假而有意義的問題：對中國哲學學科合法性問題的解讀〉，收在《復旦學報》(社會科學版)，2004卷3期(上海：復旦大學，2004)。

　　一眼可以看出「中國哲學」這個概念，還包含了一個子概念----
「哲學」，而後者尤其令人傷神。一般來說，這個問題要求一個對
「哲學」的定義。然而，自有歷史以來，沒有一個哲學家對「哲學」
所下的定義成爲普遍理解的共識，勞思光先生甚至論斷，哲學不可
能有定義或亞里士多德式的本質定義，而實指定義（ostensive
definition）也無濟於事[7]。既然定義的問題無解，以至於無法回答何
謂「哲學」，那麼討論「中國哲學」會不會徒然無功[8]？

　　爲討論方便起見，本文先跳過「哲學」，而先論述「中國哲學」
一詞的歧義性。在1930年代，金岳霖與馮友蘭就注意到了這個問題。

　　金岳霖的說法可能比馮友蘭稍早：「『中國哲學』，這名稱就
有這個困難的問題。所謂中國哲學史是中國哲學的史呢？還是在中
國的哲學史呢？如果一個人寫一本英國物理學史，他所寫的實在是
在英國的物理學史，而不是英國物理學的史；因爲嚴格來說，沒有
英國物理學」[9]。

　　把金岳霖的說法講得更清楚些，他說「中國哲學史」這個詞可
分析爲兩個意思，一是「中國哲學的史」，也就是論述「中國式的
哲學的歷史」；另一個意思是「在中國的哲學史」，亦即一部論述
在中國文化這個時空裡，哲學研究與發展的歷史。雖然金岳霖談論
的是中國哲學史，而本文要討論的是中國哲學，但他的分析卻可以
轉移過來，成爲一對有啓發性的語詞，即「中國式的哲學」（Chinese

7　參見勞思光，〈對於如何理解中國哲學之探討與建議〉，《思辯錄——
　　思光近作集》（台北：東大圖書公司，1996），頁2-7。

8　是以，勞思光探討「哲學」這個概念與哲學的特性，尋求「哲學」
　　的開放的概念，而不再發掘「哲學」的定義。勞思光，前揭書。

9　金岳霖，〈中國哲學史審查報告二〉，收錄在馮友蘭：《中國哲學史》
　　兩卷本，下冊（台北：台灣商務印書館，1994增訂台一版），頁1201。

philosophy）[10]與「哲學在中國」（philosophy in China），作爲本文反省與討論的起點。

不過，這兩個概念之成立並非全無問題，端看對「哲學」的構思（conception）而定。本文先做一些初步的反省，試問：是否存在「哲學」這個概念的共同理解與普遍共識呢？

若答案是肯定的，則「哲學在中國」的意義不難索解，即應意指在華語世界所研究發展的普遍哲學的研究活動與成果。當然也會有「哲學在英美」、「哲學在歐陸」。於是，英美哲學、歐陸國哲學與中國哲學在本質上並無不同，都是普遍哲學的探究活動，分別在不同時空的發展而已，於是也就無所謂「中國式的哲學」了，後者這個概念自行解消，只有「哲學在中國」，其實就是哲學；「在中國」乃是虛語。

若答案是否定的，即不存在普遍的哲學，則「哲學在中國」這語詞中的「哲學」兩字，不指普遍哲學而言，而是「中國人的哲學」、「中國風格的哲學」或「中國式的哲學」（也就是說，「哲學在中國」可化約成「中國式的哲學」），簡稱爲「中國哲學」，而與「英美哲學」與「歐陸哲學」相對。

由此進一步反省這兩個概念：（1）「中國哲學」或 「中國式的哲學」卻不限定在中國，也不限定使用華語。理由很明顯，而且也是刻正進行的事實：現下在英美、在歐陸都有中國哲學的研究，以各自不同的語文撰寫有關中國哲學的論著，也已蔚爲傳統。顯見語文使用與地域界限不是「中國哲學」或「中國式的哲學」必需的要素。（2）從最廣義的理解來看「哲學在中國」，在中國、在華語文化

10　「中國式的哲學」一般學者常簡約說成「中國的哲學」，或更簡單的「中國哲學」。本文為眉目清楚，故不計詞繁。

圈進行的不是只有「中國哲學」或「中國式的哲學」的研究，也有
英美哲學與歐陸哲學，或許可能還有一般普遍意義的哲學研究活
動。這裡所言的「在中國」，在馮友蘭金岳霖討論這個議題的時候，
當然所指的是特定環境場所，現在可放大來看，意謂華語世界或漢
文化圈。

　　由(2)看來，「哲學在中國」表示在中國、在華語文化世界的一
切哲學研究活動，當然包括對西方哲學的研究與「中國哲學」的研
究。於是，「哲學在中國」可以包含「中國式的哲學」。但如此一
來，「哲學在中國」的意義過於廣泛，以至於沒有討論的價值。至
於「中國式的哲學」，其問題在於它本身包含了「哲學」這個概念，
若這概念有普遍性的意涵，如何與強烈的「中國性」、「文化性」
等等的特殊性相容呢？（由(1)可知，這裡的特殊性不指語文使用與
國域界線，而是特定的文化色彩。）

　　如果「中國哲學」與「英美哲學」、「歐陸哲學」有其各自民
族文化的特殊性，為什麼都叫作「哲學」呢？如果沒有共同的質素，
何以中國哲學與德國哲學、英國哲學皆有「哲學」這個共名呢？若
有共同的質素，那麼所謂的「中國哲學」與「英美哲學」、「歐陸
哲學」豈不是就應該理解成「哲學在中國」與「哲學在英美」、「哲
學在歐陸」，那其實就是哲學，而無所謂「中國哲學」「英美哲學」
與「歐陸哲學」了[11]。於是，我們似乎還在問題的原點：哲學的普

11　比較深入的討論，還請參閱勞思光，前揭書，頁6-7。他論說道：
　　「為什麼要決定哲學的本質定義時，我們總會面對不可逾越的困難
　　呢？簡單地說，第一，由於本質的定義必涉及題材；第二，由於哲
　　學研究的題材永遠在變動中。這在歐洲哲學方面特別顯得真實。從
　　『世界質料』之尋求，到知識，意義及語言之探討，哲學研究的題
　　材已有鉅大變化。如果我們心目中指有這個哲學傳統，而又要依一

遍性與中國的特殊性兩者在「中國哲學」概念內共同成立的問題。

　　或許我們可以這樣回應：「中國哲學」與「歐陸哲學」、「英美哲學」有其共同的質素，此其得「哲學」之名，雖然我們很難回答這普遍質素是什麼；亦各有其民族性、文化性與特殊性，此所以各以「中國」與「歐陸」、「英美」名之，雖然我們知道這是基本常識。但本文以爲，這樣的回應其實什麼也沒有說[12]。

三、一個個案與四種回應

　　中國哲學的研究者對上述問題，首先提出較完整的反省的是馮友蘭。筆者曾對此做過一小型的個案觀察，追蹤馮友蘭對此一問題的思考的轉變[13]。然而，筆者發現：從早期《中國哲學史》兩卷本的論述，到《中國哲學史新編》的晚年定見，馮氏對此一問題卻有完完全全不同的解答，本文只做精簡的陳述。

　　從後設層面思考「中國哲學」，非得引述馮友蘭的一段文字不可：

　　　　哲學本一西洋名詞。今欲講中國哲學史，其主要的工作之一，

(續)────────────

　　　　種明確意義來使用「哲學」這個詞語，則我們很自然地會訴之於維根斯坦的「家族類似性」的觀念。就我的意見說，澄清哲學概念的唯一有希望的途徑，是就哲學思考來考慮，而不就哲學研究的結果來考慮。」但本文無法詳論勞思光的「哲學的開放概念」說與哲學的「思考」進路。

12　或許有一可能的回應：中國哲學在起源上有其特殊性，但對特定問題的思考及其深度卻有普遍的意義。筆者寧可承認這是一個未經檢驗的方案。

13　沈享民，〈論中國哲學的研究及其方法論問題：一個後設的反省〉，出處參見註1。

即就中國歷史上各種學問中，將其可以西洋所謂哲學名之者，
選出而敘述之。在此工作之先，吾人須先明在西洋哲學一名詞
之意義。[14]

這是馮友蘭《中國哲學史》上下兩卷本開宗明義的一段話。雖然馮
友蘭撰寫的是一本中國哲學史，但很顯然地，馮友蘭的參照標準是
西方哲學，「將其可以西洋所謂哲學名之者選出而敘述之」。換金
岳霖的用詞來說，他寫的是「在中國的哲學史」，而不是「中國哲
學的史」。所謂的「中國哲學」所指為何呢？馮友蘭以下面這句話
來定位：「所謂中國哲學者，即中國之某種學問或某種學問之某部
分之可以西洋所謂哲學名之者」。[15]易言之，「中國哲學」也者，
「哲學在中國」是也。

　　此一標準運用在研究題材與對象選取上，馮友蘭則說：「西洋
所謂哲學與中國魏晉人所謂玄學，宋明人所謂道學，及清人所謂義
理之學，其所研究之對象頗可謂約略相當」[16]。本文暫且以「義理
之學」一詞來概括在中國此一學問傳統。簡言之，在學問範圍上，
馮友蘭認為西方哲學與義理之學庶幾相當。是否真的如馮友蘭所言
呢？馮並非直覺認定如此，而是有如下的理由反省的：

吾人本亦可以中國所謂義理之學為主體，而作中國義理之學
史。並可就西洋歷史上各種學問中，將其可以義理之學名之者，
選出而敘述之，以成一西洋義理之學史。就原則上言，此本無

14　馮友蘭，《中國哲學史》兩卷本，上冊，頁1。
15　同上，頁8。
16　同上，頁7。

不可之處。不過就事實言,則近代學問,起於西洋,科學其尤
著者。若指中國或西洋歷史上各種學問之某部分,而謂為義理
之學,則其在近代學問中之地位,與其與各種近代學問之關係,
未易知也。若指而謂為哲學,則無此困難。此所以近來只有中
國哲學史之作,而無西洋義理之學史之作也。[17]

基本上馮友蘭的觀察是正確的,他的論斷對今日仍然有效,不要說
沒有西洋義理學史的著作,據我所知,連以「中國義理學」為名的
著作也付之闕如。然而,中國傳統的義理之學是一般所說的哲學嗎?
兩者在形式與實質兩方面庶幾相當嗎?

　　馮友蘭晚年最重要的著作《中國哲學史新編》,卻否定了這個
論斷,直接給了不一樣的答案:

「中國哲學史」講的是「中國」的哲學的歷史,或「中國的」
哲學的歷史,不是「哲學在中國」。我們可以寫一部「中國數
學史」。這個史實際上是「數學在中國」或「數學在中國的發
展」,因為「數學就是數學」,沒有「中國的」數學。但哲學、
文學則不同。確實是有「中國的」哲學,「中國的」文學,或
總稱曰「中國的」文化。[18]

　　很清楚的可以看出,馮友蘭最後藉著對中國哲學史的重建(《新
編》),所表現出來對「中國哲學」的理解與定位,是完全向民族性、
文化性、中國性認同,與早年兩卷本《中國哲學史》完全不一樣,

17　馮友蘭,《中國哲學史》,上冊,頁7-8。

18　馮友蘭,《中國哲學史新編》,第一冊,頁39。

從「哲學在中國」改變爲他這裡所謂的「『中國的』哲學（的歷史）」，
從普遍哲學轉移至「中國式的哲學」；然而「『中國的』哲學的歷
史」與「中國式的哲學」是什麼？傳統的義理之學是最合理的推測。
前文也說過了，絕大多數研究中國哲學的著作研究的對象，的確是
所謂的「義理之學」。中國傳統的義理之學就是中國式的哲學。

當代中國哲學家中，馮友蘭最具有代表性；然而，在其一生中
前後最重要的兩本哲學史著作，對本文的問題卻給了兩個不同的答
案：從「哲學在中國」到「中國式的哲學」，滑轉擺盪，馮友蘭個
案其實是當代中國哲學研究的縮影。由此可以再次看出，本文所提
的問題仍有意義。

除馮友蘭個人的答案之外，本文還想綜合考察其它的回應方
式。針對本文問題，有學者將各式各樣的回應整理歸納出有以下四
種[19]：

第一，訴諸常識或現況。事實上，早已有近百種各個類型的中
國哲學史、各式各樣的中國哲學的著作就擺在那兒，國內外學術界
又有許多冠以「中國哲學會」、「中國哲學史學會」一類的學術組
織，這些在在肯定了存在有「中國哲學」這樣一種學問，這門學問
有什麼問題可以追問的呢？否則這些書籍著作，這些組織的意義又
是些什麼呢？這種回應方式根本沒有面對問題，也不認爲本文的問
題是問題，所以也不待本文多言了。

第二，認爲與西方哲學相比較，歷史上的「中國哲學」所缺少
的只是某種外在的形式，此所以爲中國傳統哲學建立某種相應的形

___

19 大陸學者把本文的問題稱為「中國哲學合法性問題」。這四種回應
的方式是根據鄭家棟的列舉。參見鄭家棟：〈中國哲學合法性問
題〉。參見網頁http://intermargins.net/intermargins/TCultural Workshop
/academia/ intellectual%20field/if11.htm

式系統，「穿上系統的外衣」，就成爲「中國哲學」現代發展的重要使命。最好的代表也還是馮友蘭，他把哲學區分爲「形式上的系統」與「實質上的系統」，判定「中國哲學家之哲學之形式上的系統，雖不如西洋哲學家；但實質上的系統，則同有也」。

　　此種回應方式大致以西方哲學爲標準，還進一步肯定在此一標準之下，中國哲學作爲哲學並無問題，只是缺乏此一標準所要求的形式規格。但馮的說法從早期兩卷本《中國哲學史》到晚期《新編中國哲學史》，從「哲學在中國」到「中國式的哲學」，從「將其可以西洋所謂哲學名之者選出而敘述之」，到否定「哲學在中國」的「中國(式)的哲學」，其轉變如上文所述，馮友蘭自己不能貫徹自己的方案，並不是缺少形式、找出「實質的系統」就可以解決的。[20]如果筆者的論證沒有大錯，從「哲學在中國」到「中國式的哲學」或「義理之學」，馮友蘭自己對「實質的系統」的認定與自己前後不一的理念很難有融貫的解釋。

　　第三，主張擴大「哲學」概念的內涵與外延，認爲西方有關「哲學」的理解及其範圍的限定，似未免過于偏狹，「中國哲學」的闡釋與發展，可以(也應當)爲之增加某些內容。陳來先生的見解屬於這種回應，他論定「義理之學就是中國哲學」。雖然其範圍、其問題與西方哲學有所不同，「故以西方所謂哲學之範圍而切割古代義理之學之一部而謂之中國哲學，則古代義理之學的固有體系的完整性不獨遭到破壞，且其體系中必有部分不能列入所謂中國哲學」[21]，

20　「形式上的系統」與「實質上的系統」分開之說，請參見馮友蘭，
　　《中國哲學史》兩卷本，上冊，頁13-14。
21　陳來，《現代中國哲學的追尋》(北京：人民出版社，2001)，頁359。
　　其實，馮友蘭早就看到這個問題：「中國哲學家……所講修養的方
　　法，即所謂爲學之方，極爲詳盡。此雖或可以哲學名之，然在此方

這是以西方哲學爲標準的結果，但是「不妨礙其（按：義理之學）爲中國的哲學」，而且「非西方的哲學家的重要工作之一，就是發展起一種廣義的『哲學』觀，在世界範圍推廣，解構『哲學』這一概念理解上的西方中心的立場」[22]。

　　然而，概念的外延與內涵不可能同時擴大，外延愈廣，則內涵愈稀薄。這是論述的錯誤[23]。陳來這種回應方式試圖打破西方哲學獨佔哲學解釋權的局面，但這是一項未完成的學術計畫，不只要求西方哲學自覺了解與中國哲學相互交流、彼此發明的必要，中國哲學自己也要通過這項考驗。況且，所謂「廣義的哲學」的意涵不清，所指不明，似乎無所不包，甚至可以擴大到許多「僞學術」也包含進去。「訴諸未知」並不是一個好的答案，重要的是認識「哲學之所以爲哲學」有其基本的要求。

　　第四，是強調「哲學」概念的相對性及其與歷史文化傳統的相關性，認爲並不存在一般意義的所謂「哲學」，「哲學」本質上只能是一個「文化的」概念，任何「哲學」都只有透過文化和傳統的帷幕加以理解和限定。此一回應方式保住了中國哲學使用「哲學」一詞的權利，但是實際上是一種「普遍哲學的懷疑論」。

　　許多論證可以強化這個論點，例如：文化相對主義、翻譯的不可能性論證、乃至於概念的不可共量性等等。然而，哲學可以不是普遍智慧的學問嗎？

　　值得附帶一提的是，關注這個問題的不僅有馮友蘭，上述這些回應也不能完全囊括所有的見解。近來勞思光「對於如何理解中國

（續）

　　　　面中國實甚有貢獻」。《中國哲學史》兩卷本，上冊，頁11。
22　同上。
23　這個錯誤出自鄭家棟。見註19。

哲學之探討與建議」，提出一家之言，可以參考並進一步反省。甚
至對於「何謂哲學？」、「『哲學』這個概念的成立問題」都提出
他思考所得，可以借鏡[24]。本文願意再進一步指出：事實上，在哲
學各個領域中，都積極地正視這些後設問題，展開有意義的探索。
例如：在知識論研究裡關於「何謂知識？」的討論，有所謂的「判
準問題」，對此至少有兩種回應主張，一是個別主義，即先選取蒐
羅通常認定爲「知識」的典型案例，從中尋繹線索以建立知識的理
論；另一是方法主義，大意是先論證知識成立的條件與標準，據此
以判斷與應用在個別狀況[25]。雖然討論至今仍然不能滿意地解決問
題，但無疑地，這樣的思考是有意義、有價值的。

四、研究綱領

　　這些後設層面的反省，在實際的研究進行裡似乎是不必要的，
甚至是不被意識到的。無論有此一意識與否，研究工作照樣進行，
所謂「成果」也不斷出現，這是目下的現況。以下就此一現況，反
省各個方法論背景，其研究策略，我稱之爲「研究綱領」[26]。

24　勞思光，〈對於如何理解中國哲學之探討與建議〉，《思辯錄：思
　　光近作集》，頁1-37。又請參考勞思光其它論文，〈中國哲學研究
　　之檢討與建議〉、〈「中國哲學」與「哲學在中國」〉、〈中國哲
　　學的回顧與展望〉，見勞思光，《虛境與希望：論當代哲學與文化》，
　　劉國英編（香港：中文大學出版社，2003），頁1-24, 25-31, 161-167。

25　「判準問題」是20世紀的知識論名家Roderick Chisholm所命名，問
　　題的淵源可以上溯古希臘。關於方法主義與個別主義，請參考Ernest
　　Sosa, *Knowledge in Perspective*（New York: Cambridge University
　　Press, 1991）, pp. 158-161.

26　「研究綱領」一詞是轉借自科學哲學家Imre Lakatos的《科學研究綱

　　(一)事實上，所謂「中國哲學」是個新名詞，是與西方學術傳統照面後、依其學術分類所成立的新學問。先不論「中國哲學(史)」與「中國思想(史)」以及「中國學術(史)」三者分際的混淆渙漫，哲學系、中文系、歷史系的研究學者各自毫不區分地使用這三個語詞來指謂各自的研究[27]。且依中國文化傳統，學問三分為辭章、考據與義理，其結果自然將「中國哲學」當作傳統的「義理之學」，中國哲學史其實就是義理之學的發展過程。進一步看，只有中國文化有謂的「義理之學」，泰西則不與焉，以至於義理必是純中國的，來自西方的概念、術語、理論必先剃除，不然就是「套用」、「比附」，不是中國哲學。愈國粹，就愈義理。無可否認，這是一種策略、一種方法，背後有一套展開研究的方法論。或可稱之為「純粹義理研究綱領」。

　　問題是：即便「中國哲學」指的「中國人(式)的哲學」或馮氏所稱的「中國底哲學」，是「義理之學」，我們對之進行研究就非得緊守「國粹」或「純中國」的門牆嗎？

　　(二)中西文化會面乃是歷史事實，刻正進行交流中。中土古來未有「哲學」一詞，哲學成為學門之一，對華語世界而言，自是中西文化會面後才有的事，於焉中國哲學之為中國哲學才誕生。日本人以「哲學」譯西洋人的"philosophy"[28]，中國學界承之，自然以西方所定義的「哲學」來界定哲學的範圍，在此範圍裡來發現(甚至是

(續)────────────────

　　　領方法論》一書的書名。

27　關於這點，筆者擬另撰文章，專事討論學科分際問題。

28　新詞彙與學術術語大量採用日本人的譯名，此一現象可以參考王汎森，〈「思想資源」與「概念工具」：戊戌前後的幾種日本因素〉一文，《中國近代思想與學術的系譜》(台北：聯經出版公司，2003)，頁181-194。

發明)中國哲學。這套方法與方法論顯然指向「哲學在中國」。是故，起源自西方的哲學問題，是普遍的哲學問題，在中國的哲學理當討論這些哲學問題。我稱之為「西化研究綱領」。但是，很詭譎地，有學者縱觀古來中國歷史，竟沒有發現與西方大致相同的哲學問題，於是逕稱「中國無哲學」、「中國哲學史還沒開始或正才要開始」，西化竟成了中國哲學的虛無化。

環顧並比較以「西洋哲學史」與「中國哲學史」為名的著作，會發現從其主題到內容是很不　樣的；「哲學概論」所紹述的大多是泰西哲學的概要，中土哲思或附為驥尾、聊備一格，或根本視而不見、略去不談。歷史發展證實了中國文化與西方文化是各自成就的，兩者的會面交流不過是百年來的事。近來有「中國哲學概論」為書名的著作面世，無疑地強化了兩者各自分立自足的印象。在「哲學」上，有傳統的相對主義、翻譯的不可能性、概念的不可共量性等等論證，為之助拳。如此說來，所謂的中西哲學的「會通」不過是白廢氣力。原來「中國哲學」的「哲學」竟然不是「西方哲學」的「哲學」。情勢之極端發展，可以至此田地。

（三）不僅此也，無論是以中國傳統義理之學為內容，還是西方哲學為標準，現今的「中國哲學」不僅是百年以前不曾見過的新名詞，其研究者也生活在現代語境中。由此，不難想見「中國哲學現代化」的呼聲此起彼落，對中國哲學的傳統進行各式各樣的「創造性轉化」（林毓生、韋政通）迫不及待，「批判的繼承與創造的發展」（傅偉勳語）的大勢下各種方法論紛紛出籠，以「XX哲學的現代詮釋」、「XX哲學的當代意義」的作品不斷面世。具體而成形的方法理論有「抽象的繼承法」（馮友蘭）、「創造的詮釋學」（傅偉勳）…不一而足。這套方法策略與方法論，統名之曰「現代化研究綱領」。

然而，華語哲學界對所謂「現代化」或「現代性」的了解是近

來的事，大多中國哲學的研究者對之也缺乏深刻的知識。正因如此，語其實際，現代化研究綱領與西化研究綱領相表裡，對大多數人而言，現代化幾乎就是西化。海峽西邊的大陸曾如火如荼地進行「俄化」，以蘇聯、馬克思主義爲理論根據，海峽東邊的島嶼不假思索地移植「歐美」經驗，即歐美流行的新思潮，無論是現象學傳統、詮釋學、存在主義、結構主義、分析哲學，在島上都有代言人，以之爲現代精神的體現，進行中國哲學的現代化運動。最近，彷彿時間的腳步特別快，一躍跳入「後現代」，令人目不暇給，轉瞬間現代已進入歷史，但我們對現代性的討論還是太少。

（四）如此說來，語境是現代的，現代化即是西化，除了「純粹義理研究綱領」之外，沒有西方哲學，沒有西方哲學提供概念、術語、理論、架構與方法，我們幾乎無法進行中國哲學的研究（雖然我也懷疑現今真有所謂「完全純粹的」中國哲學的可能性）。且不提以馬恩列斯意識型態爲框架、以「黨性」爲標準的中國哲學的研究現象；目下的中國哲學的門派裡，結合士林哲學、新士林哲學與中國傳統哲思也蔚爲系統；依賴康德哲學、以至德國觀念論傳統來詮釋中國智慧更是壁立萬仞；選定海德格哲學各個時期的思想，以會通「存有」與「道」、闡釋老莊王弼的玄思的研究方興未艾；應用邏輯與解析方法、宣稱其並非西方專利，就像操作顯微鏡檢查細菌病毒無分東西，來論證中國傳統的睿智或批判其缺失的著作也不是新鮮事了。這些種種，或名之爲「依賴研究綱領」，其方法與策略各逞巧思，其成果尚待積澱與檢驗。[29]

我補充一點，以上這四種研究綱領，除了第一個「純粹義理研

---

29 以上論列幾種研究綱領，我受到龔鵬程，〈中外史學交流格局中的中國思想史論述〉一文的影響。然此文似未正式發表，出處待查。

究綱領」之外，其它三個研究綱領並不是相互排斥的。同一個研究者可以在不同的論文或著作採用不同的研究綱領，也可能在同一個論文或著作中交錯運用不同的研究綱領，其間側重程度多少不同。本文之所以如此論列，乃因其方法論上的特色與討論上的方便。

五、格義與反向格義

晚近劉笑敢教授發表〈「反向格義」與中國哲學研究的困境：以老子之道的詮釋爲例〉一文[30]，引起矚目，帶動不少有意義的討論，原因之一就在於提出「反向格義」之說。劉笑敢的「反向格義」概念，主要是就中國哲學的研究方法來說。爲了了解此一說法，且先回顧「傳統格義」是有必要的。

「傳統格義」（或逕稱作「格義」）是指北朝僧人以老莊術語模擬和解釋佛教教義以助了解，其特點是以本土固有的經典解釋外來教義，以所熟悉者解釋未熟悉者。格義在與反向格義相對比時，或稱爲「順向格義」。根據劉笑敢的說明，傳統格義是普及性、啓蒙性、工具性的，是權宜之計；然而，相對照之下，近代的反向格義卻是研究性、專業性的，是主流的或正統的方法。所謂「反向格義」，劉笑敢有如下描寫：「『自覺地』以西方哲學的概念體系以及理論框架來研究分析中國本土的經典和思想。這是近代以來中國哲學或哲學史研究的主流，恰與傳統的『格義』方向相反」，故謂之「反向」。

---

30 刊登於《中國哲學與文化》第一輯：反向格義與全球哲學(桂林：廣西師範大學，2007)，頁10-36。本文的討論不涉及老子之道的詮釋，主要聚焦在「反向格義」說。

　　劉笑敢還指出一些以反向格義爲方法的研究現象。自鳩摩羅什進入中國，格義之類的權變策略就幾近消失，「但是，近代的反向格義的做法則從來不是權宜之計，而是不斷受到關注和肯定的根本大計。這種反向格義不但沒有受到嚴重的批評和挑戰，也沒有進行過學術方面的嚴格論證和檢驗，似乎有盲目鼓勵和發展的趨勢」。他並預言：「這種情況在中國哲學作爲一門學科門類可以和西方哲學等量齊觀之前，恐怕會一直存在」。

　　更重要的是下面這一點，劉笑敢寫道：

> 傳統格義是以自己熟悉的本土的經典和概念來理解陌生的概念，在近百年來的中國哲學研究中，在多數情況下，對於大多數中國研究者和讀者來說，卻是以相對來說自己不夠熟悉的西方哲學概念體系來解釋自己更熟悉的中國本土的典籍。這是通過自己不太了解的理論思維框架來重新認識自己比較熟悉的經典和傳統思想。……但是反向格義卻很容易導致對中國哲學思想、術語、概念的誤解，導致機械地、錯誤地套用西方哲學概念的可能性。古代佛教的格義曾造成對佛經的曲解甚至僞造，而通過反向格義曲解中國哲學典籍和概念的可能性或許更高。

總而言之，反向格義的弊病在誤解中國哲學，硬套入西方哲學[31]。

　　上文引述劉笑敢的原文，爲的是讓他表達自己憂慮。此一憂慮確實不容坐視，其大作傾力於批判反向格義所帶來的負面效應[32]。

31　以上皆見《中國哲學與文化》第一輯，頁10-19。
32　劉笑敢將反向格義區分爲廣、狹兩義：廣義的指任何自覺地借用西方哲學，即「以西釋中」（陳榮捷語）；狹義的指以西方哲學的某些具體的、現成的概念來對應解釋中國哲學的概念。劉笑敢集中討論

以目前所引述的文字看來，其分析與解說並無問題，其批判也是有效的。然而，進一步深思，筆者以爲：中國哲學研究的處境，並不可能由於只批判反向格義就得到充分的改變。本文在此擬在此略陳管見，論證「反向格義」的概念問題。

反向格義之所以爲反向格義，乃由於兩個層面交疊而成。第一層面是以「西」釋「中」，此之謂「反向」；第二層面是以「不熟悉者」解釋「相對熟悉者」，此是病灶。然而，就實際言之，第一層面似乎是不可逆的，除非我們堅持死守「純粹義理研究綱領」，否則以西釋中無時不在發生，無可避免。就這點來說，我們只能寬鬆處之待之，無論日常生活與學術研究，我們所使用的語文早已滲透大量來自西方的語彙，此無庸贅言，且根本無法在從我們的語境中剔除這些西方語彙，而其實這些語彙早已不能說是純西方的，其實就是我們的語彙。這是事實問題。

就第二層面來看，以「不熟悉者」解釋「相對熟悉者」，此一說法甚爲怪異。以「不熟悉者」解釋「熟悉者」，這其實根本算不上解釋，也不是理解。一般來說，所謂「解釋」「理解」，自然是以所熟悉者解釋所不熟悉者，將後者轉變成同樣是我們所熟悉的，以達成理解。依劉笑敢的說法，「以相對來說自己不夠熟悉的…來解釋自己更熟悉的」，這毋寧是一不正常的解釋或理解的現象（如果有解釋理解可言），也無怪乎這樣的中國哲學研究會有誤導或曲解。然而，我們卻很難說一個研究者是以不熟悉來解釋其所熟悉的，因爲其研究對象竟是比較了解的，怎會用不熟悉的、不明瞭的東西來理解呢？劉笑敢此一說法似乎不成立。

（續）─────────────────

後者，以物質／精神、實然／應然等概念的運用爲實例，揭示反向格義的困境。

　　因此,「反向格」義若有可能成立,只可能是以西釋中(「反向」),
而且也是以所熟悉解釋所不熟悉。在此,「西」是研究者的「所熟
悉者」,「中」是研究者的「相對不熟悉者」。事實上,在一註腳
裡,劉笑敢自己意識到「中」是研究者所熟悉的,「此情況正在向
相反方向改變」:在現代教育下,學者「對中國的典籍或文化缺少
基本的閱讀經驗與閱讀能力」,越來越多學者是「先學習和熟悉的
西方哲學經典和理論框架,才反過來研究中國哲學」。因此,其所
進行的反向格義,「就是以自己相對比較熟悉的術語(「西」)解釋
自己相對不熟悉的典籍(「中」)。」劉評論道:「這種現象是值得
注意的,或許是值得憂慮的」[33]。

　　但,此一修正的說法,正好解消了「反向格義」說的重要性。
因為,以西釋中(反向)不足為奇,前文已經說明了;以熟悉解釋不
熟悉,乃是自然而正常的。

　　筆者不願妄自猜測劉笑敢所說的「憂慮」指的是什麼?格義作
為一種理解的過程或手段,自是以所熟悉者詮釋陌生不熟悉者,無
所謂中外東西問題,而「格義」之所以立名,乃在於以中釋外,但
這是歷史的偶然條件:只是「中」恰是所熟悉者,而「外」是陌生
而尚未熟悉者,故說「順向」。所謂「反向格義」的「反向」之所
以為反向,其意只是以西(外)釋中,與熟悉陌生與否無關。事實上,
就格義論格義,則無所謂「反向」。就近代華語文的哲學教育與現
況而言,則可以說西方哲學家及其理論、概念,相對地似乎是較為
熟悉的,傳統中國哲學是陌生而不熟悉者,成為需要再理解的「被
解釋項」,需要格義。此乃是一客觀事實。至於為何中國哲學從所
熟悉到所不熟悉,以至於需要引用西方哲學的概念與理論,而成傳

33　《中國哲學與文化》第一輯,頁17。括號與其內的案語是筆者所加。

統格義之反方向，是另一個問題。古代傳統哲學(如：希臘哲學)從所熟悉到所不熟悉，是中西的共同現象；古代傳統哲學仍然是要再解釋、再理解，以所熟悉來解釋所不熟悉，此並無可驚異之處。

　　將以上稍做整理如下：

A.　格義的目的在理解，以我們所熟悉者詮釋所不熟悉者。此似無可爭議。

B.　「反向」格義在以西（外）釋中。反向（幾乎）是現況、事實。

C.　「反向」與「格義」，前者是現況事實，後者無可爭議；是故，所謂的「反向格義」並不是問題。

D.　反向格義若成為問題只在於以我們「所不熟悉者」（西或外），解釋「所熟悉者」（中）。

E.　然而，D所謂「以我們所不熟悉者解釋所熟悉者」，乃是一怪異的說法（與A相反）。

　　職是之故，筆者認為真正的問題是熟悉了解與否，不在於反向或順向；格義的目的在於化不熟悉不了解為熟悉了解，這個目的是所有理解、詮釋或研究本身的目的之一，我甚至想建議取消用「格義」一詞來表述現階段中國哲學的研究方法論，就讓這個語詞回到它歷史的原地。既然真正的問題是熟悉了解與否，而現況似乎是中國哲學的典籍及其含藏的哲學思想與研究者愈來愈不熟悉，那麼研究者所能做的不就是使其成為所熟悉了解的而已？！雖是「而已」，卻也意義重大。

六、結語

　　回顧本文，首先，本文為自我定位，比照現行後設倫理學與知識論的討論，指出學科對自身展開後設思考，是哲學的要求，也是學科本身成熟的象徵。其次，本文借用「哲學在中國」與「中國式的哲學」兩概念，來分析「中國哲學」概念成立的問題。再其次，馮友蘭為個案研究的對象，簡論述馮氏的「中國哲學」概念，從普遍哲學的「哲學在中國」，滑轉擺盪至傳統義理之學的「中國式的哲學」；並且面對「中國哲學」概念的這個問題，本文列舉了四種回應，並討論各自的困難。又針對中國哲學「研究方法」的問題，本文描述四種「研究綱領」。最後，分析「反向格義」作為研究方法，討論此說法本身的限制。

　　在對中國哲學做後設思考與反省的課題裡，還有許多關係複雜而有特殊意義的哲學問題值得反覆考論，例如：翻譯的問題、語文對表達哲學道理的限制性問題、文化交流對新哲學思考的影響問題等等。本文只意在拋磚引玉，期待更精緻的哲學思考的出現。

　　沈享民，台灣大學哲學系哲學博士，現任東吳大學哲學系助理教授。研究領域為知識論、宋明新儒家哲學、倫理學、當代中國哲學。

走向對比視域的中國哲學研究：
從基本能力的訓練談起

林月惠

　　近十年來，海峽兩岸的中國哲學研究漸漸起了變化。從表面上來看，大陸學界的中國哲學研究方興未艾，吸引不少年輕學者的目光（儘管研究成果尚待觀察）。然而，在台灣學界的中國哲學研究卻有萎縮之勢，不僅難以觸動年輕學子，人才也有斷層之虞，令人憂心。因而，不少哲學系所找不到優秀的中國哲學師資，遑論人才的培育。而反映在實際的國科會學術評比上，中國哲學研究社群所交出的成績單，也遜於西方哲學研究社群的表現。這樣的現象，固然可以歸諸許多主客觀的形勢變化，然而就學院內的中國哲學研究而言，基本能力的訓練不足是一個可以省思的起點。

　　台灣學界對於中國哲學的研究，經過前輩學者的努力與積累，我們所關注的問題不再是大陸學界所熱烈討論的「中國哲學的合法性問題」，也不再質疑是否有「中國哲學」。因為，「哲學」一詞不再是生澀的外來語，它早已內化到我們的日常語言與學術語言中，少有爭議。因此，當台灣學界論及「中國哲學」時，一方面指涉「作爲思想傳統的中國哲學」，另一方面也指涉「作爲現代學科的中國哲學」。就前者言，中國有數千年「義理之學」的傳統，有其獨特的哲學思考與提問，其價值無庸置疑；就後者言，「中國哲學」是現代學科分類下的產物，它作爲現代學制下的獨立學科，其

歷史並不長，還未臻至成熟的階段，不論學術語言的使用，論述的
進行，乃至方法論的反省，學界仍未取得共識。在這個意義下，作
爲現代學科的「中國哲學」還在「建構中」，仍處於「磨合期」。
值得注意的是，從中國傳統學術思想資源轉型爲現代學科分類的歷
史事實來考察，「中國哲學」作爲獨立的學科，與其他學科一樣，
均是參照現代西方學術的理論與方法而被建構出來的。因而，中國
哲學研究無法與西方哲學完全切割，這也是目前中國哲學研究社群
所面臨的存在處境。換言之，學院內的中國哲學研究，本身就已經
處在對比的視域中。

　　事實上，在學院內，「中國哲學」作爲一門獨立的學科，它研
究的對象，包括數千年來思想傳統中的中國哲學資源，也包括中國
哲學研究如何與世界其他哲學傳統對話，而取得其學術的立足點。
前者是目前台灣學界中國哲學研究的主流，後者則涉及比較哲學的
視野，即勞思光先生屢屢強調的「在世界中的中國」（"China in the
world"）[1]，即在世界的脈絡下，思考中國哲學。而前者的研究與後
者密切相關，主要目標都是透過紮實的學術研究來發展中國哲學。
但筆者因學力所限，只討論面對傳統中國哲學研究時所涉及的研究
方法與典範。

　　就學院內「中國哲學」主要以研究思想傳統中的中國哲學爲對
象而言，我們實際從事的是「哲學史」的研究。簡言之，即是將歷
史上某一學者的學術思想，或儒、釋、道的義理，以文本爲根據，

---

1 見勞思光，〈旨趣與希望〉，收入劉國英編，《虛境與希望——論當
　代哲學與文化》（香港：香港中文大學出版社，2003年），頁221；亦參
　上書〈中國哲學研究之檢討及建議〉、〈「中國哲學」與「哲學在中
　國」〉、〈哲學史的主觀性與客觀性〉、〈中國哲學的回顧與展望〉
　諸文。

透過現代學者自己的理性思考，藉現代的學術語言與論述來詮釋其哲學意涵。這樣的研究，涉及哲學文本的解讀，也涉及嚴格的論證與理論。而這樣的研究途徑，貫穿於學院內中國哲學的教學與研究。眾所周知，台灣學界研究中國哲學的大部分學者，就其培養的管道而言，主要來自兩個學系的學術訓練，一是哲學系所，一是中文系所（國文系所）的義理研究。兩者訓練的偏重點不同，各有其長處，也各有其不足處。大體來說，哲學系所擅長於哲學問題的探究與理論的建構，對中、西哲學有基本的涉獵；中文系所則因長期薰陶經、史、子、集各類文本，文本研究的根柢較爲厚實，對文本的解讀也比較有章法。就缺點來說，在哲學系所的基本訓練中，古典文本的解讀能力薄弱；中文系則缺乏概念的思考與哲學基本問題的探問。結合這兩種學術訓練之優點，才能奠定中國哲學研究的基本能力。不過，基於學科系所間課程、教材與師資等問題，如實地說，大部分中國哲學研究者在培養過程中所接受的學術訓練並不完整，故從學習者到成爲研究者的過程中，仍必須不斷補課，充實基本能力。換言之，「中國哲學」雖作爲獨立的學科來看待，但以目前學院內的建制，卻無法提供滿足中國哲學研究的學術基本能力的訓練。因而，筆者討論中國哲學的研究方法與典範，即從中國哲學研究的基本能力談起。

顯而易見，相較於西方哲學文本之問題性、系統性的集中，中國哲學文本的書寫，散見在各種不同的文類（經典、語錄、詩文、書信等），融於具體的生命存在處境中，並不以邏輯思辨的系統性見長。但這並非意味這些文本缺乏哲學問題的思考，沒有嚴密的義理聯結。因此，從事中國哲學研究，必須通過文獻的途徑，從文本的解讀著手，不能憑空立論。問題是：如何解讀文本，呈現其哲學問題意識？又如何透過嚴格的論證，展示其深層理論結構，並進一步

作後設的反省與衡定？這個問題看似簡單，但在實際研究過程中，由於學術基本能力訓練的不完整，每一步都不容易。如何在中國哲學文本書寫的多樣性與特殊性中，展示或詮釋出哲學意涵，本身就已非單一學科的學術訓練可以達成。換言之，在文本的解讀過程中，我們就處在一個多學科訓練需要互濟的局面，以及中、西哲學的對比視域中。首先，就中國哲學研究的文本而言，其範圍極廣，可以是經學、文學、史學的材料，也包含龐大的經典註釋傳統。甚至近年來的出土文獻，更是專門之學，影響所及，也修正了我們對於先秦諸子與兩漢哲學的論斷。因而，就文本的解讀而言，傳統的訓詁、考據等能力必須具備，但卻又不能只限於此文獻考證的路數中，其著眼點重在「哲學思考」。誠如牟宗三先生（1909-1995）所說的，由「了解文句」著手，進而形成「恰當的概念」，再就概念與概念的聯結，探討「義理」問題[2]。這是解讀文本的基本工夫，沒有這個基本工夫的訓練奠基，文本的理解可能會淪於「任意的解釋」，既無法度，遑論相應而客觀的理解！但在這基本工夫的訓練中，「概念」的闡明或「系統性」的建構並不必然會割裂文本，甚至使人無法進入經典的意義世界。筆者不時聽到有人（甚至研究者本身）強調：中國哲學不重視系統性，不適合作概念的分析。事實上，在中國哲學文本中，「概念」的辨明與「系統」的建立，也是學問講明的重點之一。以宋明理學為例，明代中葉的儒、釋兩家學者都以「體用一原」來顯示其本身理論的完備性與系統性[3]；而降至晚明，「格

---

2 見牟宗三，〈研究中國哲學之文獻途徑〉，《牟宗三先生晚期文集》，收入《牟宗三先生全集》第27冊（台北：聯合報系文化基金會，2003年），頁341。

3 明中葉陽明學派儒者唐荊川（順之，1507-1560）就指出：「儒者曰『體用一原』，佛者曰『體用一原』；儒者曰『顯微無間』，佛者曰『顯

物」之說就有七十二家之多[4]。凡此皆顯示在文本的解讀或經典的疏解中,「概念」與「系統」的必要性。當然,中國哲學文本也常針對具體存在處境,以「啓發語言」(heuristic language)或體證式的實踐語言來表達哲學洞見。雖然這類語言不是要表述抽象的概念,而是要彰顯體證實踐的豐富性;但並不意味著這類語言是主觀的「自由心證」,人言各殊,沒有客觀的意義結構可言。因此,即使是「啓發語言」或體證式的實踐語言,也觸及存有根源的探問,不必然排斥「概念」的闡明或「系統」的建立。不過,針對同一古典文本,本身也可以有不同學科的多重解釋,意義的開展有其豐富性;所以中國哲學的研究者,也不能畫地自限,必須關注經學史、思想史、學術史所提出的議題與研究成果,並進一步作哲學性的提問、分析與解釋。由此可見,中國哲學所面對的多樣文本,在解讀的過程中,必然有多學科訓練的要求;相應於此要求,如何從體制層面上,整合人文學科各項領域的師資,提供多元的方法訓練,這是艱鉅的挑戰。

　　其次,面對龐大中國傳統學術資源而欲提出哲學性的思考與分析時,便涉及「理解」與「哲學思考」能力的問題。此問題落實在學術論文的撰寫上,便是精密的分析、嚴格的論證、理論結構的展示,以及批判性的衡定,乃至開發哲學的新理境。不過,就中國哲學文本書寫之問題性、邏輯性、系統性的不易顯現言,西方哲學的

微無間」。其孰從而辨之?」見《荊川集》卷6,〈中庸輯略序〉,頁3a。收入《文淵閣四庫全書》(台北:台灣商務印書館),集部1276冊。
4 晚明理學殿軍劉蕺山(宗周,1578-1645)提及:「格物之說,古今聚訟有七十二家。」見劉宗周著,戴璉璋、吳光主編,《劉宗周全集》(台北:中央研究院中國文哲研究所籌備處,1996年),第1冊,〈大學雜言〉,頁771。

訓練對於「哲學思考」（理解）能力的提昇、理論深度的挖掘、方法
論的意識等，都有正面的作用。此「正面」的作用，並不是指從事
中國哲學研究者，要挪用或套用西方哲學的概念、理論、系統或方
法論來解讀中國哲學文本（倘若如此，則可能會割裂或遮蔽文本的意
義世界）；而是藉由西方哲學的訓練，提供中國哲學研究者多樣思
考或研究的「參照系」，使隱含於古典語文中的中國哲學文本，能
以現代知識語言講明其內蘊的哲學問題，進而與當代世界的重要議
題對話，拓展新的哲學理境。因而，不論就學術理想，或是學術訓
練的要求言，中國哲學研究者比西方哲學研究者面對更嚴峻的要求
與挑戰。如此一來，在學院內的哲學研究社群中，我們可以察覺到，
西方哲學的研究者不一定要涉及中國哲學；但中國哲學研究者不能
對西方哲學毫無涉獵。尤其，我們從前輩學者的學術研究中，已可
明顯地看出：傑出的中國哲學研究者，均有紮實的西方哲學訓練與
學養。換言之，從中國哲學研究的基本學術訓練，到研究成果的積
累，都顯示：理想的中國哲學研究，必然走向中學與西學雙軌並進
的比較哲學視域。雖然這樣的目標並不是目前每個中國哲學研究者
所能達到的，但卻不能不黽勉爲之。

　　事實上，從中國傳統的「義理之學」轉型爲現代學術分類下的
「中國哲學」研究，經過一個世紀諸多前輩學者的嘗試與努力，台
灣學界已走過西方哲學概念系統的套用、比附等階段，真正有能力
與自信吸收西方哲學，使西方哲學成爲深化、活化與發展中國哲學
的一個重要學術資源。百年前王國維先生（1877-1927）就以其學習
西方哲學的經驗預言：「異日昌大吾國固有之哲學者，必在深通西
洋哲學之人，無疑也。」[5]這句話日後就印證在牟宗三先生的中國哲

---

5 王國維，〈哲學辨惑〉，刊於《教育世界》第55號（1903年7月）；收

學研究中。客觀地說，牟先生的中國哲學研究，質量兼備，並將中
國哲學置於中、西哲學的對比高度上，彰顯中國哲學的理論深度與
特色。因此，截至目前爲止，牟宗三先生的中國哲學研究可以成爲
一個「典範」。學者們不論贊成還是批判牟先生的觀點，都必須與
牟先生的中國哲學研究及其哲學成果對話。牟先生之所以能把中國
哲學研究推向高峰，既來自於他對中國哲學文本的客觀理解與梳
理，也來自於他對西方哲學的消化與吸收。牟先生在自述其學思過
程中，一再提到中國哲學與西方哲學雙軌並進的學習經驗，並具體
地說：「我一生通過疏解中國古典文獻，來消化康德所思考的問題。」
[6]在此雙軌並進的學術訓練下，牟先生的幾部中國哲學研究著作，形
式上雖是古典文獻的疏解，但卻呈現精密的哲學分析與論證，並作
出哲學系統的判定，《心體與性體》三大冊及《從陸象山到劉蕺山》
就是很明顯的實例。就此而言，牟先生雙軌並進的學術基本能力訓
練，對中國哲學研究所欲達成的目標來說，是相應的，也有具體成
效，值得後起的中國哲學研究者學習、借鑒。特別要申明的是，筆
者把牟先生的中國哲學研究作爲一個「典範」，著重的不是把此典
範視爲一個封閉的系統或研究的終點，而是把它視爲一個開放的系
統，爲後學的研究提供學術研究的「法度」，開拓更多哲學思考的
可能性，誠如林鎭國先生所言：「典範是用來鼓勵原創性，不是用
來模仿。」[7]

(續)──────────────

　　入姚淦銘、王燕編：《王國維全集》(北京：中國文哲出版社，1993年)，
　　　第3卷，頁3-5。
6　牟宗三，〈哲學之路──我的學思進程〉，《時代與感受續編》，收
　　　入《牟宗三先生全集》第24冊，頁411。
7　　林鎭國，〈重拾動力的漢語哲學願景〉，見2007年1月15日國科會主
　　　辦「中國哲學之教學與研究」引言稿。

　　誠然，牟先生等前輩學者，基於其時代背景或學思進程等因素，各有其哲學思考重點的簡擇，但他們也以一生的學術真誠與紮實的學術研究，嘉惠學界；後繼的研究者，若不能善解前輩學者的學術成就與用心所在，則無法從此典範中吸取資源，也無法在中國哲學研究中形成學術積累。一個不重視學術積累的研究社群，在研究的方法與理論上，自然無法形成最起碼的共識，影響所及，也無法形成學術研究的隊伍。牟先生作爲中國哲學研究的「典範」，顯示理想的中國哲學研究，必須以中學與西學雙軌並進來訓練其基本能力，由此才能產生論述的創造力與哲學的原創性。這樣的典範，也鼓勵後繼者以更寬廣的學術視野，勇於汲取西方哲學的資源，作爲活化中國哲學的動力。如前所述，中國哲學還在建構中，諸多中、西哲學論述的磨合難免；正因爲如此，在未定型化的中國哲學論述場域中，諸多哲學思想的冒險與實驗，有更多發揮的空間。可惜的是，當前某些年輕的中國哲學研究者，雖有旺盛的學術企圖心，卻無視於此類典範的積極作用，尚未消化學習，便奢言要超越前輩。結果是，面對中國哲學文本的解讀，不能耐心地下基本功夫，也未有大量文本義理疏解的積累功力；而在西方哲學的基本訓練上，根柢也不夠。在此中國哲學與西方哲學的基本學術訓練均不足的情況下，卻高舉哲學基本問題的探究，或是方法論的反省，以粗疏而籠統的概念，另闢中國哲學研究的途徑。如此一來，中國哲學文本乃慘遭「斷章取義」的割裂與任意的解釋，也難以展示哲學思考、分析與論證的嚴密性，只成爲個人特定哲學主張的宣揚，缺乏學術的客觀性，遑論超越前輩學者的典範！事實上，人文學科的學術典範建立不易，而典範的超越也是學術進步的必然要求，但其過程不是一蹴可幾的，而必須有整體成熟的學術社群來滋養，慢慢水到渠成，不能操之過急。

　　雖然目前台灣的中國哲學研究出現基本能力訓練不足的警訊，不少中國哲學研究者也存在著理論論述能力薄弱的焦慮，但這樣的警訊與焦慮，也可能是台灣中國哲學研究轉化的契機。因為，儘管大陸、日本與韓國的「中國哲學」研究者多少意識到上述問題的嚴重性，但他們仍限於僵硬的學科劃分，中國哲學研究與西方哲學研究分別隸屬不同的學術社群，其訓練各自獨立，少有對話、觀摩與激盪的機會。甚至站在學科本位的立場上，憂心中、西哲學的對話，或是跨學科的實驗與哲學思考，將減損「中國哲學」作為獨立學科的純粹性與自主性。相對於此，台灣中國哲學研究的環境具有明顯的優勢。在當今全球化的世界裡，台灣因其特殊的地理位置與歷史經驗，在亞洲中最具跨文化交錯的特色。在中國哲學研究上，台灣學界少有意識型態的牢籠與框架，也沒有崇尚權威的迷思；而學術社群中，中國哲學研究者與西方哲學研究者並非兩條平行線，時有交流的管道與平台。再者，培養中國哲學研究人才的哲學系所與中文系所大都意識到基本能力訓練不足的問題，如何調整現行的體制，在師資、課程的安排上予以交流、整合，也受到教學單位與學術研究單位的關注。例如：就有學校師生建議國科會舉辦「中國哲學研習營」；也有人建議主張整合人文學科師資、課程與訓練的「學程」設計。姑且不論這些建議能否落實，但在中國哲學研究的基本能力訓練上，多學科訓練互濟、中學與西學雙軌並進，已經逐漸形成學界的共識。

　　總之，「中國哲學」作為一門建構中的現代學科而言，它既要面對積累數千年的傳統中國學術資源，又要通過現代學院哲學的學術要求，以建立其學術的立足點。因而，「中國哲學研究」本身即是一個艱鉅的學術工程，需要好幾代學者鍥而不捨的努力與接棒。如果在學術基本能力的訓練上可以取得共識，則不同學科訓練的中

國哲學研究者就可以隨才性之所適、能力之所及，爲「中國哲學研究」，善盡學者的本分與心力。

　　林月惠，中央研究院中國文哲研究所副研究員，主要研究領域為宋明理學。著有《良知學的轉折：聶雙江與羅念菴思想之研究》，另有宋明理學與其他學術論文，散見國內重要學術期刊。目前研究主題集中在宋明理學與朝鮮時代儒學的比較研究。

知識分子的
公共身分

全球化、民粹主義與公共知識社群

陶儀芬

　　過去這些年，我們可以清楚感受到一般人對於台灣民主政治的運作越來越感到無力、疏離與憤怒，周遭朋友或不再關心公共事務、或躲在一個小小的社群中相互取暖，對於與自己立場不同的人或與自己無關的事情越來越失去耐性。總體來說，台灣社會的社會信任與社會容忍——民主政治健康運作的兩塊基石——正在快速下降。

　　如果只看台灣，很多人會認為，這個發展趨勢與台灣主要政黨近年「只問藍綠，不問是非」的國家認同／族群政治的操作動員有很大的相關性。不能否認，認同／族群問題確實是台灣歷史發展脈絡中很重要（可能是最重要）的一個社會分歧，但民主政治中的社會信任與社會容忍的快速下降，並不是台灣特有的現象。觀察近年世界各國民主政治的運作，從美國到東歐、從東南亞到拉丁美洲，我們也都看到了無論是老牌民主國家或新興民主化國家人民的疏離與憤怒，社會信任與容忍嚴重下降到國家瀕臨分裂邊緣的地步。這樣一個全球普遍存在的情況，或許反映了這個時代的共同問題，綜合一些相關文獻的論點，我把這個問題稱為「全球化時代的『民主赤字』(democratic deficits)」。

全球化時代的「民主赤字」

有關「全球化」這個概念的探討汗牛充棟，並不是這裡要討論的主題。我在這裡使用這個概念，是因為今天民主政治所面對的很多問題，其實是民族國家面對到1970年代以來的經濟全球化（在此定義為全球資本、財貨、人員與資訊快速與大規模的跨界流動）所產生的問題，也就是有越來越多與一般人生活息息相關的事物不是在民族國家之下的民主政治所能規範的，例如不時發生的國際金融危機、貧富差距的拉大、全球暖化問題以及最近國際能源價格與糧食價格飆漲等。換句話說，在全球化的時代，一般人越來越無法透過民主的政治參與來決定自己的命運。啟蒙以來，人民主權（popular sovereignty）的概念可能一直都只是一種無法完全實現的理想，但它可能從來也沒有像在這個時代這麼虛罔過。這種民主政治參與並不能真正讓人民決定自己命運的情況，我們把它稱為「民主赤字」，它的成因除了經濟因素之外，也包含了現代代議政治本身的一些先天性問題，主要表現在三個方面：

一、問責赤字（accountability deficits）

由於民族國家作為現代社會權力運作樞紐的位置，受到來自國家層次之上（international）與之下（subnational）以及非國家行為者（non-state actors）的挑戰，尤其是全球資本主義市場在冷戰結束後的迅速擴張，更是讓市場力量在所得分配、風險分配與機會分配上扮演主宰性的角色，結果許多影響一般人生活的重大決策，往往是千里之外一個不相干的決定所造成，民族國家之內的政治參與，完全無從找出該負責任的人，並用民主的制衡機制來課責，所以現代民

主政治有嚴重的問責赤字的問題。

二、審議赤字（deliberative deficits）

民主政治之下，政治參與者不能掌握自己命運的無力感，也表現在一般公民對政策審議的不得其門而入。由於現代代議政治的政策審議，一般多僅發生在國會殿堂中的利益團體遊說與民意代表的討價還價（其實也沒有理性辯論的空間），一般選民多被排除在外，加上政策的多樣性、複雜性日增，讓一般選民參與政策審議的信息成本越來越高，使得民主政治的政策制訂過程產生嚴重的審議赤字，一般人對政策制訂，乃至民主政治運作本身，產生嚴重的懷疑與疏離。

三、倫理赤字（ethic deficits）

由於晚近西方社會主流思想將「理性」狹義理解爲基於自利的計算能力，而較爲廣義的感同身受的思辯能力漸受忽視，在政治的場域強調的是利益的追逐，而非價值的溝通，政治作爲一種志業是在追求各種片面利益在政治市場的競爭中勝出，漸漸地政治主張的共善性（common goods）成爲多餘的修辭，政治過程的公正性（fairness）成爲奢侈的苛求。這是20世紀以來將民主政治視同於政治市場競爭的先天性問題。我們看到，政治人物只代表自己支持者的黨派取向，近年已從經驗現象上的司空見慣，演變爲規範層次上的理所當然。按照19世紀末德國思想家韋伯對行動倫理的區分來說，當代政治人物在政治行動的抉擇時刻，只重「心志倫理」、不重「責任倫理」，變成是政治人物在政治市場立足的至高目標。由於前面所談到的問責赤字與審議赤字的問題，旁人對政治行動的後果越來越難追究，這又讓政治人物對責任論理（對政治行動意圖與非意圖後

果再三審度的責任）更不重視，因此產生嚴重的倫理赤字問題。

同情理解「民粹主義」現象

全球化帶來的民主赤字，使得渴望透過政治參與來掌握自己命運的公民，對民主政治產生強烈的挫折感，對現任的政治菁英、既有的政治制度，甚至社會主流的規範價值，漸漸產生疏離與怨憤。所以，在人類歷史上，我們看到，當全球化力量肆無忌憚地席捲全球之日，也是「民粹主義」政治盛行之時。

「民粹主義」在今天幾乎是「政治操弄」的同義字，無論是政治人物或政治觀察家，都喜歡用「民粹」來形容他們厭惡的政治現象，好像只要幫對方貼上「民粹」的標籤，對方就立刻被畫入一個「不可理喻」的範疇，這樣論者就可以對其主張卸去同情理解的基本職責，而放縱自己「理性」優越感的情緒滿足。所以，要嘗試對民粹主義現象進行客觀分析，並說服讀者對這個現象產生的原因發揮同情理解，是非常困難的事。

儘管歷史上民粹主義的樣貌多元豐富，在意識型態光譜上從極左到極右都有分布，但它們最基本的一些共同質素就是訴諸「人民的力量」、「反菁英」與「反墨守成規」（anti-status quo）。它是政治平等價值最質樸的一種表現，主張公民政治參與不受階級、財富、教養之差異的限制，認為公民政治參與可以帶來公共生活的正面改變，所以在任何強調民主價值的論述中，都會看到民粹的影子。但它特別強調「人民」與「菁英」的對立，並相信人民直接參與可展現一定力量來對抗墨守成規、對抗既存菁英共犯結構。所以，在19世紀末至第二次世界大戰之前，也就是上一次經濟全球化力量席捲全球之時，我們看到民粹主義在陷入經濟衰退的民主國家以民族主

義、社會主義、農民保護主義、法西斯主義等各種樣貌第一次出現；在20世紀中葉，無論在冷戰中的資本主義或共產主義陣營，我們又看到民粹主義在政治制度化程度低而現代化渴求強烈的開發中國家，以盲目政治造神運動的形式出現，希望強人魅力所喚起的群眾力量展現，可以超克邊陲處境的集體焦慮。

絕大多數自由民主體制（liberal democracy）的提倡者，都會贊成民粹主義強調的政治平等與反菁英宰制等價值，但對於民粹主義運動往往訴諸抽象的「人民」，並追求以超越既有體制藩籬（往往是遊走法治規範邊緣）的人民力量展現來突破結構困境，則多相當保留，尤其看到歷史上出現過的幾波大規模民粹主義運動，往往為「人民」帶來更大的壓迫，更對於這種政治運動可能出現的苗頭戒慎恐懼。所以，在冷戰結束後，全球化市場力量再次席捲全球的今天，越來越多的民主國家都出現了民粹主義式的政治動員，令許多自由民主體制的提倡者感到憂心不已。

然而，如果我們不能對於民粹主義現象發生的成因產生同情理解，去體認全球化的今日一般人民對民主政治參與越來越無法掌握自己命運的失落感，並從國家制度與政策上或社會運動參與上去處理這樣的失落感，僅不斷強調民粹主義的不理性與不道德，恐怕只會更加深一般人民的怨憤，讓民粹主義更為盛行。所以，晚近許多研究第三波民主化的學者，如菲利普・史密特，開始主張應該將民粹主義這個名詞中性化，對於這個現象進行更多客觀的社會科學分析，體認到民粹主義現象的出現，很大程度上是反映了一般公民權利意識的覺醒，尤其在剛剛民主化的國家，其實是自由民主體制的成功，而不是失敗。政治生活對於個別公民來說，不僅關乎實際利益的分配，也關係到情感上的寄託。當許多人體認到，民主政治不能提供他們對自己命運的不同選擇時，政治參與的目的就會轉化成

一種不同意見的表達，這種意見表達往往僅是對缺乏不同選擇的一種抗議、一種不滿情緒，可以提醒真正在選擇他人命運的政治菁英謙卑與傾聽。只要在不會嚴重威脅民主政治的制度基礎的情況下，民粹主義在自由民主體制下，應該有它正當存在的空間[1]。

公共知識社群的角色

　　讀到這裡，或許讀者會以為我將呼籲知識分子大量走入民間，幫助社會各個角落權利意識覺醒的公民參與民主生活。這當然是極為重要的工作，但個別知識分子的投入，如果背後沒有一個健全發展的知識社群來支撐，恐怕無濟於社會不同群體之間的溝通，無法有效緩解全球化時代民主赤字的問題。根據長期研究全球化與民主的關係的英國學者大衛・赫得的看法，全球化時代的民主生活，需要每個公民學習成為「世界公民」（cosmopolitan citizens），具有超越自己社群本位對「他者」立場感同身受的能力[2]。這樣看來，知識分子的投入民間不僅僅應該扮演「培力」（empowerment)的角色，也必須扮演「橋樑」的角色，如果沒有一個蓬勃發展的知識社群，讓多元價值可以進行對話，個別知識分子是不可能扮演「橋樑」的角色，幫助個別公民學習成為世界公民的。

　　那如何建立一個能夠讓多元價值展開對話的知識社群呢？不得不令人想到韋伯《學術作為一種志業》那篇精彩的講稿。這篇近百

1　Philippe C. Schmitter, "A Balance Sheet of the Vices and Virtues of Populisms," paper prepared for "The Challenge of the New Populism" conference, 10-11 May 2006, Sofia, Bulgaria.
2　David Held, "Regulating Globalization? The Reinvention of Politics," *International Sociology*, June 2000, Vol. 15 (2), pp. 394-408.

年前對慕尼黑大學的學生所做的演講，一開始先以「學術的專業化」
與「價值的多神論」來架構當代學術活動的歷史處境，基於他對這
個歷史處境的認識，韋伯提出了「政治不屬於課堂」、「先知與群
眾鼓動者應該到大街上去，把你的話公開向群眾說」的看法，將「學
術」與「政治」的場域做嚴格的區分，並認為這是每一位學者都應
嚴格遵守的道德戒律。韋伯明確指出，學術不能也不應該對「我們
該做什麼？我們該如何生活？」這樣的價值選擇問題提供答案，但
學術對人類社會來說也不僅是一些技術性知識的累積而已，它的積
極貢獻在於：當任何個人對一個價值問題作了選擇之後，學術的功
能是要「啟人清明、並喚起責任感」，也就是要去逼迫、或至少幫
助個人，對他的行動的終極意義，提出一套交待[3]。

　　百年之後的今天，全球學術社群所面對的困境已不再是如何將
「學術」與「政治」的場域嚴格區分的問題，反而是學術的高度專
業化發展，已經讓學術活動陷入越來越瑣碎化而漸漸與社會脫節的
情況。近年，美國的社會學界出現了要建立「公共社會學」(public
sociology)的呼籲[4]。無獨有偶地，政治學界也掀起了一波對科學主
義的反省風潮，強調社會科學研究不該僅從對研究方法的熱情出發
(method-driven)，而要以現實問題出發(problem-driven)[5]。這些呼籲
都是對整體學術社群越來越遠離「政治」，變得無關緊要的擔憂。

3　韋伯著，錢永祥編譯，《韋伯選集I：學術與政治》(台北：新橋譯
　　叢，1991)。

4　Michael Burawoy, "To Advance, Sociology Must Not Retreat," *The
　　Chronicle Review*, Vol. 50, Issue 49 (August 13, 2004).

5　Ian Shapiro, Rogers M. Smith, and Tarek E. Masoud, eds. *Problems and
　　Methods in the Study of Politics* (New York: Cambridge University
　　Press, 2004)

事實上，這樣的發展是韋伯早已預見的。他在文章中曾提到，「晚
近，年輕人的圈子裡流傳著一種說法，即學問不過是數學計算上的
問題，在實驗室或統計歸檔系統中即可生產出來，和『在工廠裡』
製造產品沒有兩樣。而從事這種計算，只需要冷靜的頭腦，可以不
要『心和靈魂』。」

　　如美國著名歷史學者羅素‧傑考比所觀察，今日學術社群的發
展，讓學院中人都成為「學院知識分子」（academic intellectuals），
已經無法產生對人類歷史與社會發展有強烈關懷的「公共知識分子」
（public intellectuals），學術研究的專業化與細瑣化，讓人文與社會
科學的研究者專注於學術期刊論文的發表，關心的問題與使用的文
字越來越專業，也越來越與社會脫節，漸漸喪失使用一般語言與社
會溝通的能力，社會也越來越感受不到這個社群的存在。這樣的狀
況，其實在強調數學計算的科學主義陣營與強調後現代、解構的文
化研究陣營同樣嚴重[6]。換句話說，今日學術社群的發展正讓學術人
喪失「世界公民」的基本能力，又如何發揮前面所談的提供多元價
值對話平台的功能，扮演全球化時代緩解民主赤字的「培力」與「橋
樑」的角色呢？

　　然而，「心和靈魂」的喚起，並不表示「學術」應當直接介入
「政治」。當學術太以某種價值的實踐為目的時，自然就喪失了「啓
人清明」的能力了。我們早已看到太多頂著學術光環的人，過於為
某種政治立場服務的結局，反而是讓自己的光環失色，也傷害了學
術社群的整體社會形象。「心和靈魂」的喚起，也決非要揚棄「學
術專業化」的發展。學術社群作為一個現代專業社群，一定程度的

6　Russell Jacoby, "Big Brains, Small Impact," *The Chronicle Review*, Vol.
　　54, Issue 18（January 11, 2008）.

專業主義與所衍生的相關倫理規範,是這個社群生存的根本前提,唯有持續的專業化發展,才能維繫社群內部的成員認同與社群對外的社會功能。「心與靈魂」的喚起,是要呼籲躲在象牙塔之內的學術社群成員,尤其是掌握資源的學術菁英,不應該僅以「專家」自許,追求個人在單一專業領域的卓越成就;更應該要意識到自己對社會的特權與義務,以建立「公共知識社群」為念,關心自己身處的學術社群的整體發展,以及學術社群和人類歷史與社會發展之間的關係。

在像台灣這樣的學術社群,一方面深受儒家傳統文化影響,另一方面又身處現代人文與社會科學發展邊陲地位,在無法擺脫傳統讀書人相對於社會的傲慢與孤立的同時,又急著要以培養與西方理論對話的能力,作為學術發展的趕超指標,正好強化了在威權時代統治者就刻意發展的與社會脫節的「專家」傾向。因此,相較於學術社群傳統得到較完整發展的國家,台灣的人文與社會科學社群,對我們身處的具體歷史社會情境的掌握,仍處於一個相當懵懂無知的狀態,所以更需要將「心與靈魂」投入我們的學術社群發展,才能讓「學術作為一種志業」真能「啓人清明」,學術社群真能成為全球化時代多元價值對話的平台,關懷社會、啓迪後進,協助個別知識分子能在社會不同領域發揮「培力」與「橋樑」的功能。

陶儀芬,現任台灣大學政治系副教授,研究興趣包括比較政治經濟學、中國政治、全球化與民主化等議題。

「論政」與「治學」的兩難：
反思公共知識分子的内在困境

唐小兵

一、學術與政治：啓蒙知識分子陣營的内部分化

　　最近這幾年，在大陸興起的1980年代懷舊熱，從一個側面反映了人們對於那個時代的嚮往：在啓蒙的大旗下，知識界創辦具有民間性質的刊物、主編譯介國外學術的書籍、開辦文藝思想沙龍、大規模地舉行各種學術研討會，在大眾刊物上呼喚言論和出版自由，重申自由、民主與人權的普世價值等，與由經濟改革推動形成的中國民間社會，達成了一定默契，共同創造著介於國家與社會（或者說政府與人民）之間的公共空間。可以說，那個時代幾乎所有的知識分子都熱情地介入了這場新啓蒙運動，思想的激情與現實的關懷幾乎完美地融合了起來。可惜這場運動被1989年的天安門事件所阻遏，知識界的啓蒙陣營開始瓦解，啓蒙的態度的同一性開始分化。知識分子要麼下海，要麼出國，要麼埋頭學術不問時事，要麼繼續堅持啓蒙的態度。這個時候判斷知識界内在分化與演變的一對關鍵字語是「學術」與「思想」。學術規範、學術操守、學術建設等，壓倒性地成爲知識分子人生價值的來源，相對取代了1980年代從社會啓蒙與國家復興獲取價值的模式。到了20世紀末和21世紀初，知

識界出現對於這種趨向的反彈，伴隨著民間維權運動、NGO組織的
出現、互聯網的迅速繁榮、各類報刊對評論的重視等，更關鍵的是
改革內在機制的不健全，導致社會貧富分化嚴重、農村的衰敗與蕭
條、下崗工人的急劇增多、腐敗蔓延、醫療、教育、養老、住房等
各種社會問題嚴峻、整個社會的道德敗壞與信仰虛空，特權階層的
橫暴與贏者通吃等現象，導致改革自身的合法性出現危機，即從1980
年代的要不要改革開放的爭論，轉化成了為誰改革、往什麼方向改
革的根本性分歧。一部分優秀的知識分子重新介入對當代中國問題
的研究與討論，他們或引入西方學理資源來分析，或身體力行進行
社會實踐，或依據本土的改革實踐尋找對策，或從傳統中國覓求政
治靈感。正是在這樣一個歷史背景與社會趨向下，中國出現了一批
公共知識分子群體，其實質，就相當於1980年代的啟蒙知識分子。
只不過在思想資源、活動空間、生活閱歷等各個方面有一定變化而
已。可以說，公共知識分子的存在在當代中國既是知識分子批判傳
統的展現，也是社會變革內在的要求；公共知識分子成為與利益群
體進行博弈和抗爭的理性力量，成為溝通社會與國家的仲介力量，
成為社會維權運動的思想資源，成為社會新思潮的發起者與傳播者。

　　但是，公共知識分子在成為社會的良心的同時，也暴露了一些
問題。主要表現在公共知識分子陣營的內部分化，比如一些同樣關
切社會問題的自由主義知識分子與新左派(也稱批判知識分子)形成
壁壘分明的對立，立場決定了言說，往往缺乏理性而深入的溝通與
互動；同時也表現在部分公共知識分子在討論社會問題的模式化與
「平庸化」，往往依據思維慣性與固有的知識資源，進行簡單的對
號入座式的言說與分析，理性思考淪為立場表態，無法讓公眾獲得
真正的思想啟蒙。還有就是一些公共知識分子，在沒有充分的專業
知識的情況下，跨越太多的領域發言，似乎成了萬金油式的公共知

識分子，讓公眾和同行對其參與動機和言說品質產生疑問。

　　與此同時，在中國學術界正在蔓延且愈演愈烈的專業主義潮流，學科建制越來越完備，學科分工越來越細緻，學術角度越來越深入，導致學術界在討論學術問題和公共問題時，大部分抱持一個謹慎甚至謙卑的態度，內行與外行之間的界線越來越分明。這又反過來導致學術界的一種「普遍的焦慮」。相對於民國學術界和國際主流學術界，中國學術正處於復甦階段，很多學術問題缺乏深入研究，學術共同體也沒有形成標準和規模，學術文化更是呈現粗陋的敗相。於是，這些學者主張學者本位意識，主張學術與政治之間必要的距離，主張首先從知識界內部重建理性的知識生產體制與誠信體系。這是在90年代以後的凸顯學術的道路上的推進，更是這些學者在面對公共知識分子熱潮時，對於堅守書齋埋頭學問的價值的自我確認。

　　正是在這樣的背景下，來自知識界內部的對於公共知識分子的質疑與反思，才得以理解。劉小楓在1980年代曾參與編輯《文化、中國與世界》叢書，並經常在《讀書》等期刊上發表具有公共性的隨筆，近些年主要的精力卻集中在主持和參與翻譯西學上。他主編的「經典與注疏」規模宏大，體例嚴謹；他與甘陽發起這場重新閱讀西方的行動（意謂此前百餘年的翻譯西學太多的功利色彩，沒有在西學和西方社會的自身脈絡裡理解西方思想），在知識界尤其是青年學生中獲得了廣泛共鳴。他這種對於經典的關注與理解，導致他思考的核心不再是社會、政治與文化，而是知識與真理何以可能的問題，也就是人如何可以通過尋求真正知識的努力來安身立命。

　　正是基於這樣一個學術優先於政治的立場，劉小楓顯然對這些年風起雲湧的「公共知識分子」有所保留。他用充滿反諷意味的筆調寫道：

眼下，我們多半是在向有聰明才智的公共知識分子學習，向各
類新興的社會科學專業的發明人士(經濟學家、人類學家、社會
學家)學習，並由此成為大學教授。可是，除非我們事先弄清楚，
有專業知識等於有教養，公共知識分子便意味著有高貴的品質
和政治的美德，我們跟從這類人士學習恐怕沒有把握自己會被
教育成有教養的人。[1]

　　因此，劉小楓對「知識分子」設定了一個更高的標準，那就是
知識分子在面對模棱兩可的市民時，需要新的見識能力、新的言辭
本領——製造晨霧的本領。至少需要特別的回憶能力，記得起人類
過去某個歷史時刻的血腥和蜘蛛網般的恐怖；還需要特殊的見識能
力，看得見迫在眉睫的危險和通向深淵的精神斜坡；不可或缺的當
然還有特別的語言能力，懂得把格律和平仄隱約在色情的模糊、好
奇和喜悅中，讓市民自以為找到了熟悉的欲望——其實一切都是解
釋不了的日常。
　　在〈知識分子的「貓步」〉一文中，他提出一個很有挑釁意味
的比喻：知識分子的貓步，意思是當代中國的知識分子在思想與實
踐中總想到左右腳下之間恰好有條直線，腳步當然不能自自然然邁
出去，必須輪番踩在直線上，最後就是左右搖擺的故作姿態，而喪
失了知識與道德的誠實。在他看來，「熱衷表演的知識分子還為『貓
步』提供了悲壯而崇高的理由：關注現實當下問題——不曉得『泛
泛之詞和無謂的激情都是缺乏專業素質的表現』(博爾赫斯語)。」
而在接受中國具有廣泛影響力的主流報紙《南方週末》的採訪中，
他更是直言不諱地坦露了其在學術與政治之間的取捨：

<hr>
1　劉小楓，《這一代人的怕和愛》(華夏出版社，2007，增訂本)。

　　一次在北京講學，有人問：如今社會問題那麼多，你作為一個
　　知識分子，整天埋頭搞古典，內心安不安？當時我的回答是：
　　孔子生活的時代也不容易吧，比我們當今的處境可能還慘，禮
　　崩樂壞呵……我以前學知識分子，躁動不安得很，如今學孔子
　　整理古書，不學「有思想」的知識分子，內心反倒安頓下來……
　　2

　　在這裡，知識分子的含義又回到它最初的具有貶義的起源了，
即成為致力於「意識型態鬥爭」而無法獲得真正的知識與美德的群
體。
　　如果說劉小楓思考的是「真正的知識與美德何以可能」這種根
源性問題的話，那麼北京大學歷史學系羅志田教授的出發點則是一
個專業學者的本位意識。他認為，從1905年將知識分子與意識型態、
政治制度捆綁在一起的科舉制度廢除後，中國社會形成了新的教育
體制和各類大學、研究所，專業學者至少已經有了相對獨立的空間，
可以不問政治。他所思考的是，在今天中國這樣一個相對穩定的學
術環境中，學者應該如何淡泊地致力於自身的專業學術研究，提升
學術共同體的專業品質，出現一些真正的大學者乃至大師，為今後
的學術創造奠定基礎。
　　或許正因為這樣一個思想預設，羅志田對於公共知識分子持疑
慮的態度：

　　我很敬佩部分「知識分子」關懷社會現實的熱忱，……；但是

2　〈天不喪斯文：「經典與解釋」主編劉小楓訪談〉，《南方週末》
　　「閱讀版」，2007年5月24日。

有些人所關懷的範圍未免太過寬泛,去年大陸某電視臺舉辦「超級女聲」的選拔賽,風靡全國,連史學界裡都有人出來撰寫文章,發表議論。當時我就跟學生開玩笑說:「凡是對『超級女聲』發言的,就是知識分子;不發言的,就是專業學者。」我覺得,現代社會多元發展,像「超級女聲」這樣的活動,倒也無傷大雅,實在不必勞動「知識分子」大動干戈。

正是從這樣一個視角出發,他憂慮學院出身的公共知識分子會被「振臂一呼、應者雲集」的明星效應所迷惑,而削弱了專業學者的底色。他直言不諱地批評道:

今日一些「公共知識分子」漸有變成「公眾知識分子」的傾向,凡是媒體有興趣的都願「參與」,而不管自己是否具有特定的知識背景。我想,個人力量總是有限的,現代社會也要求細密的分工,如果每個人都能在自己所屬的領域中盡心努力,倒也不失為合理的安排。然而,那些「知識分子」固然不太喜歡專業學者,卻又始終要維持「學者」的認同。我倒希望他們能撐起鮮明的旗幟,清晰地劃分出知識分子與專業學者之間的區隔,不要讓年輕人造成認知上的混淆。[3]

羅所希望的專業學者與知識分子各司其職,不能濫用學者的身份去面向公共發言;扮演知識分子的角色,所強調的是知識與道德上的誠實。他並不反對知識分子關切社會,只是反對那些類似於媒

3　王震邦,〈兩岸史學與史家:羅志田訪談〉,《思想》第6期(台北:聯經,2007)。

體知識分子角色的專業學者，事事發言，時時表態，結果誤導有志於從事專業學術研究的年輕人的價值觀。

應星則為公共知識分子與媒體知識分子做了社會學的區分，捍衛公共知識分子的尊嚴。他認為二者的差別主要表現在四個方面：在發言立場上，媒體知識分子表面上採取的是獨立的學者立場、批判的姿態，實際上卻是意在取悅官方或迎合市場，或者說是對宣傳要點或市場口味的知識包裝；而公共知識分子是真正地從自己的獨立思考出發，敏銳地抓住重大的社會問題來推動社會進步。在發言基礎上，媒體知識分子的發言根本沒有任何專業基礎，並因此敢於在一切時政和社會問題上發言；公共知識分子的發言則是以自己扎實的專業研究和深厚的思想底蘊為基礎的。在發言選擇的媒體上，媒體知識分子熱衷於在受眾面最廣泛的電視上發言，而公共知識分子大多拒絕電視文化的宰制與操控。在發言旨趣上，媒體知識分子熱衷於為社會問題提供簡明的答案，對未來作出清晰的預測，告訴人們應該去做什麼，而公共知識分子則重在引導人們思考各種行動的可能性及其限度，力圖使理性擺脫冷漠、使熱情避免亢奮[4]。應星所推崇的是像列奧·施特勞斯和福柯那樣的知識分子，用睿智的思想和審慎的智慧來深遠地影響社會生活與思想世界。如福柯所言：

> 知識分子的工作不是要改變他人的政治意願，而是要通過自己
> 專業領域的分析，一直不停地對設定為不言自明的公理提出疑
> 問，動搖人們的心理習慣、他們的行為方式和思維方式，拆解
> 熟悉的和被認可的事物，重新審查規則和制度，在此基礎上重

4　應星，〈公共知識分子——面對什麼樣的公眾？如何面對？〉，《二
　　十一世紀》，2005年4月號。

新問題化(以此來實現他的知識分子使命),並參與政治意願的
形成(完成他作為一個公民的角色)。[5]

　　事實上,來自專業同行的這些質疑的聲音,對於學院內的公共
知識分子確實造成了一定挑戰,也促使他們對所扮演的角色進行反
思。自然,這類公共知識分子雖然不能忘情於政治,但落腳點是在
學院與學術,學術與政治之間的彷徨,使他們成為轉型中國最具特
徵的中國式知識分子的代表。一方面,他們立足學院,扮演一個專
業學者的角色,從事知識的生產與傳播,但是另一方面,他們對於
今天的越來越「封建割據化」的知識界現狀不滿,對於國家力量和
意識型態通過課題、專案、重點學科與基地建設、研究生培養機制
滲透到學院更是不認可,甚至對於整個學術體制裡的「行政吸納學
術」有著濃烈的感受與抵觸情緒,更對於學術界粗製濫造和重複生
產的「偽學術」心存警惕,這就讓這些學者認識到,學術並不能與
政治隔離開來;沒有政治機制的變革與新的政治文化的創造,在學
術體制國家化的現實情境中,學生的創造力與學者的才能,都不可
能積極而有效的發揮,因此在學院與社會政治的一體化框架裡來創
造新的學術空間,也是堅守學術崗位的學者的「另一種啟蒙」的歷
史使命。同時,整個社會的急劇變遷與問題的叢集,也導致這些本
來就對於中國前途有著關切的學者,無法局限於象牙塔之內,而是
渴望用自身的知識去觀察、理解、思考與表達這個社會的種種問題。
這種介入雖然可以在社會空間獲得一時的效果,但是由於民意、輿
論與政策機制之間缺乏有效的溝通,往往最後淪為一時的話語,導

5　福柯,《真理與權力》,轉引自應星〈公共知識分子——面對什麼
　　樣的公眾?如何面對?〉一文。

致這些出身並立足學院的公共知識分子產生認同的焦慮。其中一些人甚至後悔從年輕時代就開始介入公共生活，認爲如果從一開始就全力投身於學術，也許可以做出更有價值的工作。這種從「誤入歧途」的否定到「迷途知返」的醒悟，從而宣布「退出江湖」回歸書齋的堅決，但偶爾又「不能忘情於政治」的面向公共發言，實質上「欲罷不能」的猶疑，種種情態甚至影響到對學生的培養，在讚賞一些參與公共討論的學生有社會關懷的同時，又否定其報刊文字的價值，認定是報屁股文字之類的雕蟲小技，勸說學生致力於艱辛而更有價值的學術工作。這種認同的困境既可能導致公共知識分子的彷徨兩地，無所適從，也可能形成學術與政治之間的必要的張力，使「有思想的學術」、「有學術的思想」和有專業深度的公共言論成爲可能。

二、知行分裂？公共知識分子面臨的道德困局

當代中國公共知識分子主要來源於各類大學、學院和研究院所，因此，大學自身的自主性程度與依託於此的公共知識分子發言的公信力之間，存在一個隱秘的關聯。若大學的自主性喪失殆盡，淪爲特權階層或意識型態的代理機構，那麼公共知識分子的獨立性又從何談起？根據學者謝泳的研究，民國時期中國建立的大學制度是具有相當合理性的現代架構，也即公立大學、教會大學和私立大學「三足鼎立」的局面，尤其是在1930年代的北平，中國大學的專業化程度達到歷史的頂峰，學術建設成就至今爲人所樂道。而與此同時，當時以胡適、傅斯年、蔣廷黻等爲代表的專業知識分子，創辦了《獨立評論》這份卓有成就的政論刊物，並與當時最具影響力的《大公報》展開合作，開設政論專欄「星期論文」，面向公共發

言，造成理性而健全的公共輿論。抗戰過程中，由北京大學、清華
大學、南開大學南遷昆明組建的西南聯合大學，在面對國民黨政治
文化的外部擠壓與內部滲透的情形下，仍堅持獨立自主的辦學路
向，在極其艱苦的條件下創造了學術的輝煌與政論的繁榮。建國以
後，尤其從1952年開始的大學調整，人文類大學和院系普遍遭到壓
縮，大學主要成為國家發展科技力量的技術中心，同時也成為國家
意識型態的全面灌輸空間，原先「三足鼎立」的局面蛻變成公立大
學的「一枝獨秀」，大學的自主性幾乎蕩然無存。改革開放後，大
學的自主性逐漸復甦，大學的公共文化與學術文化開始強調其相對
的獨立性。但這種發展到了1989年的學潮之後，又被生生阻斷，國
家力量重新強化對於大學的控制，本已鬆動的大學空間再度板結、
凝固，大學的自主性與批判精神都急劇衰落。而從1992年開始的全
面市場化，更是使大學的自主性面臨資本的侵蝕和消費主義文化的
摧折，情形類似雪上加霜。從這個角度而言，1990年代以後學界所
謂的規範、專業主義運動，也可從反面解讀為面對國家力量的干涉，
學界試圖在相對放棄公共關懷後，維繫學術自主性這一薪火。劉擎
曾指出：

> 中國知識界的專業主義運動同時受到國家和市場力量的干涉與
> 制約，……。國家權力雖然放棄了對知識場域的全面掌控，但
> 仍然要求知識界為國家意識型態的合法性作出論證，這導致知
> 識場域生成了一個常常被稱作「理論界」的次級場域。同時，
> 大眾傳媒在90年代獲得了迅速的商業化發展，而在社會轉型中
> 諸多公共關懷的問題通過傳媒機制轉化為對「思想」的市場需
> 求，從而使知識分子的思想言說與時事評論獲得了市場價值。
> 在傳媒場域與知識場域的互動中，「思想界」作為知識生產的

另一個次級場域應運而生。[6]

前不久，北京大學教授陳平原在廣州一個大學論壇上，批評今天的中國大學越來越官場化、衙門化，並公言反對第一流的學者去從事行政工作。而同爲北大教授的李零先生，2003年曾在〈大學不是養雞場〉中指出：

> 目前學校中的「弊政」，早已是有目共睹，……。上峰是按『成績』發錢，這是關鍵所在。大家不能不靠「成績」吃飯。比如說，各大學的申報博士點，申報基地，申報專案，申報優秀博士論文，以及各種名目繁多的獎項，都是所謂「成績」。各個學校，所有教員，都是圍著這些「成績」團團轉，整天評這評那，花樣多得不得了。誰都知道這是上下欺哄，虛假成風，但誰都樂此不疲，趨之若鶩，……。[7]

北大哲學系學者韓水法也說，

> 大學的基本學術單位也主要是大學行政部門的下屬部門，……它們所具有的自主性相當薄弱。這主要體現為行政主導的主要管理方式，從教學學術到其他事務，都是行政決定式的，而不是由這些單位的成員通過共同參與的，亦即民主的方式決定的。而在現代社會，任何自治必須借助一定形式的民主方式，

6　劉擎，〈「學術」與「思想」的分裂〉，《二十一世紀》，2005年4月號。
7　李零，〈「大學不是養雞場」〉，《中國新聞週刊》，2005年第2期。

否則就是不可能的。

　　他指出，在中國的大學裡面，不要說全體教師，就是教授也沒有決定基層學術單位重大事務的平等的權利和權力，更沒有保障這種權利和權力的制度和程序。即便在頗受爭論的北大方案裡面，教授會議也無非是一個諮詢機構，並無實質的權力；並且這個方案事實上的許多漏洞，使得人們可以輕易地對這個可憐的諮詢機構敬而遠之[8]。1998年北京大學百年校慶的時候，中文系著名學者錢理群發表了〈想起了七十六年前的紀念〉一文，重提蔡元培時代的理想主義精神和批判性格，並沉痛地指出北大自由主義傳統的「墮落」。從北京大學這個中國象徵民主與自由的最高學府的這些人文學者的言論可以發現，中國大學的「行政吸納學術」、學術機構的官僚化以及國家和市場力量對於大學的滲透和控制，達到了一個空前的地步，而這一切都是在創建一流大學和科學化管理大學的口號下進行。除了極少數大學教師外，絕大部分都主動或被動地參與了這個過程。公共知識分子大部分來自學院，如果連這個自由的堡壘都無法守護的話，公眾又如何相信他們能夠進一步向公眾立言的公正性與道德力呢？

　　一方面，公共知識分子面對社會不義，在報刊、電視或網路等公共論壇上發表言論，陳述觀點，引入新知，表達抗議，甚至對於他們所寄身的學院體制和教育文化也不無批評；另一方面，面對學院體制的柔性控制(以國家資源和意識型態為後盾)和「工具理性化」的過程，公共知識分子卻無法從實質上抵抗這個過程，眼睜睜地看著大學文化的衰敗和凋敝，處身於各個大學具體院系的知識分子個

8　韓水法，〈世間已無蔡元培〉，《讀書》，2005年第4期。

人,就如同被學院這塊「海綿」迅速吸收的「細胞」一樣,雖時有
如上述所引用之批評,卻難以扭轉大趨勢。各式各樣的檢查評估、
指標量化,重點學科與基地的申請與評審、從國家級到省市級各種
課題的申請、立項與評估等各種行政性事務周而復始,上級部門的
日常性檢查與各種會議的召開等,把公共知識分子捲入到繁瑣的學
術行政事務中,自然也會得到一定回報。這樣,公共知識分子的社
會形象呈現出一種結構性的斷裂:面向公共發言的超然,這種超然
訴諸知識的專業化與價值立場的獨立,以及道義感的感召力;但又
有涉及自我利益的軟弱、虛偽、勢利與逃避等,甚至是不自覺地捲
入到大學的利益分贓遊戲中去。自然也有「自我邊緣化」的潔身自
好者,可無論採取甚麼姿態,如果不能對於發生在身邊日常情境裡
的不合理、不公正的事情發言,那麼自然會削弱其公共發言的力度。
事實上,今天的中國社會,已經存在一股強勁的對於學院知識分子
的不信任感,認為其為體制的既得利益者與合謀者,認為其精英的
身份與上層的地位已經決定了不可能真正為底層代言。從這個角度
而言,公共知識分子誠然專業知識至關重要,而道德操守上的純正
與誠實,尤其是從日常現實反抗不合理現象的道德勇氣,則更為根
本。實踐的批判比話語的批判來得更為重要。若僅僅停留於對一些
與自己沒有直接利益衝突或相關性的事情,進行義正詞嚴的高調批
判,而對於身邊的不義與不合理處,卻默許、縱容,甚至變相參與,
那麼公共知識分子的這種批判自然會被當作批判性的話語文化,雖
然或有意義,但卻匱乏觸動根底的道德力量。進一步而言,若處身
學院的公共知識分子人心已經不振拔,人格已然萎靡,對於己身所
處之學院空間的墮落都感覺幻滅的虛無,那麼真正的知識如何可
能?豈不都成了與己身之生命體驗無關的外在的學術符號,用這種
本已隔離於生命情境的空洞話語,去批判社會種種的問題與困境,

豈不又是一種隔膜之隔膜的隔靴搔癢？！這就對於公共知識分子合法性來源的兩個基礎，即專業知識的權威與批判立場的道德基礎，都構成了雙重擠壓的內在耗損。

當代中國學院裡的公共知識分子，在學院內部面臨的最大挑戰是：「行政吸納學術。」相對於民國一些一流大學的教授委員會治校的學術自由和行政自主，今天的中國大學呈現的是一種倒轉現象，從國家體制獲取正當性和資源的行政力量成為壓迫性的力量。所謂行政吸納學術，表現在幾個層面：大學教授的學而優則仕，從優秀的學者成為學術官員，被官場文化滲透與改變，或者被日常的行政事務耗損其學術資質；大學以外的「仕而優則學」，諸多地方或中央官員或通過各種途徑，從各大學輕易獲得碩博士學位，或在退休後或在職時成為大學裡的學官或兼職院長之類。因他們掌握政府資源與政治權力，大學一般來說無從拒絕，甚至主動迎合其要求，導致學位和學術的神聖性遭到侵蝕；大學從校級到各院系的管理，呈現出越來越明顯的科學理性（工具理性）主宰一切的趨勢，很多人都覺得不滿，可又都服從著這個巨大學術機器的運轉，每個人似乎都陷身在一個「無物之陣」之中。正是在這樣語境下，公眾對於北大法學院教授賀衛方罷招研究生以反抗制度的不合理、清華美術系教授陳丹青辭職以反對招生體制的荒唐、人民大學政治學系張鳴教授揭露本系的官僚化與行政化等公共知識分子的選擇，致以敬意與支持。但這畢竟是個案，而且正如陳在私下所說，不是每個知識分子都能有社會資本脫離學院體制。面對國家控制了幾乎所有的大學資源，公共知識分子大部分也只能在這個體制內討生活，這也許是當代中國公共知識分子一個大的困局。他們雖然不滿意當下的學院體制，卻無法從根本上挑戰和改變。甚至在面對教育部一些荒唐的舉措時，也無從從實質上抗議與拒絕。比如現已被中國政府宣布失

敗的教育產業化，比如這些年盲目的研究生擴招，比如已經開始的
將遴選專業人才的研究生自主考試轉換成全國一張考卷的「高考化」
趨勢，學院出身的公共知識分子大都不以爲然，甚至極其憤慨，卻
似乎找不到一個反抗的突破口，更缺乏聯合行動抵制的能力，只能
眼睜睜地看著這些國家力量對大學自主性的傷害。

　　歷史總是驚人的相似。如果說20世紀初年的胡適等知識分子是
在議政、參政與學術三者之間搖擺的話，那麼今天的公共知識分子
則只剩下在論政與治學之間抉擇了。前者受限於言論管制與公民社
會的不成熟，後者迫於學術體制的官僚化與學術文化的粗鄙化，這
就導致學院出身的當代中國公共知識分子『論政』與『治學』的兩
難。當年剛從美國留學歸來的胡適，曾公開宣布「二十年不幹政治，
二十年不談政治」。他認爲中國的問題在思想文化層面的革新，應
從學術自主和大學教育著手建立社會政治革新的基礎，這與今天強
調學術本位的學者似有幾分相似之處。可胡適沒多久就放棄了這一
立場，創辦《努力週報》、《獨立評論》等政論刊物，積極地介入
對時事的評論與對政府的批評。胡適的朋友丁文江批評他道：「你
的主張是一種妄想；你們的文學革命、思想改革、文化建設，都禁
不起腐敗政治的摧殘。良好的政治是一切和平的社會改善的必要條
件。」[9]今天的學者出身的公共知識分子，似乎面臨著類似的困境。
如果整個政治文化不是朝著良善的方向改進的話，如果國家意識型
態力量仍舊主導著大學的基本文化面貌，如果所有的學術資源仍舊
必須仰賴於政府，而民間社會無從成長，並爲大學「輸血」，那麼
即使個別學者在學院體制內潔身自好，潛心學術，也根本無從改變
學院的「現實」，也無從挽救當今高校的「行政化」和「官僚化」

9　胡適，《丁文江的傳記》（安徽教育出版社，1999）。

趨勢，那麼其所做的努力，就會迅速被高校這個巨大的吸血鬼消耗殆盡。從這個角度而言，任何學者都無法自外於政治的。消極的守護個別的學術園地雖然重要，而積極地保衛學術環境的自主性基礎則更爲關鍵。即此而言，公共知識分子雖然面向社會，其實也是背靠學院的，其所倡導的自由民主制度的建立，從根本上是有助於學主自主性之確立的。從胡適等民國知識分子的人生歷程來觀察，也可看見學者與公共知識分子兩種角色之間並不必然不可調和，關鍵的是如何互補，以及如何身體力行。

　　唐小兵，上海華東師範大學歷史學系2006級博士生，學術興趣集中在現代中國思想文化史及當代知識分子研究。

評論與
回應

也談中國自由主義的困境

王超華

　　幾年前，「世紀中國」網站曾有過一張列表，根據4項批判目標
的不同選擇順序，為中國知識界知名人士分門別類[1]。世事變化，如
今「世紀中國」已無處可尋。這張表卻一直伴隨著筆者的思考，非
但不感覺它的過時，反倒常常在考察思潮流變時，借助它揭示盲點。
這種借鑑功用，與其說來自該表對知識界名人的定位，毋寧說是因
它歸納出四類批判目標，即：國內資本，國內霸權，國際資本，國
際霸權，讓近年知識界的分歧得以清晰簡潔地呈現。該表假設，中
國思想界重要人士的主要分歧並不在這四個目標本身；他們至少在
言辭上都自稱既反對資本、也反對霸權。即使所持立場未必都基於
「平等」原則，至少「公平」和「正義」均屬題中應有之義，大家
都是要為無權無錢的社會群體(包括弱小民族和國家)發言張目。他
們之間的重大分歧，是在批判目標的排列順序上。論辯之所以難以
深入，是因為各方應用公平和正義時，常常發生範疇錯位，在上述
四個批判目標中，總是有選擇地針對其一其二而避言其餘。十幾年
來，諸如重國際者回避國內、重國內者忽略國際的狀況，可說比比

1　「世紀中國」這張列表見於2000年夏秋，使用網名。筆者已多次引
　　用，但因當時未能保存原始資料，無法致謝，並無掠美之意。

皆是，至今少有改善。批判目標上畸輕畸重、避言其餘的狀況，並
不限於分析現實，也反映在理論探討中；甚至不僅發生在中國，西
方思想界同樣存在。《思想》第7、8兩期刊載關於當代自由主義的
系列筆談，令人不禁想到，那四個批判目標仍然主導著中國的政治、
經濟、社會生活，也直接影響著自由主義立場在今日中國的處境。
與此同時，幾乎所有筆談者都提到美國哲學家羅爾斯和德國哲學家
哈伯瑪斯，也讓人想起佩里安德森2005年對這兩位哲學家（以及義大
利哲學家伯比奧）的批判解讀[2]。

一

　　在佩里安德森看來，羅爾斯和哈伯瑪斯長期致力於社會正義和
民主發展的理論，但以往都是針對相對封閉的社會，只是到1990年
代才轉而注重國際關係。蘇聯解體和冷戰終結，爲他們提供了歷史
背景。兩位哲學家借助康德永久和平理念，設想在全球不同社會裡，
推廣實現人類普世價值，並從學理和政治上，支持此後以美國爲首
的西方國家實施若干重大國際軍事干預。從巴爾幹半島到中東海
灣，這幾次軍事干預的發起過程中，一直存在高調口號和程序正義
之間的衝突。其中顯示的問題，原屬兩位哲學家的當行本色，他們
卻無力回答。與此同時，非洲爆發大規模戰事和人道危機。可是，
無論是在烏干達還是索馬里亞，西方國家以及聯合國卻都表現得或
是無所作爲、或是無能爲力。兩位哲學家，同樣無力面對這種新出
現的政治倫理真空。在國際現實面前，政治自由主義的哲學思想竟

2　Perry Anderson, "Arms and Rights: Rawls, Habermas and Bobbio in an
　　Age of War," *New Left Review*, 31（Jan/Feb 2005）, pp. 5-40.

然如此軟弱無力，這是偶然的嗎？事實上，由此反觀他們此前關於正義民主原則的理論構築，可以顯示出某些通常會被忽略的討論前提。從社會歷史看，哈伯瑪斯著力於探討現代性的歷史維度，堅持公共空間和公民社會是現代性的必要條件。不過，他也始終高度認可美國的典範意義，既肯定美國在20世紀三大衝突(一戰、二戰、冷戰)中的決定性領導地位,也認定美國社會政治機制代表著最可取的普世價值。由於這種預設，他不可避免地淡化了國際霸權和國際資本在歷史上的負面作用，因而無法充分考慮第三世界國家發展公共空間和公民社會的問題。從政治哲學看，羅爾斯的《正義論》首先假定所有社會成員都已自願接受共同的政治契約，社會共用的政治體制束縛並保護全體公民最基本的權利平等。在這個前提下，他可以忽略追求社會平等契約的政治革命階段，直接考量一個已經基本實現民主的社會如何在多元文化時代實現公正原則。這種近乎靜止的描述論證，割裂了既有社會文明建構(如基督教、伊斯蘭教、儒教等既有文明)與現代政治體制及現代性的歷史衝突關係；一味追求多元共存，也削弱了康德啓蒙時代特有的判斷力問題與世界和平原則的聯繫[3]。

不妨說，當代自由主義缺乏整合的狀況，並非僅限於華語地區；從理論上整合的野心和能力，在這些經典西方哲學家那裡已見薄弱。後冷戰時代將近二十年，資本主義全球化日益加速，國際間財富、權力不平等愈發嚴重，這些都深刻影響著區域政治。可是，自由主義者卻顯得無力質疑全球性歷史變動，甚至時常無所適從。另

3　參見佩里・安德森文章，尤其是頁7、19、12-13、27-28、32-33。安德森文章並未展開對哈伯瑪斯現代性和公共交流理論的討論，另見哈伯瑪斯相關著作。

一方面，在各種後現代課題及多元文化立場壓力下，自由主義傾向
於高度依賴程序政治，甚至轉而求助於法律程序，無形中削弱了理
性公民積極議政、參政的立場，同時也影響到堅持理想社會原則，
難以提出既富有創見、且能賦予社會成員內在尊嚴的有力想像[4]。近
來，這種缺乏整合的狀況正出現微妙改善，其中最重要的推動力來
自於環境保護運動。連綿不斷的戰爭與和平，由於包含長久以來的
宗教或意識形態糾葛，常常無法在四分五裂的思想界獲得有力回
應。環境意識則開始在存在意義上重新質疑個體、自然、人類、社
會的各自目的及其相互關係，並由此醞釀出相應的政治立場和運
動。不過，無論是哲學質疑還是政治運動，數十年來的環保運動仍
有待發展出獨立自足的本質；自由主義能否借此重振生命力，因此
也更有待觀察。

　　至於自由主義的社會號召力，無論增長或消退，恐怕亦屬全球
現象。1980年代以來，自由主義最為鼓舞人心的時刻，首先是「蘇
東波」帶來的前蘇聯解體，然後又有東歐中亞等地一系列的「顏色
革命」。從解釋原因來看，固然可以印證哈伯瑪斯公共交流等理論，
卻也恰好落入上述羅爾斯作為前提而未加考量的盲點。而在前景設
想方面，自由主義往往只能依賴冷戰餘緒，無論是公共交流還是多

4　安德森指出，如今一方面金融和資源的全球化破壞了國家政權控制
　　關稅和社會福利的能力，另一方面移民潮和多元文化解構了國族內
　　部的族裔同一性，二者同時削弱了自由主義以單一「民族國家」為
　　其社會假定並建構理論的現實基礎。同上，頁15。在延展康德永久
　　和平理念時，安德森的解讀顯示，正義與非正義戰爭之分在羅爾斯
　　那裡轉化為以「自由的人民」「民主的人民」之名義向其他社會的
　　宣戰；在哈伯瑪斯那裡是從康德的普世理性向施密特的政治特例轉
　　化；伯比奧則直接依賴於美國作為新世界秩序中的列維坦。同上，
　　頁23、27-28、35-36。

元共存的自由主義政治哲學理論，面對民主轉型後出現的各種難題，都顯得委頓無力，不足以支撐具有全球視野和超越意識的在地立場。與此同時，很多非西方國家也在這二十幾年裡先後實現了民主化，例如亞洲的韓國、台灣、菲律賓、印尼，或拉丁美洲的智利、秘魯、阿根廷、巴西。這些國家並不屬於冷戰時期的社會主義陣營，反倒常常是在原屬美國盟友的獨裁專制下長期掙扎鬥爭。它們民主化以後，得到的西方喝彩和意識形態支持，相對就要少得多，與理論上的自由主義的姻親關係，似乎也因此受到影響而相對疏離。尤其是拉丁美洲國家1980年代以來的民主化浪潮，多半基於長期堅持的左翼抗爭，更是難以簡單納入美國模式的自由主義軌道，卻又能以持續的左翼政治經濟立場，在民主化之後繼續保持活躍的社會運動和政治生活，和東歐中亞地區的民主化相比，有更明顯的社會實效。不難想像，這也在國際上形成了對自由主義理論立場的另一種衝擊。

二

其實，羅爾斯的社會正義理論並非完全忽略客觀歷史前提。很多學者都引述討論過他的基本假定，即1

社會所有成員在底線平等基礎上進入由政治體制所代表、全體成員共同遵守的基本契約關係。可是，這個前提在他那裡主要是以「如何落實」來定義，而並非著重於論證這種前提是有歷史客觀基礎的要求，不像在列寧或者在韋伯那裡，這種關係被表述爲資本主義市場帶來的消費者平等和社會多元分殊的政治表達形式。就羅爾斯而言，一方面，這當然避免了備遭後現代主義詬病的黑格爾線性歷史觀的束縛，可是另一方面，也使他在討論無論是單一社會還是

國際關係時，都更加依賴於政治法學及其法律基礎，和以往二、三百年的思想家相比，與強調人文、社會、歷史的古典自由主義政治哲學，也更形疏遠。

政治法學當道，政治哲學衰微，恐怕是當今政治自由主義影響日漸趨弱的另一個重要原因。「歷史的終結」所指，當然不止是蘇維埃式歷史線性直通車開往共產主義理想的單方面終結，也是其競爭對手「自由世界」借助「歷史潮流浩浩蕩蕩」等話語而推動政治變革之可能性的終結。與政治法學上升同時，經濟指標無可避免，也逐漸成爲衡量單一社會或國家關係是否成功的最終標準。政治學、法學、經濟學、社會學，這一系列知識顯學對當代世界社會生活的話語統制，和羅爾斯版的自由主義政治學類似，削弱了社會對自身目的的審視。社會成員被分解爲億萬原子化個人，而「社會」本身卻退化成僅僅是國家、民族、經濟體、或法律單位的承載物，失去自身的獨立意義，尤其失去了在現代歷史中爲國家政權提供統治合法性基礎的直接關聯意義。

就政治自由主義而言，這是一個需要仔細梳理的悖論。追求平等正義的程序政治，有必要理直氣壯地建立起現代性的歷史維度，否則，將不得不仰賴宗教式的普世價值作爲正當性基礎。其結果，必然無法面對文化多元、價值多元的當代世界，並因此而失去其自稱的「普世」權威，既陷入徹底的倫理相對主義，也無從論證公民何以平等、程序政治何以立足。今日中國國學派、施密特派、和斯特勞斯式西方古典政治學派對自由主義的攻擊，從政治思想史角度觀察，重現了列維坦模式和啓蒙模式的對抗。這兩個陣營固然是兩種典型的現代性政治方案，各有需要反思的內涵；但在今日中國，東西方文化保守主義和自由主義之爭卻並非單純的學理論爭，也不僅僅是社會批評，而是在一個缺乏程序授權的列維坦體制下，啓蒙

被迫半遮半掩、三緘其口。因此,雖然前者對後者的攻擊常常強調道德倫理價值的缺失,這一論證絕不僅僅是個體倫理價值迷失的反響,也是在政治和資本的雙重壓力之下,社會自身在當代中國喪失獨立意義的重要表徵。

就中華人民共和國而言,這也是極其反諷的情況。許多新開放的材料和研究表明,1949年中共取得政權前後,主要革命目標其實既是社會的又是世界的,但從來不是純經濟的。後來二、三十年裡多次政治運動,起因中的權力鬥爭和實踐中的功過是非暫且不論,意識形態立場所萬般爭持的,也仍然是社會革命。現在有一種相當流行的觀點,以為1980年代的基本標誌就是一路高歌猛進提倡現代化,似乎一旦改革開放反思文革,關切社會革命的立場自然就銷聲匿跡了。這實在是21世紀方才出現的誤讀,遠非當年實際。去年夏季《思想》第6期崔衛平關於「馬克思主義人道主義和異化問題」大辯論的文章[5]清楚顯示,反思文革的重要起始動機之一,正是要在追求人道、平等和正義的方向上重建社會想像的基本原則。「一個中心兩個基本點」和「堅持四項基本原則」所奠定的經濟至上的改革路線,其實是以政治手段壓制了更為豐富的想像可能之後的結果。如果更進一步追究,文化反思在1980年代中期轉向傳統(尋根文學,新儒家思潮等)的現象,和當時政治氣候變化大約亦屬不無聯繫。

到1980年代末,文化和社會想像在政治面前碰壁,經濟改革遭遇困境,要求經濟平等的社會壓力仍然強大,而文革時群眾政治的集體記憶尚存,這些現實為當時的政治訴求準備了土壤,也是當時自由派知識份子(並非後來所稱的自由主義)具有強大社會感召力的

---

5 崔衛平,〈為什麼沒有春風吹拂大地:中國八十年代人道主義論戰〉,《思想》第6期(台北:聯經,2007)。

重要原因。最重要的是，一旦否定了文革的實踐與理論，進入大規
模改革開放進程，中共政權本身的正當性便面臨致命危機。崔衛平
的研究顯示，王若水和胡喬木1983年的對峙立場，分別代表了中共
黨內以黨的利益附屬於社會公正人類價值並力求更新正當性基礎的
一派，和認定黨的統治地位高於一切的另一派。1989年六四時，動
用國家專政機器，血腥鎮壓示威民眾，則是中共政權堅定選擇後者
的宣言書。鄧小平此後提出「發展是硬道理」、「讓一部分人先富
起來」，自是順理成章。至於說經濟秩序改造需要槍桿子開路並保
障，在1949年後曾上演過一次，40年後再次重演，只是這次的政治
內涵截然不同，甚至在口頭上都不屑於繼續關注社會變革的原則和
目標。此後將近二十年裡，中共政權正當性的來源，基本仰賴於經
濟高速增長和民族主義至上的混合意識形態。其中最突出的變化，
就是勞動者階級立場的被迫失語；偶爾通過追討欠薪之類事件浮出
水面，也會遭到上流社會和資本聯盟毫不留情的道德汙名化攻擊。
晚近知識界盛行以國家為中心的「中國」想像，可以說是「社會」
理念退化的另一個典型標誌[6]。

　　試以前述反抗目標的分類列表來觀察，1980年代初是中國思想
界最有可能同時反對四類目標的歷史階段。自那以後，雖然國內霸
權、國內資本、國際霸權、國際資本之間的聯繫越來越密切而錯綜
複雜，思想界卻再也沒出現過能夠同時針對這四個目標的可能立場
[7]。在這方面，西方思想家也並沒有提供多少幫助。羅爾斯將問題局

6　中國官方近年提倡的「八榮八恥」以及「和諧社會」，實質還是要
　　求社會從屬於國家，並非國家服務社會，更談不上以社會想像為中
　　心。

7　這是當代中國各個思想派別在不同程度上都存在的問題。以所謂後
　　現代、後殖民及新左派立場為例，1990年代中後期曾大力提倡反對

限於某一特定社會（美國）裡政治自由主義的意義時，上述四個批判目標已經排除掉三個，只剩下「國內霸權」。在他的這個特定社會裡，政治體制又事先確認了社會成員之間最低限度政治平等的條件，因此等於是假定了「國內霸權」不可能存在，所以這個鬥爭目標也被排除了。結果，美國自由主義理論家所要討論的，不包括任何鬥爭目標，只是不同文化價值觀如何能在共同的政治體制下和平共處。換言之，討論的前提是，在他那個特定的「多元文化社會」中，無論哪個文化元都不會致力於根據自己的價值信念去尋求改變、改善現存政治體制。既然如此，美國之外的自由主義者，一旦發現自己在地的現實中並無此類與政治制度對應的底線平等契約，卻還要被迫面對相當重要且無法放棄的鬥爭目標，那麼，盯住這樣的美國立場寸步不離，顯然不可能清醒地認識自己身處的現實，也無助於提升政治自由主義的影響力。

美國今次大選持續時間長，競爭激烈，提供了很多可供思考的材料。晚近爆出民主黨候選人奧巴馬所屬教會懷特牧師有關美國國內種族衝突的激烈言論，迫於壓力，奧巴馬於3月17日發表演說，正面作答。這個事例最好地顯示出，成熟的政治社會必須有勇氣正視內部衝突，有勇氣回答內部衝突的道德倫理實質。作為美國歷史上的道義傷口，黑奴和種族隔離及其遺留至今的種種社會問題，無法全部推給多元文化和法律管道來維持和平共處的表像，早晚總會進入政治辯論的範疇。可以想像，將來某一時刻，基督教和伊斯蘭教

(續)—————————————————

「東方主義」的非西方立場，當時安德魯·貢達·弗蘭克及其《白銀資本》一書風行一時，他曾在拉丁美洲參與發展的「依附理論」也得到引介。可是，如今中國經濟向海外高速發展，尤其深入資源豐富的非洲大陸，我們卻不再耳聞任何有關「依附理論」的討論。這可說是有選擇地對待4個鬥爭目標的新表現。

的衝突，同樣會更直接地衝擊美國既存的社會政治秩序，例如，已經有信奉伊斯蘭教的議員，拒絕在宣誓就任時將手放在聖經上。

更重要的，過去的十幾年，是人類歷史上前所未見的單一經濟形態統領全球，資本主義在世界各地都高歌猛進的歷史階段。聯繫這一關鍵史實，不妨說，如果政治自由主義仍然不情願與支持資本主義體制的經濟自由主義意識形態劃清畛域，仍然不能自覺選擇某種自由左派立場的話，就一定無法擺脫服務於世界資本霸權、爲人前驅的被動地位，也就難以贏得仍保有朝氣的那一部分社會生力軍的信服和支持[8]。

三

如果不把整合性思想看成必須是系統化烏托邦方案的建構，則整合性思考不僅可欲，而且必需。保持對個體、社會、民族、國際、人類、自然的全面關注，堅持探討各個層面之間各自獨立而又相互關聯的意義，是批判理性參與社會評論和公共空間建設的重要基礎。如果將公共理性完全消融於類似於相對主義的多元文化包容共存，恐怕只會徹底解除弱勢階級和群體的自我保護力和抵抗可能，爲資本和政治霸權聯手控制資源、控制社會提供保護色。在社會倫理危機面前，更需要整體性思考，以便面對當下，釐清相互關聯的一系列原則，積極思考社會成員存在狀態中的各種基本問題及其性質和意義。哈伯瑪斯提出的公共交流理論、公共空間和公民社會的

---

8 台灣民主化後，政治人物帶頭，媚富傾向、富豪超脫社會倫理文化限制的傾向，都令人擔憂，可是台灣的批判力量始終未成氣候。這可以說是自由主義面對國內霸權國內資本時，缺乏自信不敢鬥爭的另一種表現嗎？

重要性，必須通過與各層面生存狀態直接相關的基本原則來運作。脫離國際國內的現實狀況，難免會有轉軌後的東歐中亞社會常出現的價值迷失。中國當代社會面臨的倫理危機，與此正有相似之處，也需要放開眼界，從全球性歷史變化，社會自身的目的和意義，到個體生命意義，既要認識其中的複雜關係，也要尋找具有融貫性與一致性的統合性的原則立場。如果連這樣的努力都不準備嘗試，那自由主義的沒落也許正是命該如此了。其實，新舊左派方面又何嘗不是如此？西方馬克思主義哲學家關於「單面人」的命題（馬爾庫塞），關於好萊塢電影的心理解讀（季節克），都曾以社會倫理角度入手，揭示資本主義社會的內在悖論和整體危機。以政治經濟學解剖社會構成的本質成分，固然是題中應有之義，但以此代替一切其他角度，乃是思考的嚴重缺陷。

　　任何學派都沒有必要對年輕的一代悲觀，也沒有必要去和別的思想立場爭奪青年追隨者。一切端看自家能否提供有深度、有新意、有原則立場、又堅持理性的社會批判。至於說政權統治正當性的缺失和國際不公對社會生活的滲透，無論自由主義還是其他思想派別，將來都有必須面對這些問題的時刻；設若推脫迴避，只會使自己的立場受損害。

　　　　　　　　　　　　2008年3月18日初稿，4月7日定稿

　　王超華，自由撰稿人，曾主編《歧路中國》（台北：聯經，2004），現居美國洛杉磯。

狼／螂性？人性？：
從《狼圖騰》到《殺手正傳》

黃宗潔

一、前言

　　近幾年來，動物文學在大陸似乎悄悄形成一股新的創作支流。過去或許只有沈石溪的少年動物小說廣為大眾熟悉，但2005年姜戎的《狼圖騰》，顯然使動物文學再度受到注意，這兩年來，不少同類作品也因此受到歡迎，如楊志軍一系列的「藏獒」作品：《藏獒》、《遠去的藏獒》、《藏獒2》；姜戎亦乘勝推出《狼圖騰之小狼小狼》；「風雲時代」出版社一系列的大陸動物小說尚有郭雪波《狼與狐》、朱新望《獅王退位以後》等。這些作品出版時日尚淺，相關論述亦少，但對於我們理解當代動物書寫中「人與動物關係」此一議題，卻有相當重要的參考價值。本文將以其中最受矚目與好評的《狼圖騰》[1]一書，為觀察的起點。

　　在評論《狼圖騰》時，論者多半與楊志軍《藏獒》並論，但筆者以為，若要理解其中對待狼的曖昧態度，或許劉墉的《殺手正傳》

1　姜戎，《狼圖騰》（台北：風雲時代，2005）。

²一書，更能提供一些思考的線索。本書大概是史無前例「爲螳螂立傳」的文學作品，劉墉鉅細靡遺地記錄了一隻螳螂的一生，也抒發自己「由觀察螳螂所產生的種種聯想」（頁8），以及「相生相剋的天理、優勝劣敗的定則」（頁9）。既然這是一本「由螳螂看世界」的諷喻之作，似乎不必以動物書寫的標準來看待之，但劉墉對螳螂進行的觀察紀錄，與從中獲得的體悟，和《狼圖騰》頗有異曲同工之處，因此筆者將藉由這兩部小說的比較，思考此類動物書寫的作品，如何凸顯了人與動物複雜的互動關係。

二、人／狼之間：《狼圖騰》中的複雜互動

姜戎《狼圖騰》一書，建立在長達11年草原生活的經歷，以及對遊牧文化、草原生態濃厚的情感與深入的了解：

> 我終於提筆寫《狼圖騰》的一個潛在原因，是因為我對草原的熱愛。我親眼見過原始草原的自然風貌，也目睹了草原的毀滅和整個遊牧文明的毀壞，這樣的劇變讓我非常痛苦。離開草原幾十年後，我看到更多的破壞，更大的災難正在逼近；正因為如此，記憶中曾經美麗的草原離我越來越近，對它的感情和懷念越來越深。³

2　劉墉，《殺手正傳》（台北：水雲齋文化，1997）。
3　文中所引姜戎的訪談，均見張英，〈還「狼性」一個公道：姜戎訪談錄〉，網址為：
　　http://magazine.sina.com/nfweekend/20080404/2008-04-03/ba50452.shtml

　　由於過去少見同類題材的作品，加上作者「實地觀察與研究」的加持，因此出版後立刻引起廣泛的注意與好評，其中對於草原文化、狼族生活與特性的描述，更被評爲是一部「『入眼即化』的哲學、社會學、生態學、動物學和文學佳作」（黃年）、「改變了人們對狼的刻板印象」（南方朔）。

　　但是，僅管作者強調「農耕文化中的『狼性』是邪惡和殘暴的象徵，這本身就是一種極其無知和錯誤的認識。」書中所描述的「狼性」在某種程度上，的確也不同於「千百年來傳統文化中對於『狼性』的偏見和歪曲。」但是書中對狼的描述，是否真如作者自道地呈現出「自由獨立、強悍進取、頑強競爭、聰明機警、善於團隊合作、親情友愛、富於家庭責任感等種種美德」，並因此「還原給『狼性』一個公道的評價」，筆者卻有保留。

　　首先，關於書中提供的「狼知識」，雖然建立在作者實際的觀察上，但由於其中對狼的「行爲動機」之解讀，多建立在「口耳相傳」或個人臆測上，因此某些客觀的習性，也全都成爲「人格化狼性」的一部分。比方說，狼的繁殖期本就是一到四月，但牧民們卻解釋爲這是「狼比狗賊得不能比」的證據，因爲春天接羔羊是蒙古人最累的時候，所以沒力氣去掏狼，要是狼在夏天到多天下崽，人有閒工夫去掏狼崽，那就被人打完了（頁162-163）。另外，書中一再出現的「草原狼」一詞，以現在生物學上通稱的名詞來說，恐怕也容易造成與另一狼種的混淆。書中所指的「草原狼」，其實是灰狼的其中一個亞種：歐亞狼。灰狼是高智商的群居動物，通常以8-12隻家庭成員組成，階級地位明確。因爲群隊方式狩獵，故能捕殺體重10倍以上的獵物。而通常提到草原狼，指的是郊狼（coyote），體型比狼小，分布在北美到中美洲。因此，若懷抱著「增加狼知識」或「理解狼習性」的目的來閱讀此書，恐怕不見得能如願。

事實上，筆者以為在此書的評價中，較為中肯的當屬錢永祥：

> 作者被狼的尊嚴、智慧和野性所震懾，卻用自己折磨一隻小狼
> 的故事貫串全書，殘酷誠實地表現了人與動物關係的多種曖昧
> 與矛盾。面對手上的血腥，他的悔恨令讀者不寒而慄。

換句話說，書中不同人物呈現出來的，固然是農業文明與遊牧文化
不同意識型態間的角力，主角更透過如同智者般的「畢利格老人」
之口，歌頌遊牧民族的精神與智慧。但是主角陳陣對狼的觀察與思
索，仍建立在傳統以「人」的特質為思考座標的價值觀上，在這樣
的前提下，他所得出的結論，不過是另一種擬人化的想像罷了；至
於用豢養(虐待？)小狼來觀察「狼性」，更讓這樣的觀察紀錄充滿
了主觀的色彩。以下就從狼的觀察和狼的豢養這兩個部分來說明。

　　筆者之所以認為作者對狼的觀察是建立在「以人為思考座標的
價值觀」上，是因為作者在觀察狼群的攻擊行為時，仍無法免俗地
用擬人化的方式來形容並評價，例如「狼只把馬的心肝和肥厚一點
的肉吃掉了，馬的整個身架成了狼群鞭屍發洩的對象」(頁87)；甚
至將人的暴行連結到可能「是跟狼學來(學壞？)的」：「難道人將
人碎屍萬段、抽筋剝皮的獸行也是從狼那兒學來的？或者人性中的
獸性和獸性中的狼性同出一源？……難道以後跟狼打交道多了，人
也會變成狼？」(頁87)「人和狼都在用殘酷攻擊殘酷，用殘忍報復
殘忍，用狡猾抗擊狡猾。」(頁126)甚至認為「他在狼性中看到了法
西斯、看到了日本鬼子。」(頁88)

　　不過，必須進一步補充說明的是，筆者並非認為此種「擬人化」
的「化人主義」必然是錯誤或不當的，如同黃宗慧所指出：

> 化人主義是否造成問題必須視其運用手法而定，例如迪士尼化

（Disneyfication）便經常扭曲動物特質，以便將之化為討喜可愛
的人形，而亞當斯（Carol Adams）則認為肉食者與人類本位色情
主義者（anthropornographers）也經常將動物化為人形，例如在廣
告中將動物與誘人的女體形象結合，以便傳遞非人動物自己想
要被人消費的訊息：「受苦？屠宰？非人道處理？沒有的事，
是牠們自己想要的。」亞當斯指出，相較之下，動物權主義者
反而沒有犯下把人類特質強加動物身上的問題，……「他們知
道動物就像人類一樣是因為人類就是動物」。如果化人主義的
陳述是出自「內省、以類比方式進行推理、詮釋性的分析」，
或是「以動物所處的情境與行為」為基礎，那麼這樣的化人主
義非但不能算是一種誤導，反而有助於我們去進一步理解動
物。……只要不以人類的價值為唯一思考判準，便能朝著「非」
人類中心的立場前進。[4]

　　因此，由這些對「狼性」、以及人與狼之間關係的思考來看，
《狼圖騰》的問題並不在於陳陣用人格化的特質來形容狼，而是錯
誤地把應該用道德行為約束的「人性的殘忍」（如法西斯），與並沒
有道德與否可言的動物行為（狼的攻擊），放在同一個天平上比較；
把動物的攻擊性視為恐怖的復仇，或許也有過於「妖／神化」動物
之虞。動物或許會因為遭受人類的傷害與屠殺而對人保持敵意，但
「恐怖復仇」的行徑在自然界相當罕見，即使動物不見得完全不會
出現無理由的暴力攻擊，但也只出現在極少數的物種身上。約翰·

4　黃宗慧，〈劉克襄《野狗之丘》的動保意義初探：以德希達之動物
　　觀為參照起點〉，《中外文學》420期（2008），頁81-115，2008。
　　引文見頁87。

歐納所言，或許更貼近自然界掠食行為的真相：「獅子攻擊角馬，
是因為肚子餓，不是出自殘暴的天性；大灰熊攻擊鄉間的行路者，
是為了保護自己的地盤，而非出自嗜血的天性。科學上稱之為高度
節約（parsimony），對此評價極高。」[5]

　　儘管最後在老人的責備下，陳陣得出了遊牧民族的狼圖騰或許
如同漢人的黃河一般的體悟：「『百害』和『母親』可以並存，關
鍵在『百害的母親』是否養育了這個民族」。但在前提錯誤的情況
下，他的結論無論如何已不可能真正符合所謂的「狼性」。

　　陳陣對狼的種種偏見，表面上在他實際養了一隻小狼之後得以
逆轉，但是這段豢養小狼的經過，只是更加凸顯人類如何以自我本
位的價值觀去改變了自然與人的關係。豢養狼的行為先被美其名為
「科學實驗」（頁165），可以「研究人性、狼性、獸性和家畜性」（頁
174），強調小狼「只是暫時被囚禁，而不是被豢養」。（頁266）但他
一方面宣稱自己愛狼愛到入迷，養狼「像伺候蒙古王爺少爺一樣地
伺候小狼」（頁273）；另一方面為了防止小狼傷人，卻將這位「蒙古
王爺」用鐵鍊綁在烈日下的黃沙地；繼之拔掉狼牙，讓牠飽受感染
之苦；看著小狼受苦的同時，對牠在毒日烤曬到無計可施之下挖掘
沙洞的求生行為，又高度歌頌為尊嚴與智慧。而這種種的矛盾，正
是因為他對狼的著迷並非真正的愛，而是建立在他對狼的某種投射
與幻想上，命運堪憐的小狼，不過是滿足他對「狼性」想像的工具
罷了！

　　說實話，相較於過去對狼一面倒的負面書寫，《狼圖騰》一書
已算是個例外，也許真的有些讀者會如作者所言：「由於讀了這本

5　John R. Horner & Edwin Dobb，《恐龍現場》（台北：先覺，2000），
　　頁15-6。

書，從根本上轉變了對狼的認識，並形成了一股愛狼崇狼的社會風潮。」但此書能帶給我們的關於「狼性」的真正認識，筆者相當保留。因為，不論是被「圖騰化」的狼，或「擬人化」的狼，都一樣是人類心中的狼，而不是那生於草原、死於草原，真正屬於騰格里（天）的狼。事實上，姜戎對此並非毫無所覺，因此他才會在書末透過陳陣之口如此自我質疑：

> 他對狼的景仰與崇拜，他試圖克服漢民族對狼的無知與偏見的研究和努力，難道真的必須以對小狼的囚禁羈押為前提、以小狼失去自由和快樂為代價，才能實施與實現的麼？（頁543）

這正是《狼圖騰》一書最核心的矛盾之處。

三、殺手的主宰者：《殺手正傳》中的權力與控制

如前所述，劉墉的《殺手正傳》一書，與《狼圖騰》同樣都以看似客觀的方式觀察動物，但在觀察之中，則寄託了大量個人主觀的見解：或者想像動物行為的緣由，或者將其與人類類比，賦予牠某些「人格化」的動物特質。因此兩書其實頗有異曲同工之處。

不過，劉墉對於自己身為控制螳螂命運的「主宰者」角色，是相當自覺的，這或許是《殺手》與《狼圖騰》最為不同之處。因此，當他發現剛抓來的螳螂無法「自力更生」時，便宣佈再這樣下去，晚上就要把牠「處死」（頁55）；螳螂不肯吃他餵食的食物，他就和螳螂對話：「你令你主子的龍顏很不爽了。你要小心了！我的同情與慈悲是有限的。慈悲的背面，就是給你一腳，踩成一個綠色的圖案。」（頁72）抓不到新的螳螂，他則對妻子抱怨：「這些螳螂怎麼

這麼笨呢？到我這兒來，有玻璃屋住，冷氣吹，不怕外面的風吹雨
打，還有吃有喝，每天不必辛苦，自然有各種美食送到嘴邊，這裡
不是好得跟天堂差不多了嗎？」（頁75）

　　之後，他更進一步進行所謂的「殺手訓練」，依序從蛾子、蝴
蝶、蒼蠅、蜜蜂……，若不吃就餓牠，因為「英雄和殺手都要用逼
的」，當牠終於成功捕殺一隻大黑蜂後，劉墉不禁讚嘆：「多麼孤
危、崇高、波瀾壯闊，又多麼具有『悲劇的美感』哪！」（頁131）
他控制螳螂，同時卻也迷戀螳螂的力量與美感；他希望螳螂乖乖地
在他搭建的「天堂」接受馴養，卻又要求牠保留原始的「殺手本色」，
這樣的矛盾，與《狼圖騰》中陳陣對待小狼的態度，在本質上並沒
有什麼不同。換句話說，在此種人與動物的互動關係裡，人類看似
扮演著觀察、喜愛甚至關懷動物的角色，但是前提卻建立在該動物
的「本性」必須是經過「限制」的，他們都期待保留動物的「野性」，
卻製造一些在自然環境中不會出現的場景來「實驗」或「訓練」其
野性：例如把小狼栓在燙到連4隻腳都無法一起站在上面的沙地；或
是把6隻蟋蟀一起放入「年華老去」的螳螂派蒂身邊，觀察牠昔日的
敵人會先「報仇」還是「奪權」（頁329）。但是，沒有一隻狼會選擇
讓自己曝曬在烈日下，也沒有螳螂會讓自己被六隻蟋蟀圍困受傷。
此種「虛擬實境中的自然野性」，與其說具有生物學或生態學上的
參考價值，不如說是具體而微地讓我們看到人與動物互動關係中，
以人類本位控制動物的最真實場景。

　　「生」和「殺」無疑是貫串《殺手正傳》全書的主軸，劉墉對
此的體悟，也自有值得順其脈絡延伸思考之處：「天生萬物，天也
養萬物；萬物殺萬物，萬物也養萬物。」（頁249）所謂的「仁」與「不
仁」都是相對的，保護了海獺就保護不了鮑魚，萬物本就相生相剋，
人的介入反而可能成為一種「不仁」，例如美國中西部的防火反而

使生態系統被改變（頁248-249）。人為的力量對自然造成的干預和影響，是一個相當複雜的議題，人要「如何」控制自然？或者是否「應該」控制自然？「保護」是否也是一種介入，甚至可能造成「破壞」？牽涉了不同倫理與哲學觀點的辯證，並非三言兩語就能得出答案。但是，劉墉最大的盲點正在於，他以老子的論點指稱「仁為不仁」，認為保護自然的「強加的力量」，也就是人們的「仁」，對大自然反倒成為「不仁」；但另一方面，當「強加的力量」是「不仁」呢？我們可以用這種反推式的邏輯說這種「不仁」是「仁」嗎？如果人人都如此「釋懷」地想：「你可以破壞水土、破壞臭氧層，然後溫室效應、冰川融解、……把你摧毀，或使你反省、改正。到頭來，宇宙還是宇宙。」（頁248）這樣的「仁」是大智慧還是詭辯呢？弔詭的是，全書事實上也正建立在此種以「不仁」為「仁」的「違反自然」上。《殺手正傳》一書，最值得繼續思辯的哲學命題在此。

但是，相較於悲慘殞命的小狼，螳螂派蒂畢竟幸運得多，受到劉墉和家人無微不至的照顧（除了放入蟋蟀實驗的那次之外）。年幼的女兒與螳螂的互動也寫得真情流露，細膩動人。對小女孩來說，派蒂是寵物，也是朋友。最後，派蒂不但成為第一隻看到雪景的螳螂，還享有一個莊嚴慎重的「葬禮」。如此看來，派蒂或許真的到了劉墉想像中的「螳螂天堂」吧，書末的儀式，徹底完成了劉墉心中「悲劇的美感」，完成了那想像中的美麗與哀愁。

四、小結

從《狼圖騰》和《殺手正傳》，我們看到了人類如何以自己的眼光建構出想像中的動物與自然，也看到了當人與動物呈現某種緊張或利害衝突時，在愛、恨之外的曖昧複雜的互動關係，既崇拜又

恐懼、既迷戀又憎惡，可能是自先民以來就存在的矛盾心態。

　　但是，當人類的力量過度擴張到足以控制自然、改變自然、甚至毀滅自然的地步時，我們要如何回歸人與自然的平衡關係？約翰‧歐納在《恐龍現場》一書中提出的概念，或許可以提供一個思考的方向。他指出，如果把地球20億年的生命換算成一年的比例年來看，將會是如下的情況：

> 恐龍大約在11月18日出現，在12月18日，亦即一個月後滅絕。……原始人出現在150萬年前，大約等於比例年的6個半小時。就我們目前的了解，原始人所屬的智人或稱現代人，出現在4萬年前，大約等於10分半鐘。換言之，在演化的舞台上，人類在一年最後一個月最後一天的午夜前10分鐘才上場。在以地球為家的萬物中，人類常常自命不凡；此時最好提醒自己，我們只是後來者。[6]

試著從這樣的角度來思考，人類在面對自然萬物時，才能真的了解個人生命的渺小，試著用動物、用自然的眼光看世界，珍視僅存在世上的，每一個美麗的生命奇蹟。

　　本文為國科會計畫(NSC96-2411-H-259-017-)「當代台灣自然書寫中環境倫理觀之建構(1980-2006)」之部分研究成果。

黃宗潔，國立東華大學中文系助理教授。研究方向為當代台灣自然書寫、動物書寫、家族書寫、現代小說等。

6　上引書，頁44。

中國史是台灣史的一部分？：
論楊照的台灣史意識型態構想

宋家復

　　知名作家楊照3月18日在《中國時報‧人間副刊》發表了一篇重要文章，或許因爲22日總統選舉漫天煙火的遮蔽，並未引起太多注意，而今雖然看起來比較開放親中的國民黨馬英九勝出，但是楊照這篇代表開明本土派文史工作者晚近心境的文字，仍然值得關心台灣文化發展大勢的朋友注意。

　　楊照文章的正標題很聳動，恐怕許多人看了就要不服氣：〈中國史是台灣史的一部分〉！這怎麼可能？不明就裡的讀者很容易產生虛妄誇大的第一印象。不過，以楊照的醇正學術背景(從台大歷史系到哈佛大學東亞史博士候選人)，著作等身的聲譽(已經出版幾十本散文小說及評論文集)，這樣的標題似乎更令人充滿好奇與期待。果然，文章的副標題很快就點出他真正的論證基礎：〈尋找新的台灣史料態度〉；接著，文章起始關於台灣原住民卑南族音樂家陸森寶(巴力瓦格斯，1910.11.2-1988.3.28)的自傳被家人發現、解讀的曲折故事，間接地說明了楊照整篇論旨起心動念的所在：

　　……民國九十一年十二月的某一天，我的二哥陸誠惠先生在整
　　理衣櫃的時候，才在父親衣櫃最底層那裡，發現到父親這份的
　　親筆自傳。爲此，我和二哥非常驚喜。父親過世十四年之後，

（按：楊照原文誤植為三年半）我們才發現到這份資料。但是接
下來，我們又面臨一個大難題，就是我們看不懂這份資料裡面
的內容；因為這份資料是用日文平假名寫成的，可是這不是日
語，這是卑南語。也就是說，我父親用平假名來拼寫卑南族的
語言。……父親這種文章，不但我和二哥看不懂，就連卑南族
人和日本人都看不懂，大家都陷入在團團的迷霧之中，真不知
應該如何是好？（陸賢文，〈陸森寶親筆自傳·編者的話〉）

後來，總算在陸家親屬之中找到一位兼通日語、卑南語(加上漢語)
的陳光榮先生，才將這份彌足珍貴的自傳轉寫成中文，之後並且併
入孫大川為陸森寶所寫的傳記之中作為附件，於2007年10月在台灣
出版。

　　所以，楊照的基本意思是：作為台灣史的一部分，要研究像陸
森寶這樣的原住民先賢，必須要具備漢語之外的語言、歷史知識，
才能夠通讀必要的史料。同理，楊照也認為，為了了解16世紀以來
荷屬東印度公司在台灣的商殖活動，得要學連現代荷蘭人都讀不懂
的古荷蘭文，充實地理大發現以來的歐洲歷史知識，才能夠第一手
掌握該公司留下來的檔案紀錄；再同理，如果「不能使用日文資料，
就無能對日治時期台灣充分認識」，而且「不只如此，光懂日文都
還不足以進入日本人對台統治的核心問題」，什麼是問題的核心呢？
「日本人理解、想像的西方帝國主義策略」，因為「日本人不得不
積極學習西方的殖民做法，轉手西方殖民經驗」；又同理，「不了
解中國明朝後期朝政困頓產生的沿海社會組織變化，就無從準確掌
握17世紀台灣成為遠東航程中心時的漢人活動」。這一連串的「同
理」，合起來構成了楊照心目中「台灣歷史的真實本質——其複雜
及多元性」，也正因為這種複雜及多元性，楊照達到了「台灣史可

深可廣」的自我了解。既然台灣史複雜多元而又可深可廣，充滿了
非中國史的因子，那麼所謂中國史自然「只能是」台灣史的一部分，
而不是全部。

　　似乎只有透過這樣的理解，「中國史是台灣史的一部分」這個
孤立命題的明顯邏輯謬誤才可以被避免。畢竟，中國史作為一個集
合名詞，毫無疑問地包含了太多與台灣史不直接相關的時空與課
題，除非夜郎自大式蒙住眼睛，要不然很難以台灣史去涵蓋全體中
國史。不過，即使我們如此這般地同情了解楊照文章標題與內容，
似乎仍然無法阻止讀者追問下面的問題：如果由中國史作為台灣史
發展複雜多元因子中之一的事實，可以推導出「中國史是台灣史的
一部分」這樣的宣示，那麼，是不是也可以號稱「荷蘭史是台灣史
的一部分」？「日本史是台灣史的一部分」？而且，不論楊照的回
答是否，(他的確有可能心胸無限寬廣地回答然也，那麼跟著產生的
問題就是台灣史和全球史有何差別了？)他在這篇文章裡面顯然是
刻意只標舉出「中國史」作為台灣史的一部分，就這份刻意而言，
值得作進一步分析。

　　原來，依楊照的看法，台灣史與中國史的關係(至少在台灣地區
文史學界)，存在著一段辯證式的發展歷程：

> 曾經，在政治意識型態的操弄下，台灣人被灌輸接受「台灣史
> 是中國史的一部分」。政權輪替之後，風水輪流轉，主流的歷
> 史意識型態變成了「台灣史不是中國史的一部分」、「台灣史
> 跟中國史沒關係」。很不幸的，這兩種主流態度，都不能幫助
> 我們看見台灣史的核心，……。

這裡的「政黨輪替」，指的應該是2000年陳水扁代表民進黨取得台

灣領導人地位。顯然，對楊照來說，主流的歷史意識型態是會變的，由國民黨長期執政下理所當然的正面認定「台灣史是中國史的一部分」，演變到2000年民進黨掌權後操作切割，推銷台灣史、中國史各自分立、不相隸屬的反命題立場，而〈中國史是台灣史的一部分〉發表在台灣二次政黨輪替的變天前夕，楊照似乎想要獨領風騷，預先描繪出一個帶有辯證統合性質的新主流歷史意識型態，一方面重新肯定台灣史和中國史的確是有關係的，但另一方面卻又弔詭地顛倒了兩者在過去的主從關係。中國史不能完全揚棄，但是只需要知道與台灣史直接連結的部分就行了。(這不就是教育部高中歷史九八課綱的基本立場嗎？)從楊照的經歷來看(出身自崇拜中國禮樂的三三文藝青年團體、留學返台後曾任民進黨國際部、文宣部主任)，這套辯證推演與其說是想為預見即將上台的馬英九出謀畫策，毋寧說是要為他自己1980年代「覺醒」(突然發現自己是二二八事件受難家屬後裔)以來所堅持的台灣主體立場發展新的鬥爭策略，在政治上與貪腐的民進黨劃清界線之後，仍然不放棄為台灣本土派如何遏止國民黨大中國主義者的全面復辟，預謀思想文化出路。楊照撰寫〈中國史是台灣史的一部分〉這篇文章的具體動機，固然非外人所知(也許只是偶而讀到陸森寶自傳的心得報告)，但是如果著眼於當前台灣歷史文化公共論述領域裡的大勢分佈，那麼楊照這套歷史意識型態的後續效驗，尤其是在教育文化界的回音發酵，就值得密切觀察了。

　　雖然楊照試圖用副標題〈尋找新的台灣史料態度〉，來淡化將中國史反過來壓在台灣史腳下的震撼性，但是他所想要塑造的第三波主流歷史意識型態，顯然不只是多學幾種語言便於閱讀史料而已，還進一步涉及到史觀的問題，也就是了解台灣史的基本方法與觀點。在這方面，楊照首先樹立了一個本質主義式的中國史研究方法，作為台灣史研究的對照組：

研究台灣歷史，理解台灣歷史，不可能採取本質主義的方式，找到一個源頭，分析清楚台灣史與台灣文化的主要成分，然後追索這些成分在時間上的流轉變形。這種方式相當程度可以用來研究中國歷史，方便整理中國歷史幾百年、甚至幾千年的史實架構，但如果換在台灣歷史上使用，卻必然造成嚴重扭曲。

楊照想要抗拒這種「一源多成分流變」分析方式應用到台灣史研究上，尤其是追溯單一歷史文明源頭的傾向，問題是，環顧海內外中國（暨台灣）史研究學界，還有多少人在堅持終極一元論的起源分析？楊照這裡的本質主義方式，只怕在很大程度上不過是個稻草人箭靶而已；況且，追索歷史成分或結構「在時間上的流轉變形」，幾乎是歷史學科的基本操作律求，放棄了這點，那還有什麼台灣「史」可言？剝除了歷史的矯飾，楊照的台灣研究剩下的其實是另一套偷渡的本質論，設定所謂「台灣歷史的真實本質」就在於「其複雜及多元性」。相應於這套形式上多元的台灣本質，楊照想像了一套「台灣式的」台灣史了解方法：

　　過去我們了解台灣史的方法，從來都不是「台灣式」的。過去有時用日本式有時用中國式模式講台灣歷史，都在過程中刪去了許多重要的關鍵成分。那什麼是「台灣式」的歷史理解法呢？在我看來，就是承認台灣歷史由許多異質因子組成，這些因子，不管其來源，在構成台灣歷史上，具備同等的重要性，不能以任何理由被清除抹煞，所有這些因子及其連鎖關係加在一起，才是台灣歷史。

這裡的「分子」和上段引文中的「成分」有何不同，並不清楚，

但是可以確定的是，楊照強烈堅持眾多因子「在構成台灣歷史上，
具備同等的重要性，不能以任何理由被清除抹煞」，也就是說，台
灣史有點像盤西餐的沙拉或者美國中餐館裡的炒雜碎一樣，什麼都
有，什麼都不能少，加在一塊兒一鍋裡攪拌一番，就神奇地成了一
道菜餚！可惜的是，地域或者國族意識這些歷史單元的摶成，從來
就不是這麼稀裡呼嚕就能成事，承認台灣史上存在著多元因子不
難，難的是解讀楊照也提到的「及其連鎖關係」，不去嚴肅考慮這
些多元因子之間的連鎖關係，楊照式的歷史意識型態，永遠擺脫不
了製造台灣內部族群分裂的陰影。更重要的，除非我們刻意採取反
歷史主義的教條性堅持，否則所有因子不可能持續性地「具備同等
的重要性」。舉一個最簡單的例子，學古荷蘭文破解荷屬東印度公
司檔案的確很酷(曹永和、陳國棟、翁佳音、林偉盛等人的業績值得
高度肯定)，但是這不代表荷蘭在16世紀和20世紀台灣史上的角色必
然同等重要，不是嗎？

　　一方面歌頌台灣史料的多元複雜性，另一方面認定舊國民黨時
期台灣人是被「灌輸接受『台灣史是中國史的一部分』」，這兩者
的內在緊張使得楊照一再地盛讚周憲文(1907-89)及其主編的《台灣
文獻叢刊》「是個奇蹟」！這套叢刊於1957年8月至1972年12月由台
灣銀行經濟研究室出版，共309種合計595冊的各種台灣史研究材
料，其中包含多種外國語言台灣相關資料的翻譯，是從事台灣研究
學者無人不知的寶庫。對楊照來說，使得這個「奇蹟」成為可能的
「內在緊張」似乎是這樣的一種推理：在一個主流歷史意識型態停
留在「台灣史是中國史的一部分」的時代裡，怎麼可能會出現這樣
關照台灣史「非中文」資料的事業呢？不過，仔細想想，不難發現
這種「奇蹟」認定本身，就是一個歷史錯置的謬誤，顯示楊照並未
脫離「台灣史不是中國史一部分」的第二波歷史意識型態，去回看

前一階段歷史人物事件，結果看起來像讚譽、其實是混淆了周憲文一生顛沛流離於中國、台灣以及域外學術之間所成就業績的具體歷史意義。

首先，爲什麼抱持「台灣史是中國史的一部分」這種信念，就彷彿不該、不會甚至不能注意到非漢語的台灣研究材料呢？難道中國史研究就必然排拒非漢語資料嗎？當然不是！這點從佛教梵文巴利文以降蒙古西藏滿文各種非漢語語文的重要性就可見一斑，否則陳寅恪就不算是中國史家了！就周憲文個人的例子來看，任何讀過他1946年發表的〈如何看台灣〉〈從大處看〉（皆收於其《稻粱集》中）兩篇文章的人，都不會懷疑他視台灣（人）爲中國（人）一部分的立場，但是這種立場絲毫不妨害他在學術研究上採取向世界開放的理性態度；不獨在台灣研究上，在他的本行經濟學裡，周憲文所主持翻譯的《經濟學名著翻譯叢書》，始於1960，在他1972退休的時候已經有73種（至今則已有百餘種），可能是中文世界有史以來最持之有恆地譯介現代西方學科知識的努力！誰說一定需要一個「奇蹟」才能使得一位台灣研究者，一方面相信台灣史乃是中國史的一部分、另一方面同時全力鼓勵台灣以及其他學術研究朝「複雜多元、可深可廣」的方向發展呢？

其次，「在政治意識型態的操弄下」，的確，有「台灣人被灌輸接受『台灣史是中國史的一部分』」的現象，但是，周憲文自1946辭去台灣大學教職，進入台灣銀行從事研究工作之後，從來就和台灣政治和學術界意識型態的主流沒有瓜葛；甚至，揆諸他抗戰時期的評論文字像是〈八股新論〉（收於《橘逾淮續集》）等等，不滿國民政府當權派的諷諭心跡歷歷在目。既然從來不是歷史政治意識型態的主流，無從灌輸別人也無須被別人灌輸「台灣史是中國史的一部分」，又何來彷彿流外顛覆、無可名狀的「奇蹟」之說？其實，

雖然周憲文一再謙稱,「我研究台灣經濟史,完全出於偶然的機緣」
(〈清代台灣經濟史自序〉),但是他對於台灣本土歷史文化所採取、
比較務實親近、同情了解的態度,在戰後第一批網羅來接收台灣的
大陸文人之中並不是特例,像是魏建功、許壽裳、黃榮燦、李霽野、
臺靜農、吳幅員、夏德儀、周學普、黎烈文等人,他們或是浙江的
同鄉舊識(陳儀也是浙人),與魯迅師友群體有遠近不等關連,大多
有留日背景(周憲文出身京都大學),在大陸上本來就與當道不合,
身處政治文化圈邊緣,到了台灣,在教養、語言和心情上都比較有
能力而且願意和剛脫離殖民地統治的台灣知識分子溝通,只可惜因
為二二八事件,這批人或逃或走或死或隱,重大地挫傷了大陸人(外
省人)與台灣人(本省人)之間的關係。從這個角度去理解周憲文和支
持他編譯《台灣文獻叢刊》的朋友們(楊照文中誤表為是周「以一人
之力」),不管本省外省,本來就有一定脈絡可尋,與什麼「奇蹟」
不「奇蹟」毫不相干。

追根究柢,為什麼研究台灣史(或任何其他一種國別地域的歷
史)一定要斤斤計較於誰是誰的一部分呢?這除了說明了研究者是
如此的自我國族中心,以致於時時刻刻想要以涵攝他者做為建立人
我關係基本模態的優位主義心態之外,實在並沒有太多積極的意
義。倒不是說自我不該有中心,或者人格不能有認同,但是自我中
心必須要在有足夠縱深腹地的條件之下,才不至於流於淺薄(卻也正
因為縱深腹地大,所以格外需要中心),認同則必須在尊重與自我相
對之他者的前提之下,庶幾免於另一種壓迫(小心自我與他者是相互
共生的兩元對立)。任何倡議台灣史「可深可廣」的人都應該以他們
心目中的霸權文明為戒,切勿重蹈覆轍。楊照或任何人當然可以光
明正大地宣揚他們愛台灣本土的自我認同,並且倡導台灣史,並且
將台灣史與全球史掛勾,問題只是在愛台灣的同時,是不是就非得

要屈折、簡化、扭曲他們心目中作為他者的中國（史）？這個代價（還不能斷論是罪過）是不是值得？能不能避免？為什麼不能將自我的歷史認同，構想成一個真正非本質性的創意旅行過程？遊子可以有故鄉，但是也有可能直把他鄉作故鄉，處處為家處處家，那麼，每個機緣所到的時空，都值得真誠地當成一個家來對待建設，而每一個家也將成為下一段旅途的啓程點。本文一開頭曾經提到孫大川為他卑南族前輩陸森寶立傳，傳記中有一段話很有啓發性：

> 我認識的那些經歷日據時代的卑南族者老中，大都樸實厚道、心思單純。他們對日本的感情是真誠的，對後來的中華民國的忠誠也是真實的。這也是為什麼，他們在太平洋戰爭爆發時可以無私地以樂舞鼓勵自己的子弟往前線作戰，也可以在八二三砲戰時以同樣的心情鼓舞在前方作戰的子弟的原因。對一個沒有文字的民族來說，歷史都是當下的，我們只能尊重當時的人的當下抉擇。只有那些習慣玩弄文字的人，才喜歡對歷史指指點點，不斷地對當事人評頭論足。（《BaLiwakes跨時代傳唱的部落音符：卑南族音樂靈魂陸森寶》，頁73）

「樸實厚道、心思單純」，表面上看起來似乎是訴諸某種高貴的天性或本質，並不是太理想的修辭；不過，在這個脈絡裡，如果真有本質的話，那麼流動就是本質！孫大川筆下族人者老們不是沒有緊張，但是在「自我中心VS.複雜多元」、「自我認同VS.壓迫他者」的兩難式裡，比起楊照來，相對自在得多。陸森寶的中心與認同揉合了日文師範教育、音樂、天主信仰與部落傳統，其縱深腹地為何？多重因子又是如何連鎖在一起？值得進一步探討，至於台灣本土派的文史作家、甚或海峽兩岸知識分子們可以從陸森寶的範例

中學到什麼？那就端賴大家的智慧與努力了！

2008.04.04初稿；04.09修訂

　　宋家復，哈佛大學東亞系博士候選人，專攻11世紀北宋中期史學發展，曾發表〈魔鬼就藏在細節中〉等文。

論楊照、陸森寶與台灣史研究：
回應宋家復

陳偉智

　　華特・班雅明在〈歷史哲學論綱〉中提到，歷史地把握過去，並不是如蘭克所宣稱的是「如實的重建過去」，而是「在面臨危機的時刻，掌握瞬間一閃湧現的記憶」[1]。班雅明指出，歷史知識(或是用班雅明的話來說，歷史唯物主義)的任務，在於將問題意識的出發點導向於當下的歷史時刻，特別是一個面臨危機的歷史時刻。宋家復文章指出，楊照一文在台灣總統大選前，政黨動員對立至極，硝煙瀰漫之際，似乎另有文本以外的意義在。同樣的，宋家復的回應，作爲一個重釋記憶的文本，應該也是一個認知到了此一歷史時刻的回應。而一個這樣的歷史危機時刻，也正是我們歷史地來重釋「歷史」(既是作爲一種專業，也是作爲一種實踐)的恰當機會。

　　楊照的論文，並沒有什麼新的建議，核心的論旨，讓人憶起近

1　Walter Benjamin, "These on the Philosophy of History," in *Illuminations,: Essyas and Reflections*, ed. by Hannah Arendt and tr. by Harry Zohn, (Schocken Books, 1968), p. 255. 班雅明的提議，並不否定歷史以及檔案研究的重要性；他本身就是一個愛好收集各種類型檔案的人；而是把問題意識轉向現在當下，主張從當下出發的，相對於歷史主義的，一個對於時間的歷史唯物主義理解。

二十年前，曹永和提出的臺灣島史概念[2]。曹永和的臺灣島史的史學
研究建議，是從物質文化的角度，針對臺灣史在既有的國家政治史
架構中在空間上與思想上所產生的界限，呼籲並嘗試有所突破。我
同意宋家復文中對楊照的批評；他對於臺灣史的目前狀態以及成果
的想像，大概還停留在剛回臺灣的時候吧。不過，這也不能完全歸
責於他。臺灣歷史學界本身，似乎沒有習慣向社會說明自己的研究
成果，或是公開對自己的學科知識進行檢討，不論是史學史或是方
法論上。外界因此並不清楚整個學界現在的發展。至於沒有習慣對
社會上有關歷史或是臺灣史的議題進行發言或是公開討論(除了涉
及時事，如二二八或是教科書的零星報紙投書)，這不知道是學界維
持學術研究作為一種專業中立的立場，還是只是從社會撤退的一種
築牆社群的慣習？就我的觀察，這一類史學本身的反省跟前瞻的論
述，事實上還是存在的，比如張隆志的史學史，或是吳叡人在社會
實踐中對於進步本土主義的期待跟召喚。但是，這些零散的發言與
實踐，要不是留在學界裡頭，就是跟著事件走，並沒有認真的討論
或是進一步的深化。這不是個別的歷史學家有沒有社會意識的問
題，而是整體的知識場域、或是公共論述空間膚淺化的結果。這是
目前的現況，出發點就從這裡開始吧。

　　張隆志長期觀察學界，比較瞭解在曹永和提出臺灣島史概念後
的這二十年，台灣史整體的學術興趣發展與研究動向。在這裡，我
想指出有兩條平行同時互補的線。一是國族主義史學，以強調臺灣
歷史發展的多元性跟多樣性，作為尚未完成的臺灣國民國家的歷史
特質。國族史本身，就跟國族主義一樣，用班納迪克‧安德森的說

2　曹永和，〈臺灣史研究的另一途徑──「臺灣島史」概念〉，《臺
　　灣史田野研究通訊》第15期，1990，頁7-9。

法來說，有好有壞，不必然是好的，或是本質上就是壞的。我並不全然否定這樣的歷史知識模式。就好的一面來看，不能忽略了它曾經作為一種反抗形式，不論在日據時代或是戰後的威權統治時期，反抗不同的非現地自生的、強加的、作為教化計畫的外來國族意識形態。就壞的部分而言，重點並不在於現在哪一種國族歷史比較不好，也不在這種主導性的歷史知識模式對其他種歷史知識模式的壓迫，而是正好相反，其壞的部分，恰恰正是在鼓勵其他種歷史知識在國族史的架構下的生產。結果是，雖然地方史、族群史、以及各種邊緣史，或是社會少數的歷史越來越多，但是卻越來越少存在感。或許可以這樣來看，國族歷史之所以這麼具有主導性，不在它的內容本身，而是在它的形式。儘管內容本身是歷史化的，一國一地或是一社會群體內發的歷史特殊性也總是會被強調，但是，國族歷史的形式本身，卻往往是非歷史的，「古來有之」，無時間性的。最後，國族歷史的形式反而決定了內容，這一點，就形式本身來說，反而是不分楊照所提的「中國式」或是「臺灣式」的。

　　有趣的是，20年前這樣的歷史學研究開始有意識的登場時，公共論壇上也開始有論述用「國民國家」來翻譯nation-state，而不是原先常用的「民族國家」，或是現在常見的「國族國家」。當然，「國民國家」這樣的翻譯，強調的是公民民族主義；不論是隨著許信良參與民進黨黨內總統初選發表《新興民族》一書，在1990年代中期變成一個慣用的說法的四大族群論（楊照也是這本書的執筆人之一），或是在之前的「臺灣民族」的提法（無論日據時代、戰後海外台獨運動的一些歷史論述、1980年代的臺灣意識論戰、80年代末90年代初的幾個台灣憲法草案的版本，甚至同時期的民進黨的黨綱、或是更具體的族群政策白皮書）皆不外此。臺灣的公民民族主義思想發展的這幾個歷史階段，幾乎都不是強調共同血緣或是相同種

族,反而強調了在共同的歷史發展經驗中的「國民」,或是認可現狀下同一國家的「公民」,以其公民權利的保障與實踐為優先。這樣的公民民族主義,是否如競爭對手、政治弱勢、社會少數所指控的那樣,實質上僅是福佬裔臺灣漢人民族主義,或是在理念與實踐之間落差太大等等,當然都可以檢討。而在同一個時期提出來的「臺灣島史」概念,則是一個史學實踐的提議,志在優先化臺灣作為一個具有歷史意義的空間。就具體的史學知識的生產而言,從當時強調族群史的研究,特別是平埔族,到社會經濟史的研究,揚棄了本質化的文化主義的解釋,採取相對素樸的物質主義的取徑。不過,就研究成果而言,研究者是不是有意識的採取了某種改變,或是無意識的只是一種國內外學界常見的分地劃界的作法,暫時也無從得知。因為這些改變的跡象、過程或是改變本身,並沒有公開的被討論過,或是一邊作一邊有方法論的檢討。晚近的兩本論文集,或許可以看成是這種趨勢下最近的研究成果[3]。但是,「重層」與「跨界」到底只是一些歷史學者的構想呢?或是有廣泛的接受?因為幾乎沒有看到相關的回應或是公開討論,所以也無從得知。

臺灣島史的構想,跟公民民族主義在臺灣公共論壇上的興起,雖然不一定有因果關係,但是除了都在1980年代末,時間上有重疊外,就其效果來看,兩者在當時的歷史關口亦平行地發揮了打開思想上的界限之作用:一是在歷史意識的場域抵抗線性化的政治史觀,特別是中國民族主義史觀;另一則是在政治論述的場域解消中國民族主義的本質化傾向。但是為什麼這兩種抵抗本質化的努力,

---

3　若林正丈、吳密察主編,《臺灣重層的近代化論文集》(台北:播種者文化,2000),以及《跨界的臺灣史研究:與東亞史的交錯》(台北:播種者文化,2004)。

到了1990年代晚期和2000年代早期，卻無力抵抗或是回應一個在台灣社會內部逐漸形成的僵局，即以各自擁護的民族主義，相互將對方化約為本質主義，從而激化了政治上與意識形態上的各種動員與對抗呢？這是一個歷史問題。楊照的重提舊議，或是宋家復對他本質主義化傾向的批評，或許是對這個歷史問題的不同回應吧。

另一條線是，在強調公民意識跟多元多樣性的背後，有一個素樸的現代化的概念。不論是以前常見的近代化、現代化，或是現在常用的近代性、現代性，實質上還是1950-60年代的現代化理論，透過某些普世性特質的清單，在一國的架構內，線性的、具有目的性的來衡量其歷史發展的階段跟型態。這種素樸的現代化概念，也反映在線性發展的歷史敘事中。「臺灣島史」雖然強調了「空間」的開放性，但是就「時間」而言，基本上還是舊的典範。這一點，我想不止臺灣史；中國史的歷史敘事，或是說歷史學界整體，甚至一般人的常識，應該也不例外。只不過，這個「時間」常常是國族國家的時間，一國現代化論的時間，不論這個國族國家是已完成或是未完成的。

針對陸森寶的傳記，楊照所言的多種語言跟史料的運用，應該是歷史學本身的常識，也是目前學界有共識的「史家的技藝」之一，並不是問題。比較令人關心的，倒是到底臺灣學術界能不能支援研究者或是學生在多語史料上的運用，因為我們幾乎沒有完整的研究上相關的外語教育，跟研究生的養成課程相配合。就臺灣史而言，多語的史料臺灣早就都有了，不論來自日據時代前期臺灣總督府為了要修新臺灣史，而派員各地廣為收集的材料(現在國家圖書館臺灣分館藏書，一大部分就是1920年代總督府的修史計畫收集來的藏書)，或是台北帝大時期，甚至1990年代開始的廣收世界各地臺灣史史料的一些計畫跟成果，臺灣早已經是臺灣歷史的多語史料收藏最

豐富的地方了。這些多語史料的存在，不止包含各國各種語言的材料，還包括1980年代以來的口述歷史（質量先不論），早就是一個事實，而不是楊照所提的未來應該作的方向（再收集一次嗎？）。事實上，周憲文在台灣銀行經濟研究室主持的臺灣文獻叢刊，主要也是利用截至當時爲止，台灣已經收集累積的史料。現在需要關心的議題倒是，臺灣史學界只有少數學者能讀古荷蘭文、古德文或是古西班牙文。近現代史方面，日文、英文不是問題，但是少有臺灣史學者覺得需要閱讀法文、德文。目前臺灣史的狀況是，多語的臺灣史相關史料，大致上都在台灣了；但沒有與學程配合的、一個從大學部或是研究生開始的完整語言訓練，可以幫助現在或是未來的研究者運用這些史料。

另外，陸森寶的作品在翻譯成中文之前，因爲書寫語言的障礙而無法被理解的狀況，也進一步提出了語言再現與主體意識的問題。臺灣史的研究者，除了少數之外，很少重視研究對象所使用的本土語言，不論是閩南語或是客語，或是原住民各族群的語言。歷史研究者需要注意語言的問題。一個例子就是研究臺灣近代早期歷史的翁佳音，因爲他熟悉漳州音、泉州音的閩南語，所以在研究上，能解決一些歐洲、日本、美國同樣領域的學者沒辦法解決的問題，因爲那時候的海上商人，大部分都是閩南地方出身，不常使用官話，而多使用自己的語言，跟一種在商業交易中發展出來的混合語，以致現今在歐洲檔案中所留存的人名地名記錄，幾乎仍都是這些商人所認識與生活的世界的土語拼音。至於清代臺灣，乃至日據臺灣，語言的使用狀況也是一樣。台灣的多元文化與多語，使語言不能不是一個臺灣史學者需要具備敏感度的項目，甚至不只是作爲一種研究工具而已，而必須進一步意識到語言的使用情形跟各種主體的歷史形構之間的關係。即便是日據時代漢人所使用的白話文，也不必

然是今天的我們可一望即懂的。以中文書寫白話文爲例，到了1920年代，臺灣漢文白話文，只是外形上看起來像是當時中國也正在進行中的中文現代化計畫所產生的中文白話文而已，其文法、語彙等，要不是借用日文漢字、中國白話文，就是使用現成的需要以文言音來閱讀的台語漢文。因此在接觸這些文獻時，恐怕不止需要一望，更需要一讀。舉個例子，1920年代初期，臺灣知識分子的政治論述中，常將台灣、印度與愛爾蘭並置，思想上實踐被壓迫者的世界主義，援引同是殖民地的事例，追求弱小民族以及殖民地解放。在這類文獻中常見的「顏智（Gan-ti）」就是「Gandhi甘地」，「愛蘭（Ai-lan）」就是「Ireland愛爾蘭」台語音的漢字化，1930年代後使用日文平假名是後話了。這些語言文字的使用與歷史研究，臺灣史學界裡頭至少有吳密察、周婉窈等老師如是的強調著。

　　其實臺灣史學者輕忽臺灣的語言，產生的問題倒不在沒辦法多讀一種史料，而是輕易的以國族國家的時間，來代替某些本土語言承載的某些群體、或是社會團體自己的時間。這並不是意識上拒絕、解構或是抵抗國族史的敘述就有辦法避免的，更重要的是在國族／線性時間的構造中，早已變成了一種無意識。輕忽本土語言及其時間只是這種無意識的徵候而已。即便意識到了，比如孫大川發現陸森寶，以及把陸森寶、甚至包括他自己在內的所有原住民族群，當成是站在臺灣島內的「外面」，看著一波波的民族主義，這個國那個國，潮起潮落潮來潮去，好像跟這一個國族／線性時間構造無涉。甚至，透過陸森寶來爲以往也曾經參與的主體社會文化生產制度中的一些位置跟行動解套，最後陸森寶自己的作品，也只是成爲文建會計畫下，由國立傳統藝術中心出版的一系列傳記中的一本的附錄而已。而一個在「外面」的立場，確實也是國族／線性時間主導性

所必然需要的補充[4]。

　　讓楊照驚豔的，以及讓家屬感到難以接近（還有比這個更慘的象徵暴力嗎？）的陸森寶的作品，與其說明了多語的必要性（這仍只是對既有國族歷史的一個新的補充而已），倒不如說，他提供了一個進入國族時間所無法完全窮盡，或是完全化解的某一種歷史時間的可能性，而這才是孫大川整理陸森寶傳記的重要貢獻所在。安德森曾以印尼上個世紀之初推動Budi Utomo民族覺醒運動的領導人Soetomo自傳中呈現的兩種時間，討論民族主義的時間政治[5]。Soetomo領導的民族覺醒運動，有意識的透過與過去決然分離，以傳統與現代的決然二分的方式來打造一個在當時的時點是現在的、現代的、新的民族意識。這種對立二分，就Soetomo而言，是爪哇與印尼的對立，呈現在時間意識上的，則是兩組重疊的但是不同的時間，生活世界的時間（爪哇）與朝向未來即將成立的近代國民國家（印尼）的時間。但如安德森所言，Soetomo在自傳中卻呈現了這兩種時間的並置、落差與縫隙，同時表現在認同上以及語言使用上，最後Soetomo透過記憶，面向過去，然後朝向未來前進，調和這兩種時間。這樣的並置與內在的緊張，在之後的世代中卻看不到了。只有在兩個時代重疊之處的人物中，這樣的同一個人同時生活著兩種時間，才顯露出其痕跡。這是就時間來看。另外，就空間上來說，

4　孫大川，《BaLiwakes，跨時代傳唱的部落音符：卑南族音樂靈魂陸森寶》（宜蘭縣：國立傳統藝術中心，2007），以及更早之前的林娜鈴，《愛寫歌的陸爺爺》（臺東市：國立臺灣史前文化博物館，2003）。

5　Benedict Anderson, "A time of darkness and a time of light," in *The Spectre of Comparisons: Nationalism, South Asia and the World* (London : Verso, 2000), pp. 77-104.

在兩個社會的重疊處，或在之間移動，甚至是同一社會內部不同的
生產部門與生活世界之間，往往也是重層不均等的各種時間，在各
種社會實踐的交疊匯聚之處，變成一個不自覺的日常生活中的現實
[6]。這些痕跡，說明了國民國家的時間無所不在，另方面，卻也呈現
了其無法窮盡的部分[7]。我想，或許也可以用類似的方式來看陸森
寶。我們需要的，不是如楊照宣稱的，陸森寶的存在說明了多語的
臺灣；這已經是一個事實；或是孫大川最後把陸森寶變成站在國族
歷史之外的一個本質化的「原住民」立場。陸森寶有一個卑南族名、
日本名、還有中文名字，至少經歷過三次的國家重塑身分的過程。
這不得不讓人想起黃春明在〈戰士，乾杯〉中說的故事，一個魯凱
族家族三代，在四個國家、五個政權、六個社會之間，彼此爲敵的
一個荒謬卻又真實的歷史[8]。荒謬在於，一再地超出了一般的、有可
期待性的人生經驗；真實在於，就是這樣的歷史經驗構成了黃春明
所看到的、在那個家屋的場所中再現出來的時間重層生活世界。或
許，我們所需要的，是把「時間」問題化。陸森寶的傳記的意義，
不止在於他的族裔身分，或是書寫語言，而是這一個在近代國家之

6　這是國族與資本主義發展的結果，變成隱藏在生活世界的日常性現
　　實，見Harry Harootunian, "Some Thoughts on Comparability and the
　　Space-Time Problem," *Boundary 2,* 32(2): 23-52, 2005.

7　從屬階級研究群的Dipesh Chakrabarty也曾試圖區分兩種伴生的歷
　　史，主導性的資本時間，以及從屬階級生活世界時間，後者從屬於
　　前者而生但未完全為前者所完全支配，以分析南亞歷史，乃至於後
　　殖民歷史學中類似的議題。見*Provincializing Europe：Postcolonial
　　Thought and Historical Difference*（Princeton: Princeton University
　　Press, 2000）.

8　黃春明，〈戰士、乾杯〉，收於《等待一朵花的名字》（台北：皇
　　冠，1990）。

內，在近代國族歷史時間之內，一個在這樣的結構中生成、但是卻
又未被這樣的結構所完全殖民的生活世界[9]。這樣的一個生活世界，
如何被解釋，特別是如何放在既有的臺灣史這樣的歷史知識跟生產
這種歷史知識的學科制度內來看，有什麼意義，有什麼啓發，可能
更是一個需要討論的方向。歷史學界，只是把它當成一個新的耆老
口述歷史而已？或是可以更進一步，回過頭來反省自己學科知識存
在的時間上的本體論基礎，或是國族歷史的時間，進而一方面成爲
自我批判的資源？另一方面，這種反省也將對知識的民主化，特別
是歷史知識的民主化，有所貢獻。畢竟，誰能真正擁有歷史呢？國
家？學者？（原住民）官員？文化人？家屬？還是亡故的人？或是原
住民從屬階級，或是其他？

　　這個議題，不只對臺灣史中的原住民有意義；只是剛好是陸森
寶的傳記，引發了這一些聯想。其他的群體或是各種社會弱勢少數，
應該也是面對著類似的歷史狀況，以及在這樣的狀況中所具有的潛
在歷史可能性。這裡所說的歷史知識的民主化意思是，即便是學者
生產出來的專業的、甚至是批判性的歷史知識，畢竟也只是社會總
體的各種論述實踐之一而已。學者們很少意識到，自己的制度性的
存在，背後還有一個近代國家的制度在支持著。歷史學，不論是作
爲一種（專業）分析的範疇，或是作爲一種實踐的範疇，在當代國家
（以及資本）龐大的存在狀況下，歷史知識的民主化，都不能不成爲
一個重要的課題。回顧過去20年來臺灣的「地方史」這種歷史知識，
在地方文史社團與學者的夾擊中，耆老變成只是需要被翻譯與加工

9　陸森寶的家屬顯然已經內化，屬於另一個跟主流社會或是國族時間
　　比較接近或是一致的生活世界的時間了，因此看不懂，無法接近陸
　　的文字，以及他的文字所呈現的生活世界。

的原料提供者，學者在制度性身分的優勢跟專業知識客觀性、全面性的宣稱中，壓倒了地方不同社會群體或是社會少數自己的歷史想像。最後，「地方」不見了，歷史也越來越一致，即使外表上看起來仍是一片榮景。對此，不得不令人深思啊。

　　大約七十多年前，賴和在李献璋編輯的《臺灣民間文學集》的序言中，曾經希望這一本民間文學集中，由李献璋、楊守愚、朱點人、王詩琅等臺灣文化人自各地收集、改寫的各種民謠、民間傳說，在成書之後，「同樣跑向民間去」[10]。賴和的來自民間回到民間的迴路走完一輪的要求，提醒了生活世界的再現化過程，不應該也不會停留在書籍完成的那一刻。正如Jacques Rancière所言的「認識的配分」一樣，生活世界不是自明的；其可被認識，是透過某些認識的形式，以及這些認識形式的感知與自覺，使生活世界成為議題也成為主題與主體[11]。透過各種形式的──既是納入也是排除、持續進行中的不間斷的──認識的配分過程(這其中，並沒有一個「在外面」的超越的與超驗的立場存在)，我們自願或非自願的，都扮演了參與的行動者角色，也同時在這個過程中形塑自己的主體位置。因此，歷史本身以及歷史知識的民主化，也將是一個行動者需要不斷的自我提醒的倫理議題，如果我們希望這個行動是一個在倫理上善的民主實踐的話。

　　如果在某些歷史關口，台灣歷史意識的解放與公民民族主義的主張曾經有所疊合，同時也曾經發揮打開既有思考框架與行動限制的效果的話，臺灣民主化本身的歷史產生過程，便已經使臺灣的社

10　賴和，〈賴序〉，收於李献璋編著，《臺灣民間文學集》(臺灣文藝協會，1936)。

11　Jacques Rancière, *The Politics of Aesthetics: The Distribution of the Sensible* (New York: Continuum, 2006).

會逐漸發展成爲一個公民爲主的共和國，雖然國名以及政治、社會體制不一定符合每個人的期待，但是其中已內含自我改變的可能性。在這個民主化過程中，臺灣的歷史知識生產的民主化，無法也不能自外於這一個整體的過程。歷史在變成歷史學家的歷史之前，是生活世界本身的活生生的歷史，同時，歷史學家所生產出來的歷史，也是社會整體論述實踐的一部份。學者、耆老或是其他的公民，本來就是「民間」的成員，在種種認識的配分的形式中，終究也必然的要「同樣跑向民間去」。

　　最後，附帶提一下周憲文。他的貢獻的確是一直被忽略了。要是有機會的話，戰前日本京都學派經濟學出身的他，或許會跟他的朋友王亞南一樣，作出理論上與實證研究上的重要貢獻。補充一點，周憲文戰後初期來臺任教職時，還曾邀請王亞南來台講學呢！

　　陳偉智，紐約大學歷史系博士候選人，研究歷史與社會理論、殖民主義比較研究、歷史人類學。曾發表〈知識與權力：伊能嘉矩與臺灣原住民研究〉、〈地方史的可能性〉等論文。現正以兩次大戰間殖民地臺灣的文化與社會論述的時間政治爲題，撰寫博士論文。

新書
序跋

伯恩斯坦《社會政治理論的重構》：
中譯版[1]作者序與譯者後記

伯恩斯坦原著

黃瑞祺譯

作者序

　　《社會政治理論的重構》一書已出版了三十餘年[2]，從那時起在所有社會科學以及在我們對社會政治理論的理解中發生了劇烈變遷。不過，我仍然相信在這本書中所發展的論旨——一個適當的社會政治理論必須是經驗性的、解釋性的、以及批判性的——已經被證實了。這並不是三種不同類型的理論，而是社會政治理論的功能的三個面向。爲了能領會我在本書所說的，我們需要重建其歷史脈絡和智識脈絡。二戰後社會科學有驚人的成長——特別是美國的社會科學。許多重要社會科學家把社會科學看作是行爲科學——人類行爲的科學。他們的行爲科學觀主要是立基於對自然科學的理解——或更確切地說，立基於他們認爲是自然科學的主要特徵。行

1　伯恩斯坦原著，黃瑞祺中譯，《社會政治理論的重構》（南京：譯林出版社，2008）。

2　Richard J. Bernstein, *The Restructuring of Social and Political Theory* (University of Pennsylvania Press, 1976).

為科學(因而)是研究人的自然科學。不同於自然科學,社會科學相
對地嶄新及「年輕」。但是希望及期待在社會科學有快速進展,能
比得上自然科學及物理學已經達成的鉅幅發展。這個時期的精神可
藉由心理學家克拉克‧胡爾(Clark Hull)來表達,在1943年他寫道:
「我們有充分的理由相信行為科學將在當前展現一種足以媲美物理
學在哥白尼、開普勒、伽利略與牛頓時代的發展。」胡爾的期待為
經濟學、社會學、人類學、政治科學與心理學等領域的許多主流社
會科學家所共享。然而越來越明顯的是,社會科學家主要不是受到
物理學的實際作為所影響,而是受邏輯實證主義者及經驗主義者所
提出的自然科學觀所影響。依據邏輯經驗主義者對科學的理解,理
論說明依循一種假設-演繹模型,需要對關鍵性概念下運作定義,
以及對理論及假設仔細驗證。理論的主要目的是去描述及說明經驗
實在。它預設事實與價值之間存在明顯區別,而且必須避免任何命
令式的或規範性的主張。由我們今日的觀點來看,很諷刺的是,那
時許多社會科學家都接受了邏輯經驗主義者的自然科學觀,這種自
然科學觀受到諸如波普爾、庫恩、費耶阿本(以及其他)思想家的嚴
重質疑及批判。

對主流社會科學觀的批判還有其他來源。有一種批判來自於受
晚期維根斯坦以及行動的分析哲學所影響的哲學家。溫奇在1958年
出版了他的專著《社會科學的理念及其與哲學的關係》,這本書造
成了轟動。溫奇利用對維根斯坦以及行動的語言哲學二者的理解,
論證:許多主流社會科學家所採用的「社會的概念」是徹底混淆的。
在行為與行動之間、以及在理由與動機之間,存在著概念上的混淆。
我們賦予人類社會行動的說明類型和適用於肢體行為的說明類型是
完全不同的。分析語言哲學中正出現的一個新領域——行動哲學,
挑戰及批判了主流社會科學觀及邏輯經驗主義的遺產。

不過對於社會學科的自然主義觀之批判也還有其他來源。19世紀下半葉的德國，關於自然科學與人文科學的關係已有激烈爭辯。在這個時期如狄爾泰等思想家論證人文科學(特別是史學)本質上是詮釋性的，且主要關注於理解和解釋。再者，人文科學中的理解必須與自然科學中的說明小心區分。在20世紀初，偉大的社會學家——韋伯，也論證理解對於社會學科的方法論而言是必要的。詮釋學運動也受到胡塞爾現象學探究的影響。舒茲曾經是胡塞爾與韋伯的學生，他對於什麼是理解及解釋人類行動所需要的問題，立基於現象學的洞察，尋求發展一種新的解釋探究途徑。儘管社會學科的主流自然主義式的探究途徑與現象學探究途徑之間存在許多差異，他們都共享了一個預設——即一種恰當的社會科學應該是「價值中立的」，社會學科的功能並不是要對社會現象採取一種規範性的或批判性的立場。

但是這種為社會學科的「價值中立」辯護以及避免批判的企圖，卻遭到法蘭克福學派思想家的挑戰。哈伯瑪斯——他曾經擔任阿多諾的助理，且熟習社會學科的各種探究途徑——論證社會科學不能避免批判。甚至，他論證社會科學本質上是批判的。在1968年出版的《知識與人類興趣》一書中，哈伯瑪斯區分三種主要的認知興趣或引導知識的興趣：技術性的、實踐性的、及解放性的興趣。技術性興趣引導及組織經驗性—分析性科學；實踐性興趣引導歷史性—詮釋性學科；而解放性興趣引導批判性社會科學。「系統化的社會行動科學……如同經驗性—分析性科學，以生產理論性知識為目標。然而一門批判性社會科學將不會只滿足於此。批判性社會科學主要關注於超越此目標去確定：何時理論性陳述掌握社會行動本身不變的規律性、以及何時這些陳述表達意識形態所凍結的依賴關係，這種關係原則上是可以轉變的。」再者，批判所涉及的不只有

認知，還有一種情感─動機的基礎。「如果不是由對批判的熱情所推動，批判將不具有瓦解錯誤意識的力量。」一門批判性社會科學本質上是規範性的，且關注於那些應當引導人類實踐之規範的證立。在過去30年間，哈伯瑪斯已建構一套綜合性的溝通行動理論及言談倫理學，然而他一貫地堅持一門批判性社會科學的必要性。

我在上述背景下撰寫了《社會政治理論的重構》。我尋求以一種辯證方式來統合這些互相競爭的探究途徑的洞見，而拒斥我認為是誤導的(成分)。一門恰當的社會科學必須遵守經驗研究及假設檢證的準則。但是我也論證邏輯經驗主義者的理論觀及科學說明觀必須拋棄。就如同詮釋學探究途徑及現象學探究途徑的擁護者教導我們的，在社會學科中我們不能避免理解及解釋。因此一套恰當的社會理論必須是經驗性的以及解釋性的。然而這仍不足夠。我完全同意哈伯瑪斯的意見，一套充分發展且健全的社會政治理論也必須是批判性的。它必須探討那些支配人類行動的規範，並釐清在這些規範的證立中涉及些什麼。

在過去30年間，自1970年起社會科學的景象以及有關社會政治理論的爭論已經徹底轉變了。關於什麼是一套恰當的社會政治理論所需要的，出現許多新的辯論。我已在《超越客觀主義和相對主義：科學、詮釋學及實踐》(1983)、《新全貌：現代性／後現代性的倫理—政治視域》(1992)二書中尋求探討及釐清某些關鍵性辯論。雖然智識領域已經轉變了，我認為我的主要論旨和結論依舊是站得住腳的，在今日它們甚至更為相干。我仍然認同我在結論中所寫的：

> 分析到最後，我們並非面對著互斥的選擇：或者經驗理論、或者解釋理論、或者批判理論。而是在社會政治理論的重構之中有一個內在的辯證：當我們從事任一環節時，發現涉及其他的

環節。一套恰當的社會政治理論必須是經驗性的、解釋性的、以及批判性的。

感謝譯者黃瑞祺博士花費許多時間及努力，他的翻譯態度極為認真，使得《社會政治理論的重構》有了可靠的中譯本。

理查·伯恩斯坦

2007/3/12

紐約社會研究新學院

譯者後記

黃瑞祺

一

1960年代歐美學生運動風起雲湧，對歐美社會、政治、文化、學術(尤其是社會科學)衝擊很大、影響深遠。伯恩斯坦在本書導言一開頭就說：「1960年代我正在在撰寫《實踐與行動》一書時，就深深感覺到有些新思潮正在醞釀——學術思想的思考模式、強調重點以及關注對象都逐漸在改變。」《實踐與行動》於1971年出版。1960、70年代隨者歐美社會運動及社會政治變遷，學術界也充滿活力，許多新思潮或新學派出現，諸如新左派、結構馬克思主義、英國激進哲學團體(批判實在論)、分析馬克思主義等等；許多激進的、批判性的學者及著作如雨後春筍，諸如美國的米爾斯、顧德諾(A. Gouldner)、庫恩、本書作者伯恩斯坦等等，德國的阿多諾、哈伯瑪斯、阿佩爾、威爾瑪(A. Wellmer)等等，在英國有湯普森、霍布

斯鮑姆、安德森、吉登斯等等；法國有阿爾都塞、普蘭查斯、高爾茲（Andre Gorz）等等。以上的列舉掛一漏萬，只是藉此管窺當時學術思想界之鼎盛。

　　當時的社會運動與學術思想其實是互相呼應、互相影響的。眾所周知，1960年代歐美學生運動受法蘭克福學派（尤其是阿多諾和馬庫色）思想影響頗大，尤其馬庫色的《單向度的人》一書幾乎成為歐美學生運動的手冊。

二

　　伯恩斯坦於1958年從美國耶魯大學獲得哲學博士學位，繼續留在耶魯任教。他的學術事業始於對美國實效論的研究。他的博士論文是關於「杜威的經驗形上學」，其後幾年出版了幾本關於杜威和皮爾斯的書。

　　上述的《實踐與行動》一書，可說是他的成名作，70年代就有德文和西班牙文的譯本了。該書是他對實效論研究的進一步延伸，因為除了花相當多的篇幅（60多頁）論述皮爾斯和杜威的思想之外，《實踐與行動》還探討馬克思、黑格爾、齊克果、薩特、及分析哲學的相關思想。

　　本書《社會政治理論的重構》則是在1976年出版，獲得更廣泛的迴響，目前已知就有德文、義大利文及西班牙文的譯本，且（不知何時）在作者的網頁履歷著作欄註明中文譯本即將出版[3]。

　　其後伯恩斯坦更是生產力十足，新作不斷問世，如今已是著作等身了。除了上述美國實效論之外，伯恩斯坦尚以批判理論、哈伯

3　http://www.newschool.edu/gf/liberal/facalty/bernstein_r/Richard Bernstein_CV.pdf

瑪斯、後經驗論及後實證論的研究聞名於世，這些研究匯合於本書。除了吉登斯、麥卡錫（Thomas McCarthy）、黑爾德（David Held）等人之外，伯恩斯坦是英語世界第一代探討及倡導哈伯瑪斯批判理論的主要學者，也是溝通歐陸與英美兩方學術思想的主要學者。

三

　　他在本書中花了四分之一篇幅（第4章）探究哈伯瑪斯，當作是當代社會政治理論的高峰。他在本書結論中寫道「一套健全的社會政治理論應該是經驗性的、解釋性的、及批判性的」。這個結論及其隱含的架構其實是哈伯瑪斯的。在哈伯瑪斯綜合性知識論架構中，知識的生產係根據人類的認知興趣，而認知興趣則是根植於社會生活。人類社會生活有三種要素：勞動、互動、以及權力宰制，這三種生活要素衍生三種認知興趣：技術興趣、實踐興趣、及解放興趣，由此又衍生出三種知識學科：經驗性—分析性學科、歷史性－詮釋性學科、及批判性學科，三種知識學科進而產生三種知識形態：訊息、解釋、和批判。這三種學科及知識並不是互斥的，經驗現象中的規律性或齊一性必須加以批判性的鑑別，以檢定此規律性或齊一性到底是反映特定時空權力關係或意識形態所凍結的關係，還是人的行動中真正不變的關聯，所以經驗性—分析性也需要意識形態批判；而解釋在顧及主觀解釋之際，也應慎防淪為行動者意識形態的反映而已，所以歷史性—詮釋性學科也同樣需要意識形態批判。而批判性學科（以心理分析及政治經濟學批判為範例）也需要因果分析及意義詮釋，在解放興趣的引導下讓這二者放在同一架構中互相辯證，以提防盲目、錯誤的因果性和虛假的主觀性，這樣做本身就具有批判性了，對於恰當地理解對象不可或缺。所以三種學科及知識

應當在解放興趣的引導下適當地結合起來[4]。伯恩斯坦30年後（2007）
為中譯本撰寫的序中說，上述的結論今天還是站得住腳的，而且更
為相干。

　　本書在認識論上採取哈伯瑪斯的批判立場當作制高點，依次來
檢視經驗理論（第一章）、分析性科學哲學及社會政治理論（第二
章）、以及舒茲的社會現象學（第三章）、最後是哈伯瑪斯的社會批
判理論（第四章），雖然本書所檢視的理論流派甚夥，線索紛繁，然
而在一貫的置高觀點的耙梳之下，當代社會政治理論脈絡分明、條
理清晰，而且隱然有一個辯證的軌跡存在。在辯證歷程中，各個環
節或階段開始出現時盡情展現其精華，世人頗能欣賞其優點及力
量，盛極而衰之後，逐漸暴露其破綻或缺點。等到缺點或破綻逐漸
嚴重，於是另一個環節或階段出現了，取而代之。類似的歷程周而
復始。

四

　　本書從表層來看是一本引介當代社會政治理論幾個流派的書，
所以諸如墨頓、納格爾、溫奇、舒茲、哈伯瑪斯等的理論都有詳細
精當的分析。再從深一層來看，它所呈現的理論流派並不是互不相
聯繫的，其呈現的方式也不是平鋪直敘的個別介紹，而是如上述排
列成一個辯證的順序，有優劣、高下之分，而其根據主要是在「知
識論—科學哲學—方法論」[5]這一根軸線上，具體而言就是諸如認知

4　參閱黃瑞祺著《社會理論與社會世界》（北京：北大出版社），頁
　　121-124；《批判社會學》（台北：三民書局，2007，修訂三版），頁
　　125-134。
5　雖然哈貝馬斯曾批評：由於實證主義的影響，知識論被化約為科學
　　哲學（因為科學被當作最高級的、甚或唯一正當的知識），而科學哲

興趣、自然/社會科學的異同、理論和科學說明的形式及功能、理論家的角色、事實與價值的關係、因果分析與主觀解釋的必要及限制、社會政治理論中批判的必要及結構等等線索。這些線索誠然複雜，一言以蔽之，伯恩斯坦一方面沿著這些線索批判社會科學中的經驗主義和實證主義，另一方面朝向一種後經驗主義和後實證主義邁進。這一種經驗主義／後經驗主義和實證主義/後實證主義區別的關鍵就是從解放的認知興趣來證成批判科學，堅持社會／自然科學的差異及分際，社會科學應該被建立成爲一種批判（critique），這包含因果分析和意義詮釋。這根本上還是哈伯瑪斯的立場，伯恩斯坦從這一個立場上來看一些社會政治理論，逐一加以判別，並組成一個漂亮的辯證歷程。追隨哈伯瑪斯這個知識論立場，並加以發展的、比較傑出的除了伯恩斯坦之外，還有吉登斯、芮德尼茨基、麥卡錫等人[6]。所以本書不但是一本引介當代西方社會政治理論的好書，而且是一本探討「知識論—科學哲學—方法論」的好書，言之成理、持之有故。

五

我最早研讀本書是在台灣大學當碩士生的時候，當時頗有「驚

（續）————————————————

　　學又被化約為方法論（因為要求可操作）。不過這三者經常是有密切關聯的、連續的、沒有明確的界線。

6　參閱 A. Giddens, *New Rules of Sociological Method* (London: Hutchison,1976); G. Radnitzky, *Contemporary schools of Metascience* (Chicago: Henry Regnery Company, 1973); T. McCarthy, *The Critical Theory of Jürgen Habermas* (Cambridge: Polity Press, 1978)。本人也曾應用哈貝馬斯三種認知興趣來區別社會學的三大傳統：實證社會學、解釋社會學、及批判社會學，參閱上引《社會理論與社會世界》，頁3-30；《批判社會學》，頁9-44。

豔」之感，也對於我理解哈伯瑪斯、舒茨、庫恩以及溫奇等的理論
幫助頗大。後來教書時也曾用過這本書當教材，效果不錯。並曾試
譯其中一部分〈徐志的社會現象學〉發表在期刊上[7]。其後到英國劍
橋大學進修時，上導師吉登斯的課，這本書赫然又是指定參考書之
一。由於與這本書淵源頗深乃動念譯出全書，其後雖曾受台灣的出
版社委託翻譯這本書，卻因故未能完成履約，一直覺得遺憾。2004
年幸蒙清華大學彭剛教授引介，與南京譯林出版社訂約，去年以來
乃排除雜事奮力完成，以解除多年來的遺憾。日前建請作者伯恩斯
坦為中譯本撰寫序言，也蒙應允，深覺機緣成熟。回首這個過程漫
長曲折，其中因緣不可思議。在此儘管有掛一漏萬之虞，我還是要
感謝張琇瑋和張文綺兩位的協助，使中譯本更加完善。

2007/4/1

於台北南港

　　黃瑞祺，中央研究院歐美研究所研究員，著有：《批判社會學》、
《社會理論與社會世界》、《綠色馬克思主義》、《現代與後現代》、
《曼海姆》、*Recent Interpretations of Karl Marx's Social Theory*（Peter
Lang）等。

---

7 《思與言》，第19卷第5期，1982。Alfred Schutz 譯者曾譯「徐志」，
　　現在則從眾譯為「舒茨」。基於尊重歷史，在此該譯文篇名照舊。

思想
采風

《讀書》：
導讀當代中國思想文化的書寫紀錄

葉國豪

　　考古學家利用年輪、貝塚、地質沉積物的柱狀樣本，來研究遠古人類社會的發展與興衰，氣象學家則利用冰蕊甚至花粉樣本，來探索氣候的變遷與影響；對於人類知識狀況的發展而言，官方所出版的檔案史料未必能全面而客觀地呈現民眾的社會文化乃至思想史，特別是在威權與後極權的國家中那更可能產生扭曲與偏差，於是書寫紀錄、一本刊物，特別是由知識分子所紀錄的社會思想狀況，反而更可以借用來嘗試理解社會變遷的軌跡。

　　今年對中國來說無疑是「北京奧運」年。然而也正好在30年前中國開始了她改革開放的階段。歷史充滿了巧合與偶然，半年後的1979年4月，以「讀書無禁區」為口號的《讀書》雜誌問世。最初以書評、短文、文史哲學探討為主的《讀書》，至今仍是中國最具有影響力的一份知識分子刊物。當代中國知識分子在《讀書》裡爭辯、思考，期待每一期的出版，並且在其篇幅中找尋思想困頓的出口以及生命疑問的暗示。《讀書》確實可以作為了解過去30年改革開放時代中國社會思想、文化與學術變遷的一個切入點，甚至是一個縮影。

　　最近在《新左評論》上，章永樂先生發表〈讀書無禁區？《讀

書》雜誌與中國知識份子〉[1]一文（以下簡稱「章文」），系統地將《讀書》過去30年的變化，包括編輯、選材、論辯、定位，以及最近圍繞在《讀書》主編人事更動的爭議事件、6冊《讀書精選》的出版等做了豐富介紹，值得廣泛華文知識界的參考。

　　章文在布局上主要可以分為兩個部分，第一個部分介紹《讀書》近三十年來的發展，第二個部分則細緻地評介去年（2007）所出版的六冊《讀書精選》[2]。在第一個部分中，章文從《讀書》的前主編汪暉與黃平的被解職卸任說起，說明《讀書》本身持續地轉變歷程。在編輯人事上，《讀書》至今經歷了四代人的更替，從倪子明、陳原的第一代，沈昌文的第二代，汪暉與黃平的第三代，到現今甫上任的潘振平與吳彬的第四代。代際的轉變，一方面象徵匯聚在《讀書》這一個思想書寫陣地中知識分子的差異：從報人到學者、從關注文史哲學到融入社會科學視角的批判，另一方面也反映了《讀書》本身在定位、選材上的變化，進一步反映該一刊物與當代中國社會文化整體關係的不斷調整。

　　從1980年代中期開始，作為當時「文化熱」的一部分，《讀書》將討論的重點轉向西方思潮的引進。而1990年代初期之後，由於中國市場化經濟改革的深化，《讀書》冀求更多的讀者，當然也就調整了文章的取向與範疇；汪暉與黃平從1996年擔任《讀書》的主編開始，就更多地以社會科學的理論為著眼點，將現實政治、經濟與社會問題的討論，帶到《讀書》的關注視野之中。自2007年的第9期開始，汪暉與黃平離職，《讀書》再次地轉型，重新界定自己為

1　Zhang, Yongle, "No Forbidden Zone in Reading? Dushu and the Chinese Intelligentsia," *New Left Review* 49, Jan-Feb, 2008, pp. 5-26.

2　《讀書精選》六卷（北京：三聯書店，2007）。

「非學術的」、「知識的」與「較爲普及」的刊物。

　　汪暉與黃平的離開，是近年來《讀書》最大的爭論事件。根據章文的觀察，《讀書》更換主編的決定涉及了複雜的因素，包括了市場銷量的下降、對於《讀書》定位的掌握（學術刊物或是大眾讀物）、以及中國國內學術發展的張力等等。汪暉與黃平主編下的《讀書》，適逢中國知識分子有關改革開放的共識開始撕裂，對於經濟領域的改革開放與市場化、去國有化，所帶來的社會與政治後果，很顯然地在知識分子與學者之間存在著不同的看法與意見。這一場從1990年代中期以降，至今被外界化約爲中國語境之下的「新左派」與「自由主義」論爭，被認爲是汪暉與黃平離開《讀書》的部分因素。「新左派」強調對於中國市場化、資本主義現代性後果的批判與反省，例如所得分配的不均、工人階級被剝削的處境、以及環境生態的危害等等；而「自由主義」則認爲當代中國的問題並不起於市場化與現代性；今日中國所遇到的問題，其實是市場化沒有充分發展、制度尚未充分建立與遵守、現代性發展未足夠所導致，因而批評「新左派」人士的焦點錯誤，誤將先進發達國家的政治與社會問題，當成中國最迫切的問題；而「新左派」則反擊「自由主義」人士無視西方資本主義與市場化國家的錯誤經驗，漠視了今日中國

因現代性發展所衍生的種種問題。從不同的視角出發，對中國問題
所得出的不同立場與藥方，持續地在知識界引起辯論。汪暉雖然從
來不承認、也不同意外界的標籤，他主編下的《讀書》仍被認爲是
「新左派」的言論陣地。然而，除卻學界論爭與相輕的紛擾，六卷
的《讀書精選》，將10年來的文章細心組織編排，在章文看來卻值
得重新閱讀，藉以爬梳與管窺1996年至2005年的中國知識界的發展。

　　《讀書精選》的第一卷卷名爲《改革：反思與推進》，收錄文
章的重點在「三農問題」、「國有企業改革」、「平等與效率」以
及「可持續發展」等四個部分。1990年代中後期《讀書》對於「三
農問題」（農民、農業、農村）的首先關注，突顯了《讀書》對於社
會議題的敏銳度以及知識分子對於弱勢群體權益的捍衛；對於國有
企業改制的討論，則意在揭發「效率優先」的虛僞性；對經濟與道
德的討論，爲改革開放下的社會呼籲公正；對可持續發展的關注，
則批判與揭露了發展主義的缺失。

　　《讀書精選》的第二卷爲《重構我們的世界圖景》，將視角聚
焦在國際關係與全球化的議題之上。舉凡亞洲金融危機、中國加入
世貿組織、美國歷經9-11恐怖襲擊、美國入侵伊拉克、反恐等重要
國際事件，都是《讀書》關注的焦點，這更進一步地突顯了汪暉、
黃平主編之下的《讀書》將議題視野放寬、拉遠的企圖與成果。

　　《讀書精選》的第三卷卷名爲《逼視的眼神》，涵蓋的主題包
括戲劇、建築、電影、紀錄片、音樂、美術等範疇。《讀書》的作
者們細緻探究了1990年代中後期以降中國乃至世界的文化地景，並
不失批判反省。

　　《讀書精選》的第四卷名爲《亞洲的病理》，在章文看來，這
是汪暉和黃平將《讀書》發展爲亞洲問題討論平台的一個企圖。在
本卷中，亞洲各個國家與地區的知識分子，嘗試釐清「亞洲」這一

個概念的豐富內涵，並且透過對於歷史、革命、階級與外交等議題的討論，構築知識分子間對話的可能性。

《讀書精選》的第五卷卷名為《不僅為了紀念》，是過去10年來在《讀書》所發表關於知識分子與文人的文章結集，對蔡元培、陳獨秀、梁啓超、朱自清、蔣夢麟、沈從文等人的討論與追憶，不僅反映了《讀書》從創刊以來一貫對於知識分子的重視與尊重，更可以從這一些知識分子的行誼記述中，體會傳統文人的風骨與堅持。

《讀書精選》的最後一卷卷名為《讀書現場》。在章文看來，本卷為讀者示範了在中國劇烈變化的社會文化環境中，《讀書》作為一份文化刊物，如何面對與反思社會爭議，諸如全球化、大學教育改革、女性主義、戰爭與反恐等等。《讀書現場》因而不僅希望讀者經由對於西方經驗的認識而反思中國現實的公共議題，更隱含著發掘更民主、平等與公義社會的強烈企圖。

《讀書精選》的出版，卻伴隨著汪暉與黃平主編時代的終結：在章文看來，這確實充滿著戲劇性與爭議性。作為整個中國出版宣傳體制下的一個有機組成，《讀書》有著它的機會與限制。《讀書》月刊的前身《讀書生活》，曾經在上個世紀被國民黨查禁；而今《讀書》月刊在共產黨統治之下，似乎也同樣地受到當權者的「關愛」。儘管如此，在章文看來，《讀書》已經為在經濟上擁抱自由市場，在政治上仍處於後極權的中國社會，提供深刻的反省，並且不斷開拓新的議題與視野。在當代中國的政治社會脈絡中，《讀書》並不是真的「沒有禁區」，但是更重要的，它折射了當代中國的思想變化，並且提供了知識分子思考與論辯的平台，儘管並不完整，有時候甚至壓力重重。

葉國豪，國立清華大學社會學碩士，現任香港中文大學香港亞太研究所計畫協調員。

中國將走向民主社會主義？

陳瑋鴻

　　20世紀中國的社會與思想一直在顛簸的道路上行走，如何在俄國和歐洲的社會主義（「拿來主義」）與中國本土獨特性之間摸索出一條可行之道；如何在「蘇東波」紛紛瓦解後仍堅持社會主義目標，官方與知識界爭論不斷。2007年，前中國人民大學副校長謝韜發表〈民主社會主義模式與中國前途〉一文，對改革開放後中國的現況提出反省，並且涉及中國目前與未來體制的性質與走向。謝文引來諸種不同立場的回應，似乎有重燃「反修防修」、憲政民主的論戰。現任教於美國波士頓大學哲學系的曹天予先生將相關文章編輯成冊，對於關注中國前途、社會主義之理論與實踐等議題者，應該具有很大的參考價值[1]。

　　1970年代文革結束之後，中國社會對馬克思主義的解讀出現了情緒上的轉折，即「階級分析在改革時期的中國馬克思主義中逐漸淡出，而生產力論成為主要的理論視角。」中共所主導的改革開放，強調走向「現代化」、集中精力搞經濟建設、避開階級解放問題，

1　曹天予編，《社會主義還是社會民主主義？：中國改革中的「民主
　　社會主義」思潮》，將由香港大風出版社出版。筆者並未見到此書；
　　以下的報導係根據曹先生為此文集所寫的引言，可見：http://www.
　　xschina.org/show.php?id=12076

正是此一情緒的結果。在改革開
放將滿30年之際，中國的經濟實
力在世界業已占有一席之地，但
也相應地帶來了許多政治社會的
弊病。謝韜的文章指出，鄧小平
實行「中國特色的社會主義道
路」，雖然修正中國共產黨原有
的教條性格，但改革開放也產生
了諸多問題，其中最爲嚴重的便
是貪污腐敗、國家資產流失和分
配不公，已不容忽視。他環顧人
類歷史上的社會主義模式，提出
以瑞典爲代表的民主社會主義制度——民主憲政、混合私有制、社
會市場經濟、福利保障制度——不僅是世界政治經濟的主流，也應
爲中國當前改革的正途。

　　在曹天予爲文集所寫的引言中，關注的視角也置於社會主義的
理念與當前中國現實情況的落差上。改革開放後，中國共產黨堅持
的四個基本原則——社會主義（公有制、計畫經濟與按勞分配）、無
產階級專政、共產黨領導、馬列主義毛澤東思想——逐漸與現實的
發展相違背，其中最爲關鍵的是權力異化與貧富不均。就前者言，
在共產黨的領導下，決策菁英儼然成爲一股相異於民眾的權力，決
策過程常有正當性不足的疑慮；就後者言，在發展主義引領下，無
產階級追求的階級解放與人類解放的理念，已銷聲匿跡。這兩個核
心的問題，在所有權結構變化（從公有制到混合所有制），以及分配
制度改變（從「按勞分配」到「按要素分配」）之外，對社會主義理
念造成更爲致命的傷害。若要根本地解決上述問題，曹天予指出，

癥結仍直指國家法治規範與權力監督的建立;因為,所有權結構、
市場與分配制度,都立基於此。因此,走向一種社會主義的憲政民
主,用以改進中國現有「走資化」的問題,並且又不落入資本主義
的憲政民主,乃曹先生所認為的中國下一步改革的關鍵所在。

曹天予認為,社會主義的憲政民主與資本主義(包括社會民主主
義)的憲政民主,具有實質性的差別。相異於以個人權利為中心、
菁英議會程序的自由主義,社會主義的憲政民主應是由工農大眾由
下而上地組織起來,成為立憲的主體,並且以實現階級解放和人類
解放的集體主義為最終目的。曹天予提出,堅持社會主義的理想性
格,以憲政民主診斷中國當前的弊端,進而回到「問題的研究上」,
中國才能走出新的前景。

此一見解,讓我們想起在1919年伴隨「五四」運動而來、由胡
適與李大釗所引起的「問題與主義」論戰。當時,作為中國共產黨
的創建人之一的李大釗,認可胡適所批評的「空談主義」的危險,
而提出主義應該是「作為他們實驗自己生活上滿意不滿意的尺度」。
曹天予對中國未來改革的見解,可謂充滿著歷史的迴響。

文集收錄了這一場論辯的來龍去脈,以謝韜的文章為楔子,包
括官方立場與各方知識界的代表性回應,最後對西方民主社會主義
做一歷史性的考察與反省。從中或可窺見中國未來可能走向的道路。

陳瑋鴻,台大政研所博士生。目前研究興趣為當代政治哲學、
台灣政治思想史與政治判斷力等。

美國吹起哲學風?!

劉俊麟

　　最近《紐約時報》觀察到,「哲學」這門學問在美國大學校園中突然開始有市場,受到歡迎[1]。我看到這則新聞的時候,一則以喜,一則以憂。喜的是,因為我自己也算是個哲學人,獲知這個現象,內心難免感到安慰;憂的是,也因為自己真的是哲學人,會很自然地注意到受訪者或者調查對象(大多是在學大學生與大學畢業生)願意投入哲學的理由是否恰當。無論如何,「哲學」這門老字號的學問,在現代高度發達的社會既然仍有其「地位」與「用處」,對於思想有興趣的人,也許可以不用抱著過於嚴肅的態度,來看待當前這個有趣的校園現象。

　　根據《紐約時報》的報導,新一代的美國大學生,在美國經濟不看好的情況下,還願意選擇哲學作為主修科目。至少在10年前,這種現象難以想像,因為長期以來一般人都視哲學是一種過於艱澀又奢侈的學問。但是,這種刻版印象近年來突然有所轉變。我們先讓數據說說話:羅格斯大學(Rutgers University)整體入學人數已經

1　請參閱以下網站:　http://www.nytimes.com/2008/04/06/education/
06philosophy.html?_r=1&ex=1208145600&en=1c3585fc82773e7f&ei
=5070&emc=eta1&oref=slogin

下滑4%，可是今年哲學畢業班人數是100人，這比起2002年畢業班人數為50人要多出一倍。在紐約市立大學，322人主修哲學，比起2002年主修哲學的人數上升了51%。根據美國大學理事會的統計，整個美國大學部的哲學學程從十年前的756個哲學學程，到目前已經增加到有817個哲學學程。一些本來就有哲學學程的學校，如德州農工大學、聖母大學、匹茲堡大學、安默斯特麻州大學，近年來以哲學為主修的人數比起90年代要多出兩倍以上。

　　讀者也許納悶，對於美國人而言，哲學有何用處呢？愈來愈多的美國大學生發現，哲學提供了很多好處。例如，有一個原先準備學醫的二年級生，起先排斥哲學，最後卻將哲學當成主修，她的理由是哲學本身所提供的論證技巧大有幫助。這位最後主修哲學的大學生，目前準備申請法學院，將利用從哲學所獲得的論證技巧。事實上，將哲學當作手段，作為最終事業的跳板，或者藉助哲學瞭解現實世界如科技與戰爭等重要議題，乃是現今不少美國大學生熱衷從事的工作。哲學本身的確有許多豐富的資源值得利用。但是，近年來美國大學生的「覺醒」，也仍然讓一些哲學工作者感到驚訝。目前擔任美國哲學學會執行理事的施拉德說，有些大學中，哲學課程資源已經有供應不足的時候，常會有學生想修課卻被拒絕，結果有些學生必須透過修習網路課程獲得哲學知識，他形容這種情況「的確非常地奇怪」，因為哲學通常需要採取面對面的方式進行論證工作，彼此可以坦承地將各自的立場陳述出來。

　　姑且不論哲學進行方式的改變，或者美國學生求取哲學知識的動機，美國大學生這股修習哲學的風潮，著實會讓有志於哲學的台灣人感到羨慕。報導裡甚至有學生說，讀哲學竟然有益於「把妹」。這種見解真的很獨特，不知道是隨便說說，還是在激勵讀哲學的人。但是，這個觀點的確也突顯一點，即目前哲學在台灣雖然並非趴在

谷底，但是，普及的程度真的亟待加強。希望有朝一日，台灣也能
出現類似的哲學風！

　　劉俊麟，中正大學哲學研究所博士班學生，目前研究興趣是當
代共和主義與公共證成的關係。

致讀者

中國哲學是一個豐厚多樣的思想傳統，針對天、人、倫理與文化等主題構築了繁複完整的詮釋體系。在中文世界，它本來應該是很重要的思想資源。可是事與願違，當前中國哲學的處境堪稱凋零。「經典時代」的淋漓元氣固然早已枯竭消散；即使前一個時期新儒家那種「聖賢學脈，僅此一線」的悲壯抱負，也後繼無人。中國哲學學院化之後，不僅時代性不足與西方哲學頡頏，甚至因為難以符合西方哲學典範下的學問性要求，作為一種學問的正當性也遭到質疑，稱之為危機亦不為過。

由於關切中國哲學的命運與發展，《思想》一直盼望開拓相關的討論，不過做來不易。如今經由李明輝先生和幾位作者的協助，本期的專輯終告成形。希望這祇是一個開端，日後還能夠向前推進。

本期《思想》發表陳明忠先生的訪談，部分滿足了我們另外一個宿願：呈現台灣的左派思想傳統。由於白色恐怖、由於冷戰局面下的整體右傾趨勢、由於近二十年來本土化論述大為蓬勃興盛，左派在台灣始終沒有存身的餘地，遑論「思想」的發展。但是，左派在台灣歷史上確實存在過、奮鬥過、並且備受鎮壓迫害。一個社會沒有左派，注定不是一個健康完整的人性社會。持平看待台灣史的全貌，包括其中的左派傳統，應是知識界下一階段的努力方向。

當然，一如呂正惠先生在訪談後記中所言，陳明忠不僅是左派，更是統派：他追求台灣的社會主義，更要在中國革命的脈絡裡實現反資本主義、反帝國主義的夢想。這種「左統」立場，在今天的台

灣確實刺目。可是陳明忠和呂正惠提出來的問題是：台灣與中國之所以能分開思考，乃是帝國主義支配下的結局；因此，如果左派志在反抗資本主義與帝國主義，焉能不堅持統派的立場？台灣不能自外於中國革命，不是基於右派的中國民族主義，而是基於反帝國主義和反資本主義的左派基本原則。

陳明忠在訪談中涉及了台獨的定性、中國革命的階段性格、甚至批判了台灣左派的歷史侷限，自有其一貫的馬克思—列寧主義邏輯，值得台灣的獨派、統派、以及新左派面對。他對中國革命性質的思考，也直接挑戰中國大陸各派的理論家們。為了表達對於一位老革命者的尊重，本刊歡迎各界的朋友，來回應陳先生的觀點。

本期發表宋灝先生關於雲門舞集的哲學思考，也開中文刊物之先河：一位德國學者，用中文寫作，動員西方哲學與東方文化的資源，為雲門舞集建立思想的自覺，其艱難和意義，值得雲門的愛好者正視。宋灝文章的表達方式可能略嫌艱澀，可是這不光是宋先生的問題，而是當代中文本身，是不是還能從容地表達複雜的觀念辯證？當一種語言只能捕捉當下感受、只能在文人作態辭令與詰屈聱牙的學術翻譯之間遊移，雲門又豈還保有自在的文化語言？

本刊的讀者，對於中國大陸的《讀書》月刊當不會陌生。《讀書》積極介入中國的知識反省與社會發展，值得台灣知識界參考。葉國豪先生根據《新左評論》上章永樂先生對《讀書》的綜合評論，寫成一篇簡短的報導，本刊的讀者一定會感到興趣。

最後，請注意台哲會與本刊的年度徵文啓事，我們熱切歡迎各方朋友參與。

編者
2008年 初夏

《思想》求稿啓事

1. 《思想》旨在透過論述與對話，呈現、梳理與檢討這個時代的思想狀況，針對廣義的文化創造、學術生產、社會動向以及其他各類精神活動，建立自我認識，開拓前瞻的視野。

2. 《思想》的園地開放，面對各地以中文閱讀與寫作的知識分子，並盼望在各個華人社群之間建立交往，因此議題和稿源並無地區的限制。

3. 《思想》歡迎各類主題與文體，專論、評論、報導、書評、回應或者隨筆均可，但請言之有物，並於行文時盡量便利讀者的閱讀與理解。

4. 《思想》的文章以明曉精簡爲佳，以不超過1萬字爲宜，以1萬5千字爲極限。文章中請盡量減少外文、引註或其他妝點，但說明或討論性質的註釋不在此限。

5. 惠賜文章，由《思想》編委會決定是否刊登。一旦發表，敬致薄酬。

6. 來稿請寄：reflexion.linking@gmail.com，或郵遞110台北市忠孝東路四段561號4樓聯經出版公司《思想》編輯部收。

台灣哲學學會／《思想》季刊年度徵文啓事

2008年度主題：政治與道德的關係

　　人類注定在社會之中生存，因此個人與集體的關係、以及個人相互對待的方式，乃是人生無可迴避的議題。「政治」與「道德」，展現了人類生命社會性的這兩大環節。但是要如何思考兩者的關係？有人從主題分，道德涉及做人的原則，而政治涉及做事；因此，道德與政治的關係，就是做人與做事的關係。有人以所涉及的領域作區分，道德屬於私領域的「修身養性」，而政治則是公領域的「衆人之事」。還有人強調政治訴諸權力，而道德仰賴良知，彼此的邏輯涇渭分明。但政治與道德是否可能完全切割互不相干?如果兩者仍有密不可分的關係，那種關係又是什麼?有人會說，道德是政治的基礎，「修齊治平」即爲一例；但亞里斯多德則說政治生活才能成全道德。也有人說，道德要靠政治維繫，因爲制度永遠要比個人的私心判斷更爲穩定客觀；可是制度、法律、乃至於政治人物的品質，豈不受道德節制嗎？還有人說，政治注定齷齪現實、道德才是人生應該追求的理想；但請別忘記，馬基亞維利曾經呼籲，個人應該放棄靈魂的救贖，以資成全城邦的偉大。

　　這些問題，歷來引起很多思考：哲學、社會科學、歷史學、尤其在文學中都見到複雜的見解，但是至今爭議並未止歇。在此，我們竭誠邀請各位從不同的文化傳統、不同學科、不同立場、以及不同的關懷出發，切入這個主題，爲大家提供您的分析與見解。

注意事項：

1. 作者身分、專業、居住地不限。

2. 來稿請用中文撰寫，體例上請盡量避免註腳、引文、外文；我們期待來稿是您參考理論資源後發揮個人獨創性思考的結晶。

3. 台灣哲學學會與《思想》將委請學者匿名評選，原則上推薦一篇；入選作品將刊登於《思想》，並由《思想》提供獎金新台幣一萬元，不另發稿費。

4. 來稿請另頁繕寫標題與作者個人資料。

5. 來稿字數限在5,000字至10,000字之間，請勿超過。

來稿請寄：sofeitpa@gmail.com或(116)台北市文山區指南路二段64號政治大學哲學系高亞筠同學收。

截稿日期2008/09/07

第5期：轉型正義與記憶政治(2007年4月出版)

第6期：鄉土、本土、在地(2007年8月出版)

第7期：解嚴以來二十年目睹之台灣（2007年11月出版）

第8期： 後解嚴的台灣文學（2008年1月出版）

思想9

中國哲學：危機與出路

2008年5月初版　　　　　　　　　　　　　定價：新臺幣360元
有著作權・翻印必究
Printed in Taiwan.

編　　者	思想編委會
發 行 人	林　載　爵

出 版 者	聯經出版事業股份有限公司
台 北 市 忠 孝 東 路 四 段 5 5 5 號	
編輯部地址：台北市忠孝東路四段561號4樓	
叢書主編電話：(0 2) 2 7 6 3 4 3 0 0 轉 5 2 2 6	
發 行 所：台北縣新店市寶橋路235巷6弄5號7樓	
電話：(0 2) 2 9 1 3 3 6 5 6	
台北忠孝門市：台北市忠孝東路四段561號1樓	
電話：(0 2) 2 7 6 8 3 7 0 8	
台北新生門市：台 北 市 新 生 南 路 三 段 9 4 號	
電話：(0 2) 2 3 6 2 0 3 0 8	
台 中 門 市：台 中 市 健 行 路 3 2 1 號	
電話：(0 4) 2 2 3 7 1 2 3 4 e x t . 5	
高 雄 門 市：高 雄 市 成 功 一 路 3 6 3 號	
電話：(0 7) 2 2 1 1 2 3 4 e x t . 5	
郵 政 劃 撥 帳 戶 第 0 1 0 0 5 5 9 - 3 號	
郵 撥 電 話： 2 7 6 8 3 7 0 8	
印 刷 者 世 和 印 製 企 業 有 限 公 司	

叢書主編	沙　淑　芬
校　　對	陳　瑋　鴻
封面設計	蔡　婕　岑

行政院新聞局出版事業登記證局版臺業字第0130號

國家圖書館出版品預行編目資料

中國哲學：危機與出路/思想編委會編．
初版．臺北市．聯經．2008 年（民 97）
336 面，14.8×21 公分．（思想：9）
ISBN 978-957-08-3279-2（平裝）

1.哲學 2.中國哲學 3.期刊

105   97008547